Das Buch

»Von Behörden und Nachrichtenreportern wurde ich als einer der gerissensten Scheckbetrüger, Trickdiebe und Gauner dieses Jahrhunderts bezeichnet, als Hochstapler vom Format eines Academy Award Preisträgers. Ich war ein Schwindler und Schauspieler mit erstaunlichen Fähigkeiten.«

Mein Leben auf der Flucht sind die gleichermaßen höchst brisanten wie amüsanten Memoiren des Frank Abagnale, der in den 60er-Jahren im Alter zwischen 16 und 21 mit einer nahezu unglaublichen Mischung aus Dreistigkeit, Charme und Schlitzohrigkeit zu einem der weltweit meistgesuchten Betrüger und Millionäre aufstieg.

Ein entnervter New Yorker Detective: »Dieser Schwindler betrügt einige hundert Banken, klaut in der Hälfte aller Hotels dieser Welt alles außer den Bettlaken, legt sämtliche Fluglinien aufs Kreuz – und dazu noch die meisten derer Stewardessen –, verteilt eine solche Menge ungedeckter Schecks, dass man damit die Wände des Pentagons tapezieren könnte, leitet seine eigenen verdammten Colleges und Universitäten und lässt die Hälfte aller Polizisten in zwanzig Ländern aussehen wie Vollidioten, während er über zwei Millionen klaut.«

Im Frühjahr 2002 soll die wahre Geschichte des Gentleman-Verbrechers in die Kinos kommen.

Der Autor

Frank W. Abagnale ist heute eine der weltweit respektiertesten Autoritäten in Sachen Dokumentenschutz und Scheckbetrug. Mehr als 25 Jahre arbeitete er mit der Abteilung für Wirtschaftsverbrechen des FBI zusammen. Als Gründer eines Unternehmens für Dokumentensicherung (www.abagnale.com) mit Sitz in Washington, D.C. hält er weltweit Vorträge zum Thema Staatssicherheit. Im Herbst 2001 erscheint in den USA sein zweites Buch *The Art of the Steal* bei Random House. Er lebt im mittleren Westen mit seiner Frau und drei Söhnen.

FRANK W. ABAGNALE
STAN REDDING

MEIN LEBEN
AUF DER FLUCHT

Die unglaublichen Abenteuer eines Hochstaplers

Aus dem Amerikanischen
von Ulrike Laszlo

WILHELM HEYNE VERLAG
MÜNCHEN

HEYNE ALLGEMEINE REIHE
Nr. 01/13380

Die Originalausgabe
CATCH ME IF YOU CAN
erschien 1980 by Grosset & Dunlap

Umwelthinweis:
Das Buch wurde auf
chlor- und säurefreiem Papier gedruckt.

Redaktion: Birgit Groll

Deutsche Erstausgabe 08/2001
Copyright © 1980 by Frank W. Abagnale, Jr.
Published by arrangement with The Doubleday Broadway
Publishing Group, a division of Random House, Inc.
Copyright © der deutschsprachigen Ausgabe 2001 by
Wilhelm Heyne Verlag GmbH & Co. KG, München
Printed in Denmark 2001
Umschlagillustration: Telegraph Colour Library/FPG
Umschlaggestaltung: Nele Schütz Design, München
Satz: Pinkuin Satz und Datentechnik, Berlin
Druck und Bindung: Nørhaven, Viborg

ISBN 3-453-18870-5

http://www.heyne.de

Für meinen Dad

Inhalt

1
Der Grünschnabel

Das Alter Ego eines Mannes besteht nur aus seiner Wunschvorstellung von sich selbst. Der Spiegel in meinem Zimmer im Windsor Hotel in Paris zeigte das Bild von mir, das mir am besten gefiel – ich sah einen sehr gepflegten, attraktiven dunkelhaarigen Piloten einer Fluggesellschaft mit glatter Haut und breiten Schultern. Bescheidenheit gehört nicht zu meinen Tugenden. Damals existierte der Begriff Tugend überhaupt nicht für mich.

Zufrieden mit meiner Erscheinung hob ich meine Tasche auf, verließ das Zimmer und stand zwei Minuten später an der Rezeption.

»Guten Morgen, Captain«, sagte das Fräulein an der Kasse freundlich. Die Abzeichen an meiner Uniform wiesen mich als Ersten Offizier und Kopiloten aus, aber so sind die Franzosen eben. Sie neigen dazu, alles zu überschätzen, außer ihren Frauen, ihrem Wein und ihrer Kunst.

Ich unterschrieb die Hotelrechnung, die sie mir über den Schalter reichte, und wandte mich zum Gehen. Dann drehte ich mich jedoch wieder um und zog einen Gehaltsscheck aus der Innentasche meines Jacketts. »Oh, könnten Sie mir diesen Scheck einlösen? Das Pariser Nachtleben hat mich beinahe meinen letzten Pfennig gekostet, und ich komme erst in einer Woche nach Hause.« Ich setzte ein reumütiges Lächeln auf.

Sie nahm den Scheck der Pan American World Airways entgegen und warf einen Blick auf den Betrag. »Sicher, Captain. Bei einem Scheck über eine so hohe Summe brauche ich jedoch die Zustimmung des Managers«, sagte sie und verschwand durch die Tür in das anliegende Büro. Kurz darauf kam sie freundlich lächelnd zurück und reichte mir den Scheck zum Unterzeichnen.

»Ich nehme an, Sie möchten amerikanische Dollar?«, fragte sie und zählte 786,73 Dollar in Scheinen und Münzen ab, ohne auf meine Antwort zu warten. Ich schob zwei 50-Dollar-Scheine zurück. »Ich wäre Ihnen dankbar, wenn Sie das an die betreffenden Personen weiterleiten würden, da ich so gedankenlos war«, sagte ich lächelnd.

Sie strahlte mich an. »Selbstverständlich, Captain. Sehr freundlich von Ihnen«, erwiderte sie. »Einen guten Flug, und kommen Sie uns bald wieder besuchen.«

Ich nahm ein Taxi zum Flughafen Orly und bat den Fahrer, mich am Eingang der TWA abzusetzen. In der Lobby ging ich am Ticketschalter der TWA vorbei und zeigte dann dem zuständigen Angestellten meine Lizenz der Luftfahrtbehörde FAA und meinen Pan-Am-Ausweis. Er überprüfte die Passagierliste. »Okay, Erster Offizier Frank Williams, Freiflug nach Rom. Ist notiert. Bitte füllen Sie das aus.« Er reichte mir das vertraute rosafarbene Formular für nicht zahlende Passagiere, und ich trug die erforderlichen Daten ein. Dann nahm ich meine Tasche und ging zu dem Zolldurchgang, der mit einem Schild ›NUR FÜR CREW-MITGLIEDER‹ gekennzeichnet war. Als ich meine Reisetasche auf den Schalter heben wollte, winkte der Zollbeamte ab. Der alte verhutzelte Mann mit dem dünnen Schnurrbart hatte mich erkannt und ließ mich passieren.

Auf dem Weg zum Flugzeug ging ein Junge neben mir her und starrte mit unverhohlener Bewunderung auf die glänzenden goldenen Streifen und die anderen Verzierungen an meiner Uniform.

»Sind Sie der Pilot?«, fragte er. Dem Akzent nach war er Engländer.

»Nein, nur ein Passagier, genau wie du«, antwortete ich. »Ich fliege für Pan Am.«

»Die 707er?«

Ich schüttelte den Kopf. »Früher mal. Jetzt fliege ich DC-8.« Ich mag Kinder. Dieser Junge erinnerte mich daran, wie ich selbst vor einigen Jahren gewesen war.

Eine attraktive blonde Stewardess begrüßte mich an Bord und half mir, mein Gepäck in dem für die Crew reservierten Fach zu verstauen. »Der Flug ist ausgebucht, Mr. Williams«, sagte sie. »Sie haben zwei anderen Jungs den Klappsitz wegschnappen können. Ich mache den Service in der Kanzel.«

»Für mich nur Milch«, erklärte ich. »Und das auch nur, wenn Sie nicht zu viel zu tun haben. Anhalter haben keine Ansprüche zu stellen, wenn sie schon mitgenommen werden.«

Mit eingezogenem Kopf betrat ich das Cockpit. Der Pilot, der Kopilot und der Bordingenieur führten gerade die vor dem Start nötigen Überprüfungen der Apparaturen und Instrumente durch, hielten jedoch höflich inne, als ich hereinkam. »Hi, Frank Williams, Pan Am. Lassen Sie sich nicht von mir stören«, sagte ich.

»Gary Giles.« Der Pilot streckte seine Hand aus. Er deutete mit einer Kopfbewegung auf die beiden anderen Männer. »Bill Austin, die Nummer zwei, und Jim Wright. Schön, Sie bei uns begrüßen zu dürfen.« Ich schüttelte auch den anderen beiden die Hand, setzte mich auf den Klappsitz und ließ die Männer weiterarbeiten.

Nach zwanzig Minuten befanden wir uns bereits in der Luft. Giles zog die 707 auf 9000 Meter hoch, überprüfte seine Instrumente, meldete sich beim Tower in Orly ab und schälte sich dann aus seinem Sitz. Er taxierte mich scheinbar beiläufig, aber doch gründlich und deutete dann auf seinen Stuhl. »Warum fliegen Sie den Vogel nicht eine Weile, Frank?«, fragte er. »Ich gehe nach hinten und mische mich unter die zahlenden Passagiere.«

Sein Angebot war eine höfliche Geste, die manchmal einem Piloten der Konkurrenz zuteil wurde. Ich setzte meine Mütze ab und schlüpfte auf den Platz des Kapitäns. Mir war deutlich bewusst, dass nun 140 Menschenleben in meiner Hand lagen, einschließlich meines eigenen. Austin hatte die Kontrolle übernommen, als der Captain aufgestanden war, und nun übergab er sie mir. »Bitte schön, Captain«, sagte er grinsend.

Ich schaltete den riesigen Jet sofort auf Autopilot und hoffte verzweifelt, dass das Ding funktionieren würde, denn ich brachte nicht einmal einen Drachen zum Fliegen.

Ich arbeitete nicht für die Pan Am, und ich war auch kein Pilot. Ich war ein Betrüger, einer der meist gesuchtesten Kriminellen auf vier Kontinenten, und in diesem Augenblick tat ich, was ich am besten konnte – ich band einigen netten Menschen einen Riesenbären auf.

Noch vor meinem zwanzigsten Lebensjahr hatte ich es zum zweieinhalbfachen Millionär gebracht. Ich stahl jeden Pfennig dieser Summe und gab den Großteil davon für exklusive Kleidung, Essen vom Feinsten, luxuriöse Unterkünfte, fantastische Bräute, teure Autos und andere sinnliche Genüsse aus. In jeder Hauptstadt Europas feierte ich Partys, aalte mich an allen berühmten Stränden in der Sonne und genoss mein Leben in Südamerika, in der Südsee, im Orient und in den annehmbaren Teilen Afrikas.

Es war jedoch kein entspanntes Leben. Ich fühlte mich zwar nicht immer wie auf einer tickenden Zeitbombe, legte aber eine Menge Kilometer mit meinen Laufschuhen zurück. Sehr oft verschwand ich durch Seitenausgänge, über Feuerleitern oder Dächer. Dabei ließ ich in fünf Jahren mehr Kleidungsstücke zurück, als die meisten Männer in ihrem ganzen Leben besitzen. Ich war schlüpfriger als eine gebutterte *escargot*.

Seltsamerweise fühlte ich mich nie wie ein Verbrecher. Natürlich war ich einer, und das war mir auch bewusst. Von Behörden und Nachrichtenreportern wurde ich als einer der gerissensten Scheckbetrüger, Trickdiebe und Gauner dieses Jahrhunderts bezeichnet, als Hochstapler vom Format eines Academy-Award-Preisträgers. Ich war ein Schwindler und Schauspieler mit erstaunlichen Fähigkeiten. Manchmal war ich von meinem Auftreten und meinen Tricks selbst überrascht, aber ich machte mir nie etwas vor. Mir war immer bewusst, dass ich Frank Abagnale jr. war, ein Scheckbetrüger und Fälscher, und dass ich, sollte man mich schnappen, keinen Oscar verliehen bekommen würde. Ich würde hinter Gittern landen.

Und ich hatte Recht. Ich saß in einem französischen Kittchen, schob Knast in Schweden und tat Buße für all meine Sünden im amerikanischen Staatsgefängnis in Petersburg, Virginia. Während meiner Zeit in dem letzten Gefängnis unterzog ich mich freiwillig einer psychologischen Untersuchung, die ein auf Kriminologie spezialisierter Psychiater von der Universität Virginia durchführte. Zwei Jahre lang unterzog er mich verschiedenen schriftlichen und mündlichen Tests, injizierte mir Wahrheitsdrogen und schloss mich bei diversen Gelegenheiten an einen Lügendetektor an.

Der Seelenklempner kam zu der Erkenntnis, dass ich eine sehr niedrige Kriminalitätsschwelle besaß. Mit anderen Worten, ich hatte gar keine Berechtigung, ein Betrüger zu sein.

Einer der New Yorker Polizeibeamten, die an meinem Fall arbeiteten, hatte sich besonders angestrengt, mich zu schnappen. Als er diesen Bericht las, schnaubte er verächtlich. »Dieser Klapsdoktor will uns wohl auf den Arm nehmen«, sagte er höhnisch. »Dieser

Schwindler betrügt einige hundert Banken, klaut in der Hälfte aller Hotels dieser Welt alles außer den Bettlaken, legt sämtliche Fluglinien aufs Kreuz – und dazu noch die meisten derer Stewardessen –, verteilt eine solche Menge ungedeckter Schecks, dass man damit die Wände des Pentagons tapezieren könnte, leitet seine eigenen verdammten Colleges und Universitäten, lässt die Hälfte aller Polizisten in zwanzig Ländern aussehen wie Vollidioten, während er über zwei Millionen klaut, und hat dann angeblich eine niedrige Kriminalitätsschwelle? Was hätte er denn getan, hätte er eine hohe Kriminalitätsschwelle? Fort Knox geplündert?«

Der Detective legte mir den Bericht vor. Wir waren mittlerweile Gegner, die freundschaftlich miteinander umgingen. »Du hast diesen Seelenklempner reingelegt, nicht wahr, Frank?«

Ich sagte ihm, ich hätte alle Fragen so wahrheitsgemäß wie möglich beantwortet und alle Tests so ehrlich durchgeführt, wie ich nur konnte. Das überzeugte ihn nicht. »Nein«, sagte er. »Du kannst diese FBI-Leute auf den Arm nehmen, aber nicht mich. Du hast diesem Medizinmann auf seiner Couch etwas vorgemacht.« Er schüttelte den Kopf. »Du würdest sogar deinen eigenen Vater reinlegen, Frank.«

Das hatte ich bereits getan. Mein Vater war die Zielscheibe meines ersten Tricks gewesen. Dad besaß die Eigenschaft, die für einen perfekten Betrug nötig war – blindes Vertrauen. Ich erleichterte ihn um 3400 Dollar. Damals war ich erst fünfzehn.

Ich wurde in Bronxville in New York geboren und verbrachte dort meine ersten sechzehn Lebensjahre. Als drittes von vier Kindern wurde ich nach meinem Vater benannt. Ich könnte jetzt einen kleinen Schwindel aufziehen und behaupten, was aus mir geworden ist, sei die Folge eines zerrütteten Elternhauses, denn meine

Eltern trennten sich, als ich zwölf war. Doch damit würde ich sie zu Unrecht beschuldigen.

Mein Dad war derjenige, der am meisten unter der Trennung und der nachfolgenden Scheidung litt. Er hing wirklich sehr an Mom. Paulette Abagnale, meine Mutter, ist eine französisch-algerische Schönheit. Dad lernte sie während seines Militärdienstes im Zweiten Weltkrieg in Oran kennen und heiratete sie. Mom war damals erst fünfzehn, Dad bereits achtundzwanzig. Zu dieser Zeit schien der Altersunterschied keine Rolle zu spielen, doch ich war immer davon überzeugt, dass er letztendlich zum Scheitern ihrer Ehe beitrug.

Nach seiner Entlassung aus der Army eröffnete Dad ein eigenes Geschäft in New York City, einen Schreibwarenladen an der Ecke Fortieth und Madison Avenue mit dem Namen ›Gramercy's‹. Er war sehr erfolgreich. Wir lebten in einem großen, luxuriösen Heim und waren zwar nicht sagenhaft reich, aber durchaus wohlhabend. Meine Brüder, meine Schwester und ich mussten in unseren ersten Lebensjahren auf nichts verzichten.

Oft erfährt ein Kind es zuletzt, wenn es ernsthafte Schwierigkeiten zwischen seinen Eltern gibt. In meinem Fall traf das zu, und ich glaube nicht, dass meine Geschwister es eher ahnten als ich. Wir dachten, Mom sei mit ihrem Leben als Hausfrau und Mutter zufrieden, und bis zu einem gewissen Zeitpunkt stimmte das wohl auch. Aber Dad war nicht nur ein erfolgreicher Geschäftsmann. Er nahm auch aktiv am politischen Geschehen teil und war einer der engagiertesten Republikaner in den Wahlkreisen der Bronx. Außerdem war er Mitglied und früherer Präsident des New Yorker Sportvereins und verbrachte einen Großteil seiner Zeit sowohl mit Geschäftsfreunden als auch mit politisch Gleichgesinnten im Club.

Dad war ebenfalls ein begeisterter Sportfischer und flog ständig zum Hochseefischen nach Puerto Rico,

Kingston, Belize oder einem anderen Badeort in der Karibik. Er nahm Mom nie mit – das hätte er aber tun sollen. Meine Mutter war bereits eine überzeugte Anhängerin der Frauenrechtsbewegung, noch bevor Gloria Steinem entdeckte, dass ihr Büstenhalter brennbar war. Und eines Tages kam Dad von einem Ausflug zur Schwertfischjagd zurück und fand seinen Fischkorb zu Hause leer vor. Mom hatte gepackt und war mit uns drei Jungs und unserer Schwester in eine große Wohnung gezogen. Wir Kinder waren etwas verwirrt, doch Mom erklärte uns ruhig, dass sie und Dad sich nicht mehr vertrügen und beschlossen hätten, getrennt zu leben.

Nun, das war zumindest ihr Entschluss gewesen. Dad war von Moms Aktion schockiert, verblüfft und verletzt. Er flehte sie an, nach Hause zurückzukommen, versprach, ein besserer Ehemann und Vater zu werden und seine Hochseefischerei einzuschränken. Sogar auf seine politischen Aktivitäten wollte er verzichten.

Mom hörte zu, machte aber keine Versprechungen. Und schon bald wurde zumindest mir klar, wenn auch nicht Dad, dass sie keine Versöhnung anstrebte. Sie schrieb sich an einem College für Zahnmedizin in der Bronx ein und begann eine Ausbildung zur Zahntechnikerin.

Dad gab nicht auf. Zu jeder Gelegenheit tauchte er in unserer Wohnung auf, bettelte, redete ihr gut zu, flehte sie an und schmeichelte ihr. Manchmal verlor er die Geduld. »Verdammt, begreifst du denn nicht, dass ich dich liebe?«, brüllte er dann.

Natürlich wirkte sich diese Situation auf uns Jungs aus. Vor allem auf mich. Ich liebte meinen Dad. Da ich ihm am nächsten stand, begann er, mich in seine Kampagne einzuspannen, um Mom zurückzugewinnen. »Sprich mit ihr, Sohn«, bat er mich. »Sag ihr, dass ich sie liebe. Sag ihr, wir wären alle glücklicher, wenn wir wieder zusammen wären. Sag ihr, du wärst glücklicher, wenn sie wieder nach Hause käme. Ihr alle wärt glücklicher.«

Er gab mir Geschenke, die ich Mom geben sollte, und bereitete mit mir Ansprachen vor, die den Widerstand meiner Mutter brechen sollten.

In der Rolle des jungen John Alden mit meinem Vater als Myles Standish und meiner Mutter als Priscilla Mullins war ich eine Niete. Meine Mutter ließ sich nicht übers Ohr hauen. Und Dad vermasselte die Sache wahrscheinlich, weil Mom es verurteilte, dass er mich als Schachfigur in ihrem ehelichen Match einsetzen wollte. Als ich vierzehn war, ließ sie sich von Dad scheiden.

Dad war am Boden zerstört. Ich war enttäuscht, denn ich hatte mir wirklich gewünscht, sie würden wieder zusammenkommen. Dad muss ich eines zugute halten: Wenn er eine Frau liebte, dann für immer. Er versuchte immer noch, Mom zurückzugewinnen, als er 1974 starb.

Als es zur Scheidung kam, entschloss ich mich, bei Dad zu leben. Mom war von meiner Entscheidung nicht begeistert, aber ich hatte das Gefühl, Dad brauchte einen von uns. Er sollte nicht allein leben, und es gelang mir, Mom zu überzeugen. Dad war erfreut und dankbar. Ich habe diese Entscheidung nie bereut, aber Dad wahrscheinlich schon.

Das Leben mit meinem Vater war eine ganz andere Sache. Ich verbrachte viel Zeit in den besten Lokalen New Yorks. Geschäftsleute, so erfuhr ich, genossen nicht nur Mittagessen mit drei Martinis, sondern kippten auch schon zum Brunch ihre Drinks, und auf den Rechnungen für ihr Abendessen war der größte Posten Scotch mit Soda. Ich bemerkte auch rasch, dass Politiker einen besseren Überblick über die weltpolitische Lage hatten und lockerer mit ihren Geldzuwendungen umgingen, wenn sie vor einem Bourbon mit Eis saßen. Dad führte viele seiner Geschäftsbesprechungen und politischen Verhandlungen an der Bar und ließ mich in der Nähe warten. Zuerst beunruhigten mich die Trinkgewohnheiten meines Vaters. Ich hielt ihn zwar nicht für einen Alkoholiker, aber er war äußerst trinkfest, und ich befürchtete, dass er damit ein Problem haben könnte. Obwohl er ständig trank, sah ich ihn nie betrunken, und nach einer Weile nahm ich an, er war immun gegen das Zeug.

Ich war fasziniert von den Geschäftspartnern, Freunden und Bekannten meines Vaters. Sie deckten die ganze Skala der gesellschaftlichen Schicht in der Bronx ab: Lakaien der Parteibonzen, Polizisten, Gewerkschaftsbosse, Geschäftsführer, Lastwagenfahrer, Unternehmer, Börsenmakler, Büroangestellte, Taxifahrer und Werbefachleute. Die ganze Bande. Einige wirkten wie den Werken Damon Runyons entsprungen.

Nach sechs Monaten mit Dad war ich so gewitzt und beinahe so clever wie ein Straßenjunge – das war nicht genau die Erziehung, die Dad für mich vorgesehen hatte, aber das lernte man eben in diesen Clubs, in denen es nicht immer vornehm zuging.

Dad hatte großen politischen Einfluss. Das wurde mir klar, als ich begann, die Schule zu schwänzen und mich mit einigen Jungs aus meiner Nachbarschaft rumtrieb, die nicht wussten, was sie mit sich anfangen sollten. Sie gehörten keiner Gang an, oder so etwas, und stellten keine wirklich schlimmen Sachen an. Es waren einfach Jungs, die aus zerrütteten Familien stammten und versuchten, von irgendjemandem Aufmerksamkeit zu bekommen – selbst wenn es sich nur um einen Beamten handelte, der sich um unentschuldigtes Fernbleiben vom Unterricht kümmern musste. Vielleicht fing ich deshalb an, mich mit ihnen herumzutreiben. Möglicherweise suchte auch ich nach Beachtung. Ich wünschte mir, meine Eltern wären wieder zusammen, und zu dieser Zeit hatte ich die Vorstellung, dass mein Verhalten als jugendlicher Straftäter die Basis für eine Versöhnung bilden könnte.

Als straffälliger Jugendlicher war ich jedoch nicht sehr gut. Meistens kam ich mir einfach nur albern vor, wenn ich Süßigkeiten klaute oder mich in ein Kino schmuggelte. Ich war reifer als meine Kumpel, und viel größer. Mit fünfzehn war ich eins achtzig groß, wog beinahe achtzig Kilo und war körperlich bereits ausgewachsen. Ich glaube, dass wir mit dem Unsinn, den wir anstellten, oft nur deshalb davonkamen, weil die Leute auf der Straße glaubten, ich sei ein Lehrer, der auf eine Gruppe seiner Schüler aufpasste, oder ein großer Bruder, der sich um die Jüngeren kümmerte. Manchmal fühlte ich mich auch so, und oft ärgerte ich mich über ihr kindisches Verhalten.

Am meisten störte mich, dass die Jungs keinen Stil hatten. Ich hatte schon früh gelernt, dass eine gewisse Klasse zu haben überall Bewunderung findet. Fast jedes Vergehen, jede Sünde oder kriminelle Tat wird nachsichtiger beurteilt, wenn der Täter dabei einen gewissen Stil an den Tag legt.

Diese Jungs konnten nicht einmal ein Auto mit Raffinesse knacken. Als sie ihren ersten fahrbaren Untersatz klauten, kamen sie damit bei mir vorbei, um mich abzuholen. Nach nur eineinhalb Kilometern hielt uns ein Streifenwagen an. Die Idioten hatten den Wagen auf einer Auffahrt gestohlen, während der Besitzer seinen Rasen sprengte. Wir landeten alle im ›Hotel Besserungsanstalt‹.

Dad holte mich nicht nur da raus, sondern schaffte es auch, dass alle Eintragungen über diesen Vorfall aus meinen Akten gelöscht wurden. Dieses kleine Wunder, vollbracht von Parteifreunden, kostete einige Polizeibeamten in den folgenden Jahren eine Menge Schlaf. Selbst ein Elefant ist leichter zu finden, wenn man seine Spur zu Beginn der Jagd aufnehmen kann.

Dad hielt mir keine Standpauke. »Wir machen alle Fehler, mein Sohn«, sagte er. »Ich weiß, was du tun wolltest, aber das ist nicht der richtige Weg. Nach dem Gesetz bist du noch ein Kind, aber von der Größe her ein Erwachsener. Vielleicht solltest du versuchen, auch zu denken wie ein Mann.«

Ich brach den Kontakt zu meinen früheren Freunden ab, ging wieder regelmäßig zur Schule und besorgte mir einen Teilzeitjob im Versand eines Lagerhauses in Bronxville. Dad war begeistert – so sehr, dass er mir einen alten Ford kaufte, den ich zu einer perfekten Falle für heiße Bräute umbaute.

Müsste ich einen Schuldigen für meine zukünftigen Schandtaten benennen, wäre es wohl der Ford.

Dieser Wagen brach mir mein moralisches Rückgrat. Durch ihn lernte ich Mädchen kennen, und es dauerte sechs Jahre, bis ich wieder zur Besinnung kam. Es waren herrliche Jahre.

Ohne Zweifel gibt es auch andere Phasen im Leben eines Mannes, in denen seine Libido die Vernunft überlagert, doch keine übt einen solchen Druck auf die Vorsteherdrüse aus wie die Jahre nach der Pubertät, wenn die Gedanken schweifen und jedes vorbeigehende knackige Mädchen das Blut in Wallung bringt. Mit fünfzehn wusste ich natürlich einiges über Mädchen. Sie waren anders gebaut als Jungs. Warum das so war, entdeckte ich jedoch erst, als ich eines Tages, nachdem ich meinen Ford aufgemöbelt hatte, an einer roten Ampel hielt und dieses Mädchen sah, das mich und meinem Wagen musterte. Sobald sie sich meiner Aufmerksamkeit versichert hatte, machte sie irgendetwas mit ihren Augen, schwenkte ihre Brüste und wackelte mit dem Po, und plötzlich überschwemmte mich eine Gedankenflut. Sie hatte den Damm gebrochen. Ich kann mich nicht daran erinnern, wie sie in mein Auto kam und wohin wir dann fuhren, aber ich weiß noch, dass sie sich seidenweich, kuschelig und warm anfühlte und süß duftete. Sie war einfach köstlich, und mir war klar, dass ich eine neue Sportart für zwei entdeckt hatte, die mir großen Spaß machte. Die Dinge, die sie mit mir anstellte, hätten eine Hummel von einer Hibiskusblüte weggelockt und eine Bulldogge dazu gebracht, sich von der Kette loszureißen. Die dicken Wälzer, die heutzutage über die Rechte der Frau im Schlafzimmer erscheinen, beeindrucken mich wenig. Als Henry Ford das T-Modell erfand, ließen Frauen ihre Höschen fallen und brachten Sex auf die Straße.

Frauen wurden mein einziges Laster. Ich genoss sie in vollen Zügen und konnte nicht genug von ihnen bekommen. Wenn ich aufwachte, dachte ich an Mädchen. Wenn ich ins Bett ging, dachte ich an Mädchen. An all diese hübschen, langbeinigen, atemberaubenden, fantastischen, bezaubernden Mädchen. Schon bei Sonnenaufgang ging ich auf Beutefang, und nachts suchte ich mit der Taschenlampe nach ihnen. Don Juans Triebe waren im Vergleich zu meinen nur schwach ausgeprägt. Ich war besessen von flotten Bienen.

Nach meinen ersten näheren Begegnungen der besten Sorte entwickelte ich mich zu einem recht charmanten Burschen. Mädchen müssen nicht unbedingt kostspielig sein, aber selbst das unternehmungslustigste Fräulein erwartet hin und wieder einen Hamburger und eine Cola, und wenn auch nur zu dem Zweck, Energie aufzutanken. Ich verdiente einfach nicht genügend Brötchen für meinen Teil des Kuchens. Also musste ich einen Weg finden, meine Finanzen aufzubessern.

Ich wandte mich an Dad, dem nicht entgangen war, dass ich die Frauenwelt und die damit verbundenen Freuden entdeckt hatte. »Dad, es war toll von dir, mir das Auto zu schenken. Ich fühle mich wie ein Trottel, wenn ich dich jetzt um noch etwas bitten muss, aber ich habe Probleme mit dem Wagen«, erklärte ich beschämt.

»Ich brauche eine Kreditkarte für das Benzin. Ich bekomme nur ein Mal im Monat Geld, und da ich davon mein Mittagessen in der Schule, die Teilnahme an Spielen und Ausgehen und so bezahlen muss, reicht es manchmal nicht mehr zum Tanken. Natürlich werde ich versuchen, die Rechnung selbst zu bezahlen, und ich verspreche dir, deine Großzügigkeit nicht auszunützen, wenn du mir eine Karte fürs Benzin gibst.«

Ich war so redegewandt wie ein irischer Pferdehändler, und damals meinte ich es ernst. Dad dachte eine Weile über meine Bitte nach und nickte dann. »In Ordnung, Frank, ich vertraue dir«, sagte er und zog seine Mobil-Karte aus der Brieftasche. »Nimm. Ich werde ab jetzt mein Konto bei Mobil nicht mehr belasten. Es ist jetzt deine Karte, und nach einem angemessenen Zeitraum bist du für die Zahlung der monatlichen Rechnungen verantwortlich. Ich befürchte nicht, dass du mich ausnützen könntest.«

Das hätte er besser tun sollen. Unsere Vereinbarung funktionierte im ersten Monat gut. Die Rechnung von Mobil traf ein, ich kaufte für den Betrag eine Geldanweisung und schickte sie an die Ölfirma. Danach war ich jedoch pleite und wieder bei meiner ständigen Jagd nach Mädchen eingeschränkt. Ich fühlte mich deprimiert. Schließlich war das Streben nach Glückseligkeit ein unveräußerliches Recht in Amerika, oder etwa nicht? Ich hatte das Gefühl, eines Grundrechts beraubt zu werden.

Irgendjemand sagte einmal, es ginge nichts über einen ehrlichen Menschen. Das war wahrscheinlich ein Betrüger, denn das ist der bevorzugte Grundsatz jedes Schwindlers. Ich glaube, eine Menge Leute fantasieren davon, ein raffinierter Krimineller zu sein, ein internationaler Diamantendieb oder so etwas, doch sie beschränken ihre Diebstähle auf ihre Tagträume. Ich bin ebenfalls der Meinung, dass viele andere Leute sich hin und wieder versucht fühlen, tatsächlich ein Verbrechen zu begehen, vor allem wenn es um eine hübsche Summe geht und sie glauben, nicht mit der Sache in Verbindung gebracht zu werden. Solche Menschen widerstehen für gewöhnlich der Versuchung. Sie haben eine angeborene Auffassung von Richtig und Falsch, und ihr gesunder Menschenverstand behält die Oberhand.

Es gibt jedoch auch den Typ von Mensch, dessen Konkurrenzdenken den Vorrang vor jeglicher Vernunft hat. Sie fühlen sich von bestimmten Situationen auf eine Weise herausgefordert wie ein Bergsteiger von einem hohen Gipfel – beides ist eben da. Falsch oder Richtig spielt dabei keine Rolle, und auch die Konsequenzen nicht. Diese Menschen betrachten Verbrechen als ein Spiel, und das Ziel ist nicht nur die Beute; bei diesem Abenteuer zählt vor allem der Erfolg. Natürlich ist dabei auch ein satter Gewinn nicht zu verachten.

Diese Leute sind die Schachspieler in der Welt der Kriminellen. Üblicherweise weist ihr IQ das Niveau eines Genies auf; die Springer und Läufer vor ihrem geistigen Auge sind immer zum Angriff bereit. Sie rechnen nie mit einem Schachmatt. Es überrascht sie jedes Mal, wenn ein durchschnittlich intelligenter Polizist sie schlägt, und der Polizist ist immer verblüfft von ihren Motiven. Verbrechen als Herausforderung? Meine Güte.

Und doch war es die Herausforderung, die mich zu meiner ersten Gaunerei bewegte. Ich brauchte Geld, das schon. Jeder, der chronisch verrückt nach Mädchen ist, braucht alle verfügbaren finanziellen Mittel. Ich dachte jedoch nicht wirklich über meine finanzielle Notlage nach, als ich an einem Nachmittag an einer Mobil-Tankstelle anhielt und ein großes Schild vor dem Gestell mit den Reifen entdeckte. KAUFEN SIE EINEN SATZ MIT IHRER MOBIL-KARTE – WIR MONTIEREN SIE AN IHREM WAGEN, stand da geschrieben. Zum ersten Mal hatte ich eine Ahnung, dass die Mobil-Karte nicht nur für Benzin und Öl gut sein konnte. Ich brauchte keine Reifen – die an dem Ford waren so gut wie neu –, aber als ich das Schild betrachtete, war ich plötzlich von einem Plan mit vier Rädern wie besessen. Zum Teufel, das könnte sogar klappen, dachte ich.

Ich stieg aus und ging zu dem Tankwart hinüber. Er war der Besitzer der Tankstelle, und wir kannten uns flüchtig von meinen vielen Boxenstopps bei ihm. Die Tankstelle ging nicht sehr gut. »Mit Überfällen auf andere Tankstellen könnte ich mehr verdienen als damit, diese hier zu führen«, hatte er sich einmal beklagt.

»Wie viel müsste ich für einen Satz Weißwandreifen zahlen?«, erkundigte ich mich.

»160 Dollar für diesen Wagen – aber deine Reifen sehen noch ganz gut aus«, erwiderte der Mann.

Er sah mich an, und ich spürte, dass er auf ein Angebot wartete. »Na ja, eigentlich brauche ich keine Reifen«, stimmte ich ihm zu. »Aber ich bin im Augenblick sehr knapp bei Kasse. Ich mache Ihnen einen Vorschlag. Ich werde einen Satz Reifen kaufen und mit dieser Karte bezahlen. Allerdings nehme ich die Reifen nicht mit. Sie geben mir 100 Dollar und behalten die Reifen. Wenn mein Dad dann die Rechnung von Mobil bezahlt, bekommen Sie Ihren Anteil. Das ist nur der Anfang – wenn Sie dann die Reifen verkaufen, können Sie sich die 160 Dollar in die eigene Tasche stecken. Was sagen Sie dazu? Mann, das ist kein schlechter Gewinn für Sie.«

Er musterte mich abwägend und ich sah Gier in seinen Augen aufblitzen. »Und was ist mit deinem Alten?«, fragte er vorsichtig.

Ich zuckte die Schultern. »Er sieht sich mein Auto nie an. Ich habe ihm gesagt, ich bräuchte neue Reifen und er hat mir erlaubt, sie berechnen zu lassen.«

Noch war er misstrauisch. »Zeig mir deinen Führerschein. Die Karte könnte gestohlen sein«, sagte er. Ich reichte ihm meinen Führerschein, der auf den gleichen Namen wie die Karte ausgestellt war. »Du bist erst fünfzehn? Du siehst zehn Jahre älter aus«, meinte der Tankstellenbesitzer und gab mir den Führerschein zurück.

Ich grinste. »Ich habe schon einige Meilen auf dem Tacho«, erklärte ich.

Er nickte. »Ich muss bei Mobil anrufen und mir die Genehmigung geben lassen – das müssen wir bei jedem größeren Einkauf tun«, meinte er. »Wenn sie einverstanden sind, ist das Geschäft gemacht.«

Ich fuhr mit fünf Zwanzigern aus der Tankstelle.

Vor Glück war ich wie berauscht. Da ich noch nie Alkohol getrunken hatte, konnte ich dieses Gefühl nicht mit einem Champagnerschwips vergleichen, aber es war die herrlichste Empfindung, die ich jemals auf dem *Vorder*sitz eines Wagens erlebt hatte.

Ich war überwältigt von meiner Gerissenheit. Wenn es einmal geklappt hatte, warum dann nicht ein zweites Mal? Und so war es auch. In den nächsten Wochen funktionierte es so oft, dass ich den Überblick verlor. Ich kann mich nicht mehr daran erinnern, wie viele Reifensätze, Batterien und andere Zubehörteile für Autos ich mit dieser Karte kaufte und dann für einen Bruchteil des Werts zurückließ. Ich fuhr jede Mobil-Tankstelle in der Bronx an. Manchmal überredete ich die Jungs an der Zapfsäule, mir 10 Dollar für einen Beleg über 20 Dollar für Benzin und Öl zu geben. Die Mobil-Karte war durch meine Betrügereien schon bald ziemlich abgewetzt.

Natürlich gab ich alles für Bräute aus. Zuerst ging ich davon aus, dass Mobil für meine Vergnügungen aufkam, also wozu sich Sorgen machen? Dann landeten die Rechnungen für den ersten Monat im Briefkasten. Der Briefumschlag war mit Belegen so voll gestopft wie eine Weihnachtsgans. Als ich den Endbetrag las, zog ich einen Augenblick lang in Erwägung, ins Kloster zu gehen, denn ich begriff, dass Mobil tatsächlich von Dad erwartete, die Summe zu bezahlen. Mir war nicht klar gewesen, dass Dad in diesem Spiel der Dumme war.

Ich warf die Rechnung in den Papierkorb. Nach zwei Wochen kam eine zweite Zahlungsaufforderung und wanderte ebenfalls in den Müll. Ich dachte darüber nach, es Dad zu gestehen, brachte aber den Mut dazu nicht auf. Ich wusste, dass er es früher oder später herausfinden würde, aber ich beschloss, er sollte es von jemand anderem erfahren – nicht von mir.

Erstaunlicherweise hielt ich mich nicht zurück, während ich auf das Gipfeltreffen von meinem Vater und Mobil wartete. Ich zog weiterhin meine Kreditkartenmasche ab und gab das Geld für bezaubernde Frauen aus, obwohl mir bewusst war, dass ich damit meinen Dad übers Ohr haute. Ein entflammter Sexualtrieb kennt eben kein Gewissen.

Schließlich suchte ein Mitarbeiter von Mobil Dad in seinem Geschäft auf. Der Mann entschuldigte sich beinahe.

»Mr. Abagnale, Sie besitzen unsere Karte bereits seit fünfzehn Jahren, und das wissen wir zu schätzen. Sie sind absolut kreditwürdig und waren mit Ihren Zahlungen niemals überfällig. Ich bin nicht hier, um Sie wegen Ihrer Rechnung zu belästigen«, erklärte der Beauftragte von Mobil meinem Dad, der verwirrt zuhörte. »Wir sind nur neugierig, Sir, und würden gern wissen, wie zum Teufel Sie es geschafft haben, innerhalb von drei Monaten 3400 Dollar für Benzin, Öl, Batterien und Reifen für einen 1952er-Ford auszugeben. In den letzten sechzig Tagen haben Sie vierzehn Sätze Reifen montieren lassen, in den vergangenen neunzig Tagen zweiundzwanzig Batterien gekauft, und Sie können doch kaum mehr als vier Liter Benzin für drei Kilometer verbraucht haben. Wir nehmen an, dieser verdammte Wagen besitzt nicht einmal eine Ölwanne ... Haben Sie schon daran gedacht, ihn gegen einen neuen einzutauschen, Mr. Abagnale?«

Dad war vollkommen verblüfft. »Ich benütze meine Mobil-Karte nicht – mein Sohn hat sie«, sagte er, als er sich erholt hatte. »Das muss ein Irrtum sein.«

Der Mobil-Mitarbeiter legte Dad einige hundert Belege vor. Jeder einzelne trug meine Unterschrift. »Wie hat er das gemacht? Und warum?«, rief Dad aus.

»Das weiß ich nicht«, erwiderte der Mann von Mobil. »Warum fragen wir ihn nicht?«

Und das taten sie dann. Ich sagte, ich wüsste nichts von diesem Schwindel, aber damit überzeugte ich keinen von beiden. Ich hatte erwartet, dass Dad toben würde, doch er war eher verwirrt als zornig. »Hör zu, Sohn. Wenn du uns sagst, wie du das gemacht hast, und warum, dann vergessen wir die Sache. Du wirst nicht bestraft, und ich werde die Rechnungen bezahlen«, bot er mir an.

Mein Dad war meiner Meinung nach ein großartiger Mensch. Er hat mich in seinem Leben niemals belogen. Ich machte sofort einen Rückzieher. »Es sind die Mädchen, Dad«, seufzte ich. »Sie stellen seltsame Dinge mit mir an. Ich kann das nicht erklären.«

Dad und der Mitarbeiter von Mobil nickten verständnisvoll. Dad legte mir mitfühlend seine Hand auf die Schulter. »Mach dir deswegen keine Sorgen, Junge. Einstein konnte das auch nicht erklären«, sagte er.

Dad vergab mir, doch Mom nicht. Sie war empört über diesen Vorfall und gab meinem Vater die Schuld für meine Straftaten. Meine Mutter hatte immer noch das Sorgerecht für mich und beschloss, mich dem Einfluss meines Vaters zu entziehen. Noch schlimmer – sie befolgte den Rat einer der Pater der Katholischen Wohlfahrtsinstitute, mit denen sie schon immer Kontakt gehalten hatte, und steckte mich in eine katholische Privatschule für schwer erziehbare Jungen in Port Chester, New York.

Als Besserungsanstalt taugte die Schule nicht viel. Es handelte sich eher um ein piekfeines Ferienlager als um ein Erziehungsheim. Ich bewohnte mit sechs anderen Jungs ein nettes Häuschen, und außer der Tatsache, dass ich ständig überwacht wurde und den Campus nicht verlassen durfte, legte man mir keine Steine in den Weg.

Die Brüder, die die Schule leiteten, waren gutmütige Gesellen. Sie lebten beinahe so wie ihre Schützlinge. Wir aßen gemeinsam im Speisesaal und die Mahlzeiten waren gut und reichhaltig. Es gab ein Kino, einen Fernsehraum, einen Sportplatz, einen Swimmingpool und eine Turnhalle. Ich konnte die Möglichkeiten zur Freizeitgestaltung und die Sportangebote gar nicht alle wahrnehmen. Wir besuchten von acht Uhr morgens bis drei Uhr nachmittags den Unterricht, Montag bis Freitag. Den Rest unserer Zeit konnten wir uns einteilen, wie wir wollten. Die Brüder hielten uns keine Strafpredigten wegen unserer Missetaten oder langweilten uns mit päpstlichen Vorträgen. Man musste schon etwas Schlimmes anstellen, um bestraft zu werden – und das bedeutete üblicherweise nur einige Tage Arrest in der eigenen Hütte. So etwas wie diese Schule habe ich nie wieder erlebt, bis ich in einem amerikanischen Gefängnis landete. Seit dieser Zeit habe ich mich oft gefragt, ob das staatliche Strafrechtssystem nicht heimlich von einer katholischen Einrichtung geführt wird.

Trotzdem missfiel mir dieses klösterliche Leben. Ich ertrug es, aber ich empfand es als Strafe, in dieser Schule eingesperrt zu sein, und ich hatte keine Bestrafung verdient. Schließlich hatte Dad mir verziehen, und er war das einzige Opfer meiner Verbrechen. Also fragte ich mich, was ich hier sollte. Am meisten an dieser Schule störte mich, dass es dort keine Mädchen gab. Es herrschte eine rein von Männern geprägte Atmosphäre.

Selbst beim Anblick einer Nonne wäre ich begeistert gewesen.

Hätte ich gewusst, was während meines Aufenthalts dort mit Dad geschah, wäre ich wohl noch deprimierter gewesen. Er sprach nie über die Einzelheiten, aber während ich diese Schule besuchte, geriet er in finanzielle Schwierigkeiten und verlor sein Geschäft.

Er war praktisch ruiniert, gezwungen das Haus zu verkaufen, seine beiden großen Cadillacs und alle anderen Sachgüter, die er besaß. Innerhalb weniger Monate musste Dad seinen Lebensstil von dem eines Millionärs gegen den eines Postangestellten eintauschen.

Das war auch der Grund seines Besuchs – ein Jahr, nachdem ich auf diese Schule gekommen war. Ein Postbeamter. Mom hatte nachgegeben und ihre Zustimmung gegeben, dass ich wieder bei Dad leben konnte. Ich war schockiert von Dads Schicksalsschlag und nicht wenig schuldbewusst. Aber Dad wollte nicht, dass ich mich schuldig fühlte. Er versicherte mir, dass die 3400 Dollar, um die ich ihn erleichtert hatte, keine Rolle bei dem Zusammenbruch seines Geschäfts gespielt hatten. »Vergiss es, Junge. Das war nur ein Tropfen auf den heißen Stein«, sagte er unbekümmert.

Dad schien seinen plötzlichen finanziellen und gesellschaftlichen Abstieg nicht weiter tragisch zu nehmen, aber mich belastete das sehr. Nicht wegen mir, sondern wegen ihm. Er war ein selbstständiger Geschäftsmann mit eigenmächtigen Methoden gewesen und nun arbeitete er für einen Stundenlohn. Ich versuchte, ihn über die Gründe auszufragen. »Was ist mit deinen Freunden, Dad?«, wollte ich wissen. »Ich kann mich daran erinnern, dass du ihnen immer aus der Klemme geholfen hast. Hat keiner von ihnen dir seine Hilfe angeboten?«

Dad lächelte nur gequält. »Frank, du wirst noch lernen, dass sich hunderte von Menschen als deine Freunde bezeichnen, wenn du oben bist. Bist du unten, kannst du von Glück sagen, wenn einer von ihnen dir eine Tasse Kaffee spendiert. Könnte ich noch einmal von vorne anfangen, würde ich mir meine Freunde sorgfältiger aussuchen. Ich habe einige wenige gute Freunde. Sie sind nicht reich, aber sie haben mir den Job bei der Post besorgt.«

Er weigerte sich, näher auf sein Missgeschick einzugehen oder darüber zu diskutieren, aber mir ließ es keine Ruhe, vor allem, wenn ich mit ihm in seinem Wagen fuhr. Er war nicht so schön wie mein Ford, den er für mich verkauft hatte. Das Geld dafür hatte er auf ein Konto auf meinen Namen eingezahlt. Dad fuhr jetzt einen alten schäbigen Chevy. »Stört es dich nicht, mit diesem alten Wagen herumfahren zu müssen, Dad?«, fragte ich ihn eines Tages. »Das ist doch ein großer Rückschritt gegenüber dem Cadillac, oder nicht?«

Dad lachte. »So darfst du das nicht sehen, Frank. Es zählt nicht, was ein Mensch hat, sondern was er ist. Dieses Auto ist genau richtig für mich. Ich kann damit fahren. Ich weiß, wer ich bin, und das zählt – nicht, was andere Leute möglicherweise über mich denken. Ich glaube, ein ehrlicher Mensch zu sein, und das ist mir wichtiger, als einen großen Wagen zu fahren ... Solange ein Mann weiß, was er ist und wer er ist, kommt er auch zurecht.«

Mein Problem zu dieser Zeit war, dass ich nicht wusste, was oder wer ich war.

Innerhalb der nächsten drei Jahre fand ich die Antwort darauf. »Wer bist du?«, fragte mich eine üppige Brünette, als ich mich am Strand von Miami neben sie auf den Sand fallen ließ.

»Jeder, der ich sein möchte«, erwiderte ich. Und das stimmte auch.

2
Der Pilot

Mit sechzehn ging ich von zu Hause weg – auf der Suche nach mir selbst.

Niemand übte Druck auf mich aus, trotzdem war ich nicht glücklich. Die Situation zwischen den elterlichen Fronten hatte sich nicht geändert. Dad wollte Mom immer noch zurückgewinnen, und Mom wollte nicht zurückgewonnen werden. Dad setzte mich immer noch als Vermittler bei seinem zweiten Werben um sie ein, und sie nahm es ihm weiterhin übel, dass er mir die Rolle des Amors zuteilte. Ich konnte mich selbst nicht leiden. Mom hatte ihren Abschluss an der Zahntechnikerschule gemacht und arbeitete nun für einen Zahnarzt in Larchmont. Sie schien mit ihrem neuen Leben in Unabhängigkeit zufrieden zu sein.

Ich plante nicht, wegzulaufen. Aber jedes Mal, wenn Dad seine Postuniform anzog und in seinem alten Wagen zur Arbeit fuhr, fühlte ich mich niedergeschlagen. Ich konnte nicht vergessen, dass er früher Anzüge von Louis Roth getragen und große, teure Autos gefahren hatte.

An einem Junimorgen 1964 wachte ich auf und wusste, dass es Zeit war zu gehen. Eine weit entfernte Ecke dieser Welt schien mir zuzurufen: »Komm.« Also ging ich.

Ich verabschiedete mich von niemandem und hinterließ auch keine Nachricht. Auf einem Konto bei der Filiale der Chase Manhattan Bank in Westchester, das Dad ein Jahr zuvor für mich eröffnet hatte, lagen 200 Dollar. Ich hatte nie darauf zurückgegriffen. Jetzt kramte ich das Scheckbuch heraus, packte meine besten Kleidungsstücke in einen Koffer und stieg in einen Zug nach New York City. Das war nicht gerade eine entlegene Ecke dieser Welt, aber ich hielt die Stadt für einen guten Ausgangspunkt.

Wäre ich ein Ausreißer aus Kansas oder Nebraska gewesen, hätte mich New York mit dem Chaos im Untergrund, den furchteinflößenden Wolkenkratzern, dem unübersichtlichen, ohrenbetäubenden Verkehrsstrom und den vielen Menschen sofort in die Flucht zurück zur Prärie getrieben. Doch der Big Apple war genau mein Terrain. Zumindest glaubte ich das.

Eine Stunde nachdem ich aus dem Zug gestiegen war, lernte ich einen Jungen in meinem Alter kennen und überredete ihn, mich mit zu sich nach Hause zu nehmen. Seinen Eltern erzählte ich, ich sei aus dem Staat New York, meine Mutter und mein Vater seien gestorben, und ich versuchte, meinen Weg zu gehen. Allerdings brauchte ich einen Aufenthaltsort, bis ich einen Job finden würde. Sie sagten mir, ich könne bleiben, solange ich wolle.

Ich hatte nicht die Absicht, ihre Gastfreundschaft zu missbrauchen. Ich hatte vor, meine Zelte so schnell wie möglich abzubrechen und New York zu verlassen, auch wenn ich in diesem Augenblick noch nicht wusste, wohin ich gehen und was ich tun wollte.

Für mich gab es nur ein Ziel – ich wollte auf irgendeinem Gebiet Erfolg haben, den Gipfel irgendeines Berges erklimmen. Und wenn ich einmal dort angelangt wäre, würde mich niemand herunterstoßen können. Ich würde nicht die Fehler machen, die meinem Dad unterlaufen waren. Dazu war ich fest entschlossen.

Der Big Apple erwies sich, selbst für einen Jungen aus dieser Gegend, rasch als wenig ertragreich. Ich hatte keine Probleme, einen Job zu finden. Für meinen Vater hatte ich als Lagerarbeiter und Ausfahrer ausgeholfen. Außerdem besaß ich Erfahrung in der Führung eines

Schreibwarenladens. Ich rief also einige Firmen in diesem Bereich an und stellte mich ihnen wahrheitsgemäß vor. Ich sagte ihnen, ich sei erst sechzehn und hätte meine Schulausbildung abgebrochen, sei jedoch versiert im Handel von Büromaterial. Der Manager der dritten Firma, bei der ich mich vorstellte, stellte mich für 1 Dollar und 50 Cent die Stunde an. Ich war so naiv zu glauben, das sei ein angemessenes Gehalt.

Schon nach einer Woche überkam mich ein Gefühl der Ernüchterung. Mir wurde bewusst, dass ich in New York nicht von 60 Dollar die Woche leben konnte, selbst wenn ich in dem schäbigsten Hotel absteigen und mich nur von Essen aus einem Automaten ernähren würde. Noch entmutigender war, dass ich in dem Spiel zwischen den Geschlechtern nur die Rolle des Zuschauers hatte. Für die Mädchen, die ich bisher kennen gelernt hatte, war ein Spaziergang im Central Park und ein Hot Dog von dem Stand eines Straßenhändlers nicht gerade die Voraussetzung für einen romantischen Abend. Und auch ich war von einem solchen Vorgeplänkel nicht begeistert. Hot Dogs stoßen mir immer auf.

Ich analysierte die Situation und kam zu folgendem Ergebnis: Man zahlte mir nicht deshalb einen so niedrigen Lohn, weil ich die Highschool nicht abgeschlossen hatte, sondern weil ich erst sechzehn war. Ein Junge verdiente eben einfach nicht so viel wie ein Erwachsener.

Also wurde ich über Nacht um zehn Jahre älter. Es hatte schon immer einige Leute – vor allem Frauen – überrascht, wenn sie erfuhren, dass ich noch ein Teenager war. Ich beschloss, dass ich auch älter sein konnte, wenn ich schon diesen Eindruck erweckte. In der Schule war ich im grafischen Zeichnen immer sehr gut gewesen. So gelang es mir, das Geburtsjahr in meinem Führerschein von 1948 auf 1938 geschickt abzuändern. Dann versuchte ich mich als sechsundzwanzigjähriger

Highschool-Schüler ohne Abschluss. Den Nachweis dafür hatte ich in meiner Brieftasche.

Ich lernte, dass die Lohnskala eines Mannes ohne Highschool-Abschluss keinen der Erfinder des Minimum Wage Acts Nr. 1 unter Berücksichtigung meines neuen Alters verlegen machte. Doch das beste Angebot, das ich erhielt, belief sich auf 2,75 Dollar die Stunde als Beifahrer eines Lastwagenfahrers. Einige meiner potenziellen Arbeitgeber gaben mir deutlich zu verstehen, dass es bei dem Gehalt nicht auf das Alter, sondern auf die Berufserfahrung ankam. Je mehr Erfahrung jemand nachweisen konnte, umso besser wurde er bezahlt. Trübselig kam ich zu dem Schluss, dass jemand, der die Highschool nicht abgeschlossen hatte, einem dreibeinigen Wolf in der Prärie glich. Er würde vielleicht überleben, aber nur unter harten Bedingungen. Erst später kam mir der Gedanke, dass man Diplome ebenso leicht fälschen konnte wie das Geburtsdatum.

Ich hätte mit 110 Dollar die Woche überleben können, aber dieser Betrag ermöglichte es mir nicht, mein Leben zu genießen. Ich war zu sehr von der Damenwelt besessen, und jeder, der gern auf Pferde setzt, kann Ihnen sagen, dass der sicherste Weg in die Pleite über ungestüme Fohlen geht. Die Mädchen, mit denen ich flirtete, waren alle wilde Hummeln, und sie kosteten mich ein Vermögen.

Immer wenn ich meine Vergnügungen nicht mehr finanzieren konnte, stellte ich einen Scheck zulasten meines 200-Dollar-Kontos aus.

Eigentlich hatte ich diese Reserve nicht angreifen wollen, und ich versuchte, mich zurückzuhalten. Ich tauschte nur Schecks für 10 oder höchstens 20 Dollar ein und erledigte meine Transaktionen zuerst nur in einer Filiale der Chase Manhattan Bank. Dann erfuhr ich, dass auch Geschäfte, Hotels, Lebensmittelläden und andere Unternehmen Schecks einlösten, wenn der Betrag nicht zu hoch war und man sich ausweisen konnte. Mein abgeänderter Führerschein genügte offensichtlich, und so begann ich, in das nächstgelegene Hotel oder Geschäft zu gehen, wenn ich Geld brauchte, und ließ mir dort gegen einen Scheck 20 oder 25 Dollar auszahlen. Niemand stellte mir Fragen. Niemand prüfte bei der Bank nach, ob der Scheck gedeckt war. Ich legte einfach meinen gefälschten Führerschein mit dem Scheck vor und erhielt meinen Ausweis mit dem Bargeld zurück.

Es war einfach. Zu einfach. Schon nach wenigen Tagen war mir klar, dass ich mein Konto überzogen hatte und meine Schecks nicht mehr gedeckt waren. Trotzdem stellte ich weitere aus, um mein Gehalt aufzubessern oder mir einen schönen Abend mit einem hübschen Mädchen zu leisten. Da mein Gehaltsscheck immer einen Zuschuss brauchte, und weil es in New York mehr schöne Mädchen als Hühner in einer Geflügelfarm gibt, stellte ich schon bald zwei oder drei ungedeckte Schecks am Tag aus.

Ich versuchte, meine Handlungen zu rechtfertigen. Dad würde sich um die nicht gedeckten Schecks kümmern, redete ich mir ein. Oder ich beruhigte mein Gewissen mit dem Trostpflästerchen aller Schwindler: Wenn die Leute so dumm waren, einen Scheck einzulösen, ohne zu prüfen, ob er gedeckt war, hatten sie es verdient, betrogen zu werden.

Ich tröstete mich auch mit der Tatsache, dass ich noch ein Jugendlicher war. Selbst wenn man mich erwischen sollte, wäre es in Anbetracht der milden Gesetze des Jugendstrafrechts und der Nachsicht der zuständigen Richter in New York unwahrscheinlich, dass ich hart bestraft werden würde. Als Ersttäter würde ich möglicherweise einfach meinen Eltern übergeben werden. Wahrscheinlich würde ich den Betrag nicht einmal rückerstatten müssen.

Als ich meine Skrupel mit solch fadenscheinigen

Gründen gedämpft hatte, kündigte ich meinen Job und begann, nur noch von den Erträgen meiner gefälschten Schecks zu leben. Ich hatte keinen Überblick mehr über die Anzahl der ungedeckten Schecks, die ich ausstellte, aber mein Lebensstandard verbesserte sich außerordentlich. Und ebenso verhielt es sich mit meinem Liebesleben.

Nachdem ich zwei Monate lang wertlose Schecks unter die Leute gebracht hatte, musste ich mich jedoch einigen unangenehmen Tatsachen stellen. Ich war ein Schwindler. Nicht mehr und nicht weniger. Ich war ein berufsmäßiger Scheckbetrüger geworden. Das störte mich nicht allzu sehr, denn ich war erfolgreich damit, und in diesem Augenblick zählte Erfolg auf irgendeinem Gebiet für mich mehr als alles andere auf der Welt.

Allerdings beunruhigten mich die berufsbedingten Risiken, die es mit sich brachte, wenn man Schecks fälschte. Ich wusste, dass mein Vater mein Verschwinden bei der Polizei gemeldet hatte. Üblicherweise verbrachten die Bullen nicht viel Zeit damit, einen vermissten Sechzehnjährigen zu suchen, außer man vermutete ein Verbrechen. Mein Fall stellte jedoch unzweifelhaft eine Ausnahme dar, denn durch meine gefälschten Schecks hatte ich mich einiger Vergehen schuldig gemacht. Ich wusste, dass die Polizei nicht nach einem Ausreißer, sondern einem Dieb fahndete. Und ich nahm an, dass jeder Händler und Geschäftsmann, den ich geprellt hatte, ebenfalls nach mir Ausschau hielt.

Kurz gesagt, ich war in Schwierigkeiten. Ich wusste, dass ich mir die Bullen noch eine Weile vom Hals halten konnte, aber mir war auch klar, dass sie mich irgendwann schnappen würden, wenn ich in New York blieb und weiterhin wertlose Papiere in diversen Kassenschubladen hinterließ.

Die Alternative war, New York zu verlassen, und diese Aussicht machte mir Angst. Diese immer noch weit entfernte Ecke der Welt erschien mir plötzlich unfreundlich und kalt. Trotz meiner unverfrorenen Art, meine Unabhängigkeit zu demonstrieren, klammerte ich mich immer noch an die Sicherheit, die mich hier umgab. Mom und Dad konnte ich jederzeit telefonisch erreichen oder in kurzer Zeit mit dem Zug zu ihnen gelangen. Ich wusste, sie würden zu mir halten, egal was ich angestellt hatte. Wenn ich nach Chicago, Miami, Washington oder in eine andere weit entlegene Weltstadt floh, waren die Aussichten trübe.

Mein Talent war auf eine Sache beschränkt – ich konnte Schecks fälschen. Eine andere Art, mir meinen Lebensunterhalt zu verdienen, zog ich gar nicht in Betracht, und das bereitete mir große Sorgen. Würde es mir gelingen, Geschäftsleute in einer anderen Stadt ebenso leicht übers Ohr zu hauen wie die New Yorker?

In New York besaß ich ein echtes, wenn auch wertloses Girokonto und einen gültigen Führerschein, der mich allerdings als zehn Jahre älter auswies. Diese beiden Dinge ermöglichten es mir, meine ruchlosen Geschäfte lukrativ durchzuführen. Sowohl der Stapel meiner Schecks (der Name war echt, nur die Deckung war nicht vorhanden) und mein gefälschter Führerschein wären in einer anderen Stadt nutzlos. Ich hätte meinen Namen ändern, eine andere Identität annehmen und ein Konto unter meinem Decknamen eröffnen müssen, bevor ich weitermachen konnte. Das erschien mir alles sehr komplex und gefährlich. Ich war ein erfolgreicher Betrüger, aber noch kein wirklich selbstbewusster.

Einige Tage später ging ich die Forty-Second-Street entlang und dachte immer noch über meine verworrene Lage nach, als die Drehtüren des Commodore Hotels mir die Lösung meiner Probleme vor die Füße warfen.

Als ich mich dem Eingang des Hotels näherte, kam eine Crew der Eastern Airlines heraus: der Captain, der Kopilot, der Bordingenieur und vier Stewardessen. Alle waren beschwingt, lachten und freuten sich offensichtlich ihres Lebens. Die Männer waren schlank und gut aussehend, und die Uniformen mit den goldenen Streifen verliehen ihnen einen draufgängerischen Touch. Die Mädchen, hübsch zurechtgemacht, glichen anmutigen, farbenfrohen Schmetterlingen auf einer Wiese in einem anderen Land. Ich blieb stehen und beobachtete, wie sie in den Mannschaftsbus einstiegen. Noch nie hatte ich eine so prächtige Gruppe von Menschen gesehen.

Ich ging weiter, immer noch verzaubert von diesem Glanz, als mir plötzlich eine Idee kam, die im Ausmaß so gewagt und im Entwurf so großartig war, dass sie mich selbst überwältigte.

Was wäre, wenn ich Pilot wäre? Natürlich kein echter. Ich hatte keine Lust auf die strapaziösen Jahre des Studiums, die praktische Ausbildung, die Flugschule und die anderen prosaischen mühseligen Plackereien, die ein Mann sich antun musste, um schließlich in das Cockpit eines Jetliners zu gelangen. Aber was, wenn ich die Uniform und alles andere besäße, was einen Piloten ausmachte? Nun, dann könnte ich einfach in jedes beliebige Hotel marschieren, in irgendeine Bank oder ein Geschäft und dort einen Scheck einlösen. Piloten von Fluglinien werden bewundert und respektiert. Es sind Männer, denen man vertraut. Männer mit gutem Einkommen. Und niemand erwartet, dass ein Pilot seinen Wohnsitz in der jeweiligen Stadt hat. Oder ein Scheckbetrüger sein könnte.

Ich versuchte, diese faszinierende Vorstellung abzuschütteln. Die Idee war zu absurd, zu lächerlich, um sie in Erwägung zu ziehen. Eine Herausforderung, das schon, aber zu verrückt.

Dann stand ich an der Ecke Forty-Second und Park Avenue, und das Gebäude der Pan American World Airways ragte vor mir auf. Ich blickte nach oben auf das riesige Bürohaus und sah keine Konstruktion aus Stahl,

Stein und Glas vor mir, sondern einen Berg, den ich bezwingen musste.

Der Vorstand dieser berühmten Fluggesellschaft wusste nichts davon, doch Pan Am hatte in diesem Moment ihren kostspieligsten Jetpiloten angeworben. Und noch dazu einen, der überhaupt nicht fliegen konnte. Aber was zum Teufel! Es ist wissenschaftlich nachgewiesen, dass auch eine Hummel eigentlich nicht fliegen kann. Aber sie tut es und beschafft sich dabei auch noch eine Menge Honig.

Und genau das wollte ich sein. Eine Hummel in Pan Ams Bienenstock.

Ich blieb die ganze Nacht wach und grübelte. Erst kurz bevor es dämmerte, schlief ich mit einem vorläufigen Plan ein. Ich würde improvisieren müssen, das war mir klar. Aber ist das nicht die Grundlage allen Wissens? Wir hören zu und lernen dabei.

Kurz nach ein Uhr mittags wachte ich auf, griff nach den Gelben Seiten und suchte Pan Ams Telefonnummer heraus. Ich rief die Zentrale an, bat, mit jemandem vom Einkauf verbunden zu werden, und wurde prompt durchgestellt.

»Johnson hier. Was kann ich für Sie tun?«

Wie Cäsar am Rubikon ließ ich die Würfel rollen. »Mein Name ist Robert Black«, antwortete ich. »Ich bin Pilot bei Pan American, stationiert in Los Angeles.« Ich wartete mit klopfendem Herzen auf seine Reaktion.

»Ja, Mr. Black, was kann ich für Sie tun?« Er sprach höflich und sachlich und ich setzte alles auf eine Karte.

»Wir sind heute Morgen um acht Uhr hier gelandet, und ich muss um sieben Uhr abends wieder los«, erklärte ich ihm. Die Uhrzeiten hatte ich mir aus den Fingern gesogen und hoffte, dass er den Flugplan der Pan Am nicht kannte. Ich hatte keine Ahnung davon.

»Ich weiß nicht, wie das geschehen konnte«, fuhr ich fort und versuchte, verärgert zu klingen. »Ich arbeite schon seit sieben Jahren für diese Gesellschaft, aber so etwas ist mir noch nie passiert. Jemand hat mir meine Uniform gestohlen – zumindest ist sie verschwunden –, und der einzige Ersatz, den ich dafür habe, liegt in meinem Haus in Los Angeles. Jetzt muss ich heute Abend wieder losfliegen, und das kann ich ja wohl kaum in Zivilkleidung tun. Wissen Sie, wo ich mir hier eine Uniform besorgen kann? Gibt es hier einen Lieferanten, oder kann ich mir irgendwo etwas ausleihen, bis wir diesen Flug hinter uns gebracht haben?«

Johnson lachte leise. »Nun, das ist kein großes Problem«, erwiderte er. »Haben Sie Papier und Stift zur Hand?«

Als ich das bejahte, fuhr er fort. »Gehen Sie zur Firma Well-Built Uniform Company und fragen Sie nach Mr. Rosen. Er wird sich Ihrer annehmen. Ich werde ihn anrufen und Sie bei ihm anmelden. Wie war Ihr Name?«

»Robert Black«, wiederholte ich, in der Hoffnung, er würde nur nachfragen, weil er meinen Namen vergessen hatte. Seine abschließenden Worte bestärkten mich darin.

»Machen Sie sich keine Sorgen, Mr. Black. Rosen wird sich gut um Sie kümmern«, meinte Johnson fröhlich. Er hörte sich an wie ein Pfadfinder, der gerade die gute Tat dieses Tages vollbracht hatte – und das hatte er tatsächlich getan.

Eine knappe Stunde später betrat ich das Geschäft der Well-Built Uniform Company. Rosen war ein schmächtiger, mürrischer kleiner Mann, der einen phlegmatischen Eindruck machte. Auf seiner Brust baumelte ein Maßband. »Sind Sie Offizier Black?«, fragte er mit dünner Stimme und winkte mich dann mit ausgestrecktem Finger zu sich, als ich das bestätigte. »Kommen Sie mit mir.«

Ich folgte ihm durch ein Labyrinth von Kleiderständern, an denen eine große Auswahl an Uniformen hingen, die offensichtlich für verschiedene Fluglinien angefertigt worden waren. Neben einer Reihe dunkelblauer Anzüge blieb er stehen.

»Welcher Dienstgrad?«, wollte Rosen wissen und begann, die Jacketts durchzusehen.

Mir war kein Rang in der Terminologie der Luftfahrt bekannt. »Kopilot«, sagte ich und hoffte, dass das die richtige Antwort war.

»Erster Offizier, oder?« Rosen reichte mir einige Jacketts und Hosen zur Anprobe, um die richtige Größe herauszufinden. Schließlich war er zufrieden. »Das sitzt zwar nicht ganz genau, aber ich habe jetzt keine Zeit für Änderungen. Sie werden damit zurechtkommen, bis Sie es sich richtig anpassen lassen können.« Er trug das Jackett zu einer Nähmaschine und nähte mit geschickten Bewegungen rasch drei goldene Streifen an beide Ärmelaufschläge. Dann reichte er mir eine Schirmmütze.

Mir fiel mit einem Mal auf, dass sowohl an dem Jackett als auch an der Mütze etwas fehlte. »Wo sind die Pilotenabzeichen der Pan Am und das Emblem?«, fragte ich.

Rosen sah mich fragend an und ich wurde nervös. Nun hatte ich es vermasselt. Doch Rosen zuckte nur die Schultern. »Oh, die führen wir nicht. Wir schneidern nur die Uniformen. Sie meinen die Zusatzartikel. Die kommen direkt von Pan Am, zumindest hier in New York. Die Flügel und das Emblem müssen Sie sich in einem Warenlager der Pan Am abholen.«

»Ach ja. Verstehe.« Ich lächelte. »In L. A. bekommt man die Abzeichen von denselben Leuten, die die Uniformen herstellen. Was schulde ich Ihnen dafür? Ich schreibe Ihnen einen Scheck aus.« Während ich nach meinem Scheckbuch griff, wurde mir klar, dass meine Schecks den Namen Frank Abagnale jr. trugen und mit großer Sicherheit meine Scharade aufdecken würden.

Rosen selbst wendete das Unheil ab. »Es macht 289 Dollar, aber einen Scheck kann ich nicht annehmen.«

Ich gab vor, enttäuscht zu sein. »Nun, Mr. Rosen, dann muss ich also jetzt zuerst meinen Scheck einlösen und Ihnen dann das Bargeld bringen.«

Rosen schüttelte den Kopf. »Bargeld kann ich auch nicht annehmen«, erklärte er. »Ich muss den Betrag dem Konto Ihres Arbeitgebers belasten. Das wird dann von Ihrer Bewilligung für Uniformen oder von Ihrem Gehaltsscheck abgezogen. So wird das bei uns geregelt.«

Rosen war eine glaubwürdige Quelle, was Informationen über den Betrieb von Fluglinien betraf, und dafür war ich ihm dankbar.

Er gab mir ein Formular in dreifacher Ausführung und ich begann, die erforderlichen Angaben einzutragen. Gegenüber des Feldes mit meinem Namen befanden sich fünf miteinander verbundene Kästchen, und ich nahm richtigerweise an, dass man dort die Kontonummer des Arbeitnehmers eintragen sollte. Fünf Kästchen. Fünf Ziffern. Ich trug die erstbesten Zahlen ein, die mir in den Sinn kamen, unterzeichnete das Formular und schob es Rosen zu. Er riss die unterste Seite ab und reichte sie mir.

»Vielen Dank, Mr. Rosen«, sagte ich und verließ das Geschäft mit dieser wundervollen Uniform. Falls er mir eine Antwort gab, hörte ich sie nicht.

Ich ging zurück in mein Zimmer und wählte wieder die Zentrale der Pan Am. »Entschuldigen Sie, aber ich wurde an das Warenlager verwiesen«, erklärte ich, scheinbar irritiert. »Wo ist das, bitte? Ich bin nicht bei dieser Gesellschaft, möchte aber eine Bestellung aufgeben.«

Das Fräulein in der Telefonzentrale war sehr hilfsbereit. »Das Lager ist unsere Verpflegungsausgabestelle«, erklärte sie mir. »Es befindet sich im Hangar vierzehn im Kennedy-Flughafen. Möchten Sie wissen, wie Sie dorthin kommen?«

Ich lehnte dankend ab, stieg in einen Bus zum Kennedy-Flughafen und war erschrocken, als der Fahrer mich vor dem Hangar vierzehn absetzte. Was immer Pan Am dort aufbewahrte, musste von großem Wert sein. Der Hangar war eine Festung, umgeben von einem hohen Stacheldrahtzaun. Die Eingänge waren von bewaffneten Posten bewacht. Ein Schild an dem Wächterhäuschen warnte: ›ZUTRITT NUR FÜR ANGESTELLTE‹. Über ein Dutzend Piloten, Stewardessen und Zivilisten betraten den Hof, während ich aus dem Bus ausstieg und die Lage abschätzte. Ich bemerkte, dass die Zivilisten stehen blieben und den Wächtern ihre Ausweise zeigten, während der Großteil des uniformierten Personals, Piloten und Stewardessen einfach an dem Tor vorbeigingen. Manche warfen den Wächtern nicht einmal einen Blick zu. Ein Mann drehte sich um und sagte etwas zu einem der Aufsichtsbeamten, und ich sah, dass er einen Ausweis an seiner Brusttasche unter dem Pilotenabzeichen befestigt hatte.

Es sah nach Regen aus. Ich hatte mir unterwegs einen Regenmantel gekauft, einen schwarzen, so wie einige der Piloten sie unter dem Arm trugen. In meiner kleinen Reisetasche befand sich meine soeben erworbene Pilotenuniform. Ich fühlte mich so, wie Custer sich gefühlt haben musste, als er Sitting Bulls Sioux gegenüberstand.

Und ich reagierte ebenso wie Custer und ging in die Offensive. Ich suchte eine der Toiletten am Flughafen auf, zog mir die Uniform an und stopfte meine Zivilkleidung in die Reisetasche. Dann verließ ich das Terminal und marschierte auf direktem Weg zu dem Eingang zum Hangar vierzehn.

Der Wärter saß mit dem Rücken zu mir in seinem Häuschen. Als ich auf das Tor zuging, warf ich mir den Regenmantel über meine linke Schulter, um diese Seite meines Jacketts zu verdecken, zog mir die Mütze vom Kopf und hielt sie in der linken Hand. Der Wächter drehte sich zu mir um, und ich fuhr mir mit den Fingern durch das Haar, ohne meinen Schritt zu verlangsamen.

»Guten Abend«, sagte ich knapp und lächelte. Er machte keinen Versuch, mich aufzuhalten, und erwiderte meinen Gruß. Wenige Sekunden später befand ich mich bereits im Hangar vierzehn. Es war im wahrsten Sinne des Wortes eine Halle. Eine schimmernde 707 stand an der hinteren Wand geparkt und beherrschte das gesamte Gebäude. Aber der Hangar vierzehn war auch ein riesiges, unterteiltes Büro, in dem sich die Arbeitsräume der Chefpiloten und Chefstewardessen befanden, die Büros der Meteorologen und Dutzende andere kleine Räume, in denen, wie ich annahm, weitere Angestellte der Pan Am ihre Arbeit taten. Es wimmelte von geschäftigen Menschen. Unzählige Piloten, Stewardessen und Zivilisten liefen hier hektisch umher. Bei Letzteren handelte es sich wohl um Bürokräfte, Ticketverkäufer, Mechaniker und andere Angestellte, die nicht in der Luft arbeiteten.

In der Lobby zögerte ich, mit einem Mal ängstlich. Plötzlich fühlte ich mich wie ein Sechzehnjähriger, und ich war sicher, dass jeder, der mich anschaute, sofort bemerken würde, dass ich für einen Piloten viel zu jung aussah, und den nächsten Polizisten informieren würde.

Ich drehte mich nicht um. Diejenigen, die mir einen Blick zuwarfen, zeigten weder Neugier noch Interesse. Auf einer gegenüberliegenden Wand befand sich ein großes Plakat, auf dem die verschiedenen Abteilungen aufgeführt waren und Pfeile den Weg dorthin anzeigten. Das Lager war ein Stockwerk darunter auf der linken Seite und stellte sich als ein winziger, militärisch anmutender Raum mit unzähligen Regalen heraus, in denen viele Kartons gestapelt waren. Ein schlaksiger junger Mann mit einem aufgestickten Namensschild an der rechten Seite seines Hemds erhob sich von einem Stuhl vor einem großen Schreibtisch, als ich an der Schranke stehen blieb.

»Was kann ich für Sie tun?«, fragte er gedehnt. Zum ersten Mal hörte ich den typischen Südstaatendialekt und er gefiel mir.

Ich setzte ein bedauerndes Lächeln auf. »Ich brauche Schwingen und das Abzeichen für meine Kappe. Mein Zweijähriger hat mir beides gestern von der Uniform gezogen und will oder kann mir nicht sagen, was er damit angestellt hat.«

Der Lagerist lachte. »Ich glaube, inzwischen haben mehr Kinder und Mädels diese Dinger als Piloten«, meinte er spaßig. »Auf jeden Fall müssen wir eine Menge ersetzen. So, jetzt brauche ich Ihren Namen und Ihre Sozialversicherungsnummer.« Er holte ein Formular aus der Ablage auf seinem Schreibtisch und legte es mit einem Paar Schwingen und einem Pan-Am-Abzeichen auf den Schalter, einen Stift bereits in der Hand.

»Robert Black, Erster Offizier, 35099«, sagte ich und steckte mir das Abzeichen an die Mütze und die Schwingen an mein Jackett. »Ich komme aus Los Angeles. Brauchen Sie eine Adresse von hier?«

Er grinste. »Nein, diese verdammten Computer geben sich immer mit Nummern zufrieden«, gab er zur Antwort und reichte mir eine Kopie des Formulars.

Ich schlenderte aus dem Gebäude und versuchte, mich ganz unauffällig unter die Menschenmenge zu mischen.

Ich wollte so viele Informationen wie nur möglich über Piloten und die anderen Angestellten im Bereich der Luftfahrt bekommen und sah das als gute Gelegenheit an, noch ein paar Erfahrungen zu sammeln. Die vielen Piloten und das Bodenpersonal schienen sich alle fremd zu sein. Mich interessierten vor allem die eingeschweißten Plastikkarten, die die Piloten an ihre Brust geheftet trugen, und die offensichtlich eine Art Ausweis darstellten. Ich bemerkte, dass die Stewardessen ähnliche Karten bei sich trugen, die sie jedoch an den Trägern ihrer Handtaschen befestigt hatten.

Einige der Piloten studierten die Notizzettel, die an einer großen Anschlagtafel in der Lobby hingen. Ich blieb stehen und gab vor, mir ebenfalls die Notizen anzusehen, die zum größten Teil von der FAA oder der Pan Am ausgestellt waren, und hatte dabei die Möglichkeit, den Ausweis eines Piloten genau zu betrachten. Er war etwas größer als mein Führerschein und glich dem Ausweis in meiner Tasche, nur dass sich in der rechten Ecke ein Passbild befand und der Firmenname der Pan American und das Logo in den Farben der Gesellschaft darüber abgedruckt war.

Auf meinem Weg nach draußen stellte ich fest, dass ich offensichtlich mehr als eine Uniform brauchte, wenn ich in meiner Rolle als Pan-Am-Pilot erfolgreich sein wollte. Ich würde mir einen Ausweis besorgen müssen und noch viel mehr über die Geschäftspraktiken der Pan Am in Erfahrung bringen müssen als bisher. Ich verstaute die Uniform in meinem Schrank und begann, Büchereien und Buchläden durchzuforsten, auf der Suche nach jeder verfügbaren Information über Piloten, Fliegen und Fluggesellschaften. Ein kleiner Band, den ich entdeckte, erwies sich als besonders hilfreich. Es waren die Memoiren eines altgedienten Flugkapitäns der Pan American und sie enthielten unzählige Fotos und eine Menge Fachbegriffe aus dem Bereich der Luftfahrt. Erst einige Zeit später erfuhr ich, dass seine diesbezüglichen Redewendungen schon etwas veraltet waren.

Mir war klar, dass ich noch vieles lernen musste, was ich mir nicht aus den Büchern oder Magazinen, die ich las, erwerben konnte. Also rief ich wieder bei Pan Am an. »Ich möchte gern mit einem Ihrer Piloten sprechen«, sagte ich der Telefonistin. »Ich arbeite für unsere Schülerzeitung, und ich möchte gern einen Artikel über das Leben eines Piloten schreiben – wohin sie fliegen, wie ihr Training abläuft, und solche Sachen, verstehen Sie? Glauben Sie, dass einer Ihrer Piloten darüber mit mir reden würde?«

Das Personal bei Pan Am ist außerordentlich freundlich. »Nun, ich kann Sie zu unserer Transportabteilung durchstellen, in die Lounge der Crew«, sagte die Frau. »Möglicherweise sitzt dort gerade jemand, der Ihre Fragen beantworten kann.«

Ein Captain war gern bereit, mir diesen Gefallen zu tun. Er war begeistert, dass ein junger Mensch so großes Interesse daran hatte, Karriere in der Luftfahrt zu machen. Ich stellte mich ihm als Bobby Black vor, und nach einigen unverfänglichen Bemerkungen begann ich, die Fragen zu stellen, dir mir auf dem Herzen lagen.

»Wie alt ist der jüngste Pilot, der für Pan Am fliegt?«

»Das kommt darauf an«, erwiderte er. »Wir haben einige Bordingenieure, die wahrscheinlich höchstens dreiundzwanzig oder vierundzwanzig sind. Unser jüngster Kopilot ist schätzungsweise Ende zwanzig, und unsere Flugkapitäne sind um die vierzig.«

»Aha«, sagte ich. »Wäre es möglich, dass ein Kopilot erst sechsundzwanzig oder noch jünger ist?«

»O nein«, antwortete er rasch. »Mir ist nicht bekannt, dass wir Leute in diesem Alter angestellt haben, aber ich weiß, dass andere Fluggesellschaften einige jüngere Copiloten beschäftigen. Es kommt natürlich immer auf den Flugzeugtyp an, den der Pilot fliegt, und darauf, wie lange er schon bei der Firma beschäftigt ist. Eigentlich ist es am wichtigsten, wie lange ein Pilot schon für eine Gesellschaft arbeitet.«

Seine Informationen waren Gold wert für mich. »Wann stellen Sie Leute ein? Ich meine, ab welchem Alter kann ein Pilot zum Beispiel für Pan Am arbeiten?«

»Wenn ich mich recht erinnere, kann man als Bordingenieur bereits ab zwanzig eingestellt werden«, meinte der Captain, der über ein ausgezeichnetes Gedächtnis verfügte.

»Und nach sechs oder acht Jahren im Dienst könnte man dann Kopilot werden?«, hakte ich nach.

»Das ist möglich«, räumte er ein. »Ich würde sogar sagen, dass es für einen fähigen Mann nicht ungewöhnlich wäre, es nach sechs, acht oder sogar weniger Jahren zum Kopiloten zu bringen.«

»Dürfen Sie mir sagen, wie viel Piloten verdienen?«

»Auch das hängt vom Dienstalter, von den geflogenen Routen, der Anzahl der Flugstunden pro Woche und einigen anderen Faktoren ab«, sagte der Captain. »Ich schätze, das höchste Gehalt eines Kopiloten liegt bei 32 000 Dollar, das eines Captain bei etwa 50 000.«

»Wie viele Piloten beschäftigt Pan Am?«, wollte ich wissen.

Der Captain lachte leise. »Das ist eine schwierige Frage, mein Sohn. Ich weiß die genaue Zahl nicht, aber ich nehme an, es sind in etwa achtzehnhundert. Genauere Angaben bekommst du vom Personalmanager.«

»Nein, das ist schon Ordnung«, erklärte ich. »An wie vielen Orten befinden sich die Piloten?«

»Du willst wissen, wo sie stationiert sind«, verbesserte er mich. »Wir haben fünf Flugbasen in den Vereinigten Staaten: San Francisco, Washington, D. C., Chicago, Miami und New York. In diesen Städten wohnen unsere Angestellten. Sie melden sich beispielsweise in ihrem Wohnort San Francisco zur Arbeit, fliegen von dort ab und kommen dann schließlich dort wieder an. Du solltest wissen, dass wir keine Städteflüge in diesem Land anbieten. Wir sind eine Fluggesellschaft, die auf internationale Flüge spezialisiert ist und nur Ziele im Ausland anfliegt.«

Diese Information half mir sehr viel. »Es mag seltsam

klingen, Captain, aber ich bin einfach nur neugierig. Wenn ich als Kopilot in New York stationiert wäre, und Sie ebenfalls, könnte es dann trotzdem sein, dass wir uns niemals begegnen würden?«

»Durchaus. Vor allem würden wir beide als Kopiloten niemals im gleichen Flugzeug sitzen«, erklärte mir der gesprächige Captain. »Würden wir uns nicht bei einem Meeting der Firma oder einem gesellschaftlichen Ereignis treffen – was recht unwahrscheinlich ist –, würden wir uns nie kennen lernen. Du würdest eher mit Kapitänen und Bordingenieuren zusammenkommen als mit einem Kopiloten. Bei den verschiedenen Flügen könntest du auf einige Flugkapitäne und Ingenieure treffen, denen du dann vielleicht wieder über den Weg laufen würdest, wäre eine Versetzung fällig, aber du würdest nie mit einem anderen Kopiloten fliegen. Es gibt immer nur einen in einem Flugzeug.

Es gibt so viele Piloten, dass es keinem gelingen würde, alle anderen kennen zu lernen. Ich bin seit achtzehn Jahren bei dieser Gesellschaft und kenne, wie ich denke, nicht mehr als sechzig oder siebzig der anderen Piloten.«

Wie bei einem Flipperautomaten schoss er verbal einen Ball nach dem anderen ab und in meinem kleinen Kopf leuchteten alle Lichter auf.

»Ich habe gehört, dass Piloten kostenlos fliegen können – auch als Passagiere. Stimmt das?«, fragte ich.

»Ja«, erwiderte der Captain. »Aber da sprechen wir jetzt über zwei verschiedene Dinge. Wir haben das Privileg des Vorrangs, das heißt, meine Familie und ich können auf einer Stand-by-Basis irgendwohin fliegen. Wenn noch Plätze frei sind, zahlen wir nur die Steuern für die Tickets.

Und dann gibt es noch die Freiflüge für uns Angestellte. Wenn mir mein Boss zum Beispiel heute Abend sagt, er braucht mich morgen in Los Angeles für einen

Flug, kann ich mit Delta, Eastern, TWA oder einer anderen Fluggesellschaft jederzeit dorthin fliegen. Ich würde dann entweder einen noch freien Platz bei den Passagieren bekommen oder, was wahrscheinlicher ist, mit dem Klappsitz vorlieb nehmen. Das ist ein kleiner Stuhl im Cockpit, den man herausklappen kann. Normalerweise nehmen ihn Piloten auf dem Weg zur Arbeit, hohe Tiere oder Angestellte der Luftfahrtbehörde FAA in Anspruch.«

»Würde man dann eventuell dabei helfen müssen, das Flugzeug zu steuern?«, erkundigte ich mich.

»O nein«, sagte er. »Schließlich befinde ich mich ja im Flugzeug einer anderen Gesellschaft, verstehst du? Manchmal bietet man uns an, das Steuer zu übernehmen, aber ich lehne dann immer ab. Wenn wir fliegen, um irgendwohin zu gelangen, wollen wir dabei nicht auch noch arbeiten.« Er lachte.

»Wie funktioniert das denn? Ich meine, mit den Flügen, für die Sie nichts bezahlen müssen?« Ich war begeistert und der Captain sehr geduldig. Wahrscheinlich mochte er Kinder.

»Du willst alles ganz genau wissen, nicht wahr?«, meinte er freundlich und fuhr fort, mir meine Fragen zu beantworten.

»Nun wir nennen es das rosa Formular. Nehmen wir an, ich wollte mit Delta nach Miami. Dann gehe ich zum Schalter der Delta, zeige meinen Pan-Am-Ausweis vor und fülle ein pinkfarbenes Formular aus, in dem ich meine Arbeitnehmernummer und die Nummer meiner FAA-Lizenz eintragen muss. Dann lasse ich mir eine Kopie davon geben, und das ist dann mein Freiflugticket. Ich gebe es der Stewardess, wenn ich an Bord gehe, und so kann ich mich dann auf den Klappstuhl setzen.«

Ich war noch nicht fertig, und es schien ihm nichts auszumachen, dass ich weiterfragte. »Wie sieht die Lizenz eines Piloten aus?«, erkundigte ich mich. »Ist das ein Zeugnis, das man sich an die Wand hängt, oder eher so etwas wie ein Führerschein?«

Er lachte wieder. »Nein, es ist keine Urkunde, die man sich an die Wand hängt. Es ist schwer zu beschreiben. Der Ausweis hat ungefähr die Größe eines Führerscheins, aber es ist kein Foto daran befestigt. Es ist einfach eine weiße Karte mit schwarzer Schrift.«

Ich beschloss, dass es Zeit wurde, diesen netten Mann wieder zu seinem bequemen Stuhl zurückgehen zu lassen. »Captain, ich danke Ihnen sehr«, sagte ich. »Das war einfach toll von Ihnen.«

»Freut mich, wenn ich dir helfen konnte, mein Sohn«, erwiderte er. »Ich hoffe, du bekommst die Schwingen der Piloten, wenn du das wirklich willst.«

Die Schwingen hatte ich schon. Was ich noch brauchte, war ein Ausweis und die Pilotenlizenz der FAA. Über den Ausweis machte ich mir weniger Sorgen, aber was die Lizenz betraf, saß ich in der Klemme. Die FAA war schließlich kein Versandhaus.

Ich fuhr mit meinen Fingern über die Spalten in den Gelben Seiten, fand die Rubrik ›Ausweispapiere‹ und suchte mir eine Firma in der Madison Avenue heraus. (Ich dachte mir, eine Gesellschaft mit dieser Adresse hatte bestimmt Klasse.) Dann zog ich mir einen Anzug an und ging dorthin. Es war ein sehr vornehmes Bürogebäude. An der Rezeption saß eine Angestellte und empfing dort die Besucher. »Was kann ich für Sie tun?«, fragte sie geschäftsmäßig.

»Ich würde gern mit jemandem aus Ihrer Verkaufsabteilung sprechen«, antwortete ich im gleichen professionellen Tonfall.

Der Verkäufer war sehr selbstsicher und trat auf eine Weise auf, die mir sagte, dass er sich nicht damit beschäftigen würde, einen einzigen Ausweis zu verkaufen. Also konnte ich nur das tun, was meiner Meinung nach sein Interesse sicher wecken würde – ich musste ihm die Aussicht auf ein großes Geschäft vermitteln.

»Mein Name ist Frank Williams, und ich vertrete Carib Air, Puerto Rico«, sagte ich knapp. »Wie Sie sicher wissen, erweitern wir unseren Service auf die Inlandsflüge in den Vereinigten Staaten. Derzeit beschäftigen wir zweihundert Personen in unserer Filiale im Kennedy-Flughafen. Im Augenblick benützen wir nur provisorische Ausweise aus Papier, doch wir wollen nun offizielle, in Plastikfolie eingeschweißte Karten mit einem Farbfoto und dem Firmenlogo verwenden – so in der Art, wie sie die anderen Fluglinien hier benützen. Es soll sich um qualitativ hochwertige Ausweise handeln, und man hat mir gesagt, dass Sie nur mit Qualitätsprodukten handeln.«

Falls er glaubte, dass es Carib Air gab und diese Gesellschaft in den Vereinigten Staaten expandieren wollte, dann wusste er mehr als ich. Er war jedoch ein Mann, für den solche Fakten nicht entscheidend waren, wenn er ein gutes Geschäft roch.

»O ja, Mr. Williams. Darf ich Ihnen zeigen, was wir im Angebot haben?« Begeistert führte er mich in sein Büro, zog einen großen, in Leder gebundenen Musterkatalog aus einem Regal und blätterte ihn durch. Von Karten aus Pergament, Vorlagen mit kunstvollen Wasserzeichen und einer ganzen Seite mit den verschiedensten Ausweisen war alles vorhanden.

»Die meisten Fluggesellschaften, die wir beliefern, benützen diese Karte hier.« Er deutete auf einen Ausweis, der ein Duplikat einer Pan-Am-Legitimation zu sein schien. »Darauf steht dann die Arbeitnehmernummer, die Flugbasis, der Rang und die Personenbeschreibung und, wenn Sie es wünschen, drucken wir auch das Firmenlogo auf. Ich finde, das wäre für Sie geeignet.«

Ich war ganz seiner Meinung und nickte. »Ja, ich glaube, das ist der Ausweis, den wir möchten«, erwiderte ich. Es war genau die Karte, die ich haben wollte. Er gab mir eine Kostenaufstellung unter Berücksichtigung aller Variablen.

»Könnten Sie mir ein Muster mitgeben?«, fragte ich, einer plötzlichen Eingebung folgend. »Ich möchte es unseren Managern zeigen, denn sie sind diejenigen, die letztendlich die Entscheidung treffen.«

Kurze Zeit später hatte der Verkäufer mir meinen Wunsch erfüllt. Ich betrachtete die Karte genau. »Schön, aber leider ist sie unbedruckt«, meinte ich. »Was halten Sie davon, wenn wir sie so anfertigen, dass ich mir ein Bild davon machen kann, wie das Endprodukt aussehen würde? Wir könnten mich als Testperson nehmen.«

»Das ist ein ausgezeichneter Vorschlag«, sagte der Verkäufer und führte mich zu einem Fotoautomat, der in wenigen Minuten Passbilder in der erforderlichen Größe ausspuckte.

Er nahm die Fotos heraus, und wir suchten eines davon aus. (Großzügig überließ er mir die Auswahl.) Dann heftete er es an die Karte und schnitt es sorgfältig zurecht. Er trug in die dafür vorgesehenen Spalten meinen falschen Namen ein, meinen angeblichen Rang (Kopilot), eine erfundene Arbeitnehmernummer, Größe, Gewicht, Hautfarbe, Alter und Geschlecht. Dann verschweißte er sie in einer durchsichtigen, harten Plastikfolie und reichte sie mir mit seiner Visitenkarte.

»Ich bin sicher, wir können Ihren Auftrag zu Ihrer Zufriedenheit erledigen, Mr. Williams«, sagte er, als er mich zur Tür brachte.

Er hatte mir bereits sehr geholfen – bis auf ein Detail. Auf dem wunderbaren Ausweis fehlte das charakteristische Logo der Pan Am und der Firmenname. Ich dachte darüber nach, wie ich dieses Problem lösen könnte, als mir ein Schild im Schaufenster eines Hobbyshops ins Auge fiel. Auf einem kunstvoll geschwungenen Ständer waren einige Flugzeugmodelle aufgebaut, darunter viele von bekannten Flugzeuggesellschaften. Und eines davon stellte einen der wunderschönen Jets der Pan Am dar, mit dem berühmten Logo am Heck, dem Firmennamen in der urheberrechtlich geschützten Schrift der Fluggesellschaft auf dem Rumpf und den Schwingen.

Das Modell war in mehreren Größen erhältlich. Ich kaufte die kleinste Ausgabe für 2,94 Dollar, die noch nicht zusammengebaut war und eilte in mein Zimmer zurück. Die Teile des Flugzeuges warf ich weg. Dann hielt ich mich an die Anleitung auf dem Karton, weichte das Abziehbild und den Schriftzug in Wasser ein, bis sie sich von der Unterlage ablösten. Sowohl das Logo als auch der Firmenname waren aus mikroskopisch dünnem Plastik. Ich legte das Pan-Am-Logo auf die obere linke Ecke der Ausweiskarte und setzte vorsichtig den Schriftzug darüber. Als die Abziehbilder mit den klaren Konturen getrocknet waren, wirkte es, als wären sie aufgedruckt.

Es war perfekt. Ein exaktes Duplikat eines Ausweises der Pan Am. Es hätte schon einer Untersuchung mit einem Spektroskop bedurft, um zu sehen, dass die Abzeichen sich auf der Außenseite der Plastikhülle befanden. Ich hätte die Karte sofort an meiner Brusttasche befestigen können und damit in ein Meeting des Pan-Am-Vorstands gehen können.

Da ich jedoch kein Pilot war, befand ich mich immer noch auf Neuland. Ich rief mir die Worte des Captains ins Gedächtnis zurück, den ich unter einem falschen Vorwand ausgefragt hatte: ›Am Wichtigsten ist deine Lizenz. Du musst sie immer bei dir haben, wenn du in einem Flugzeug arbeitest. Ich bewahre meine in einer Brieftasche auf, in der sich auch mein Ausweis befindet. Nach deiner Lizenz wirst du wahrscheinlich genauso oft gefragt wie nach deinem Ausweis.«

Ich grübelte tagelang darüber nach, aber mir fiel keine Lösung ein, bei der ich eine Ausbildung in der Schule für Luftfahrt umgehen konnte. Wieder suchte ich Buchläden auf und blätterte verschiedene Ausgaben über Flugwesen durch. Ich war mir nicht sicher, wonach ich eigentlich suchte, doch dann fand ich es.

Es war eine kleine Anzeige auf der letzten Seite eines Buchs. Eine Firma bot an, für nur 35 Dollar Duplikate von Pilotenlizenzen herzustellen und sie in Silber auf eine 20 mal 30 Zentimeter große Hartholzplatte zu drucken. Diese Firma benützte dazu die vorgefertigte Standardversion des Prägestempels der FAA. Ein Pilot musste also nur die einschlägigen Informationen, einschließlich seiner FAA-Lizenznummer und seines Dienstgrads, angeben, und die Firma schickte ihm dann ein silbernes Duplikat seiner Lizenz zu, das er überall herzeigen konnte. Die FAA schien eine Versandabteilung zu haben.

Natürlich wollte ich eine dieser Plaketten haben. Ich hatte das Gefühl, wenn ich so ein Ding erst einmal in der Hand hielt, könnte ich es auf die angemessene Größe und dann auf Papier bringen. Und dann hätte ich meine Pilotenlizenz!

Ich war ganz besessen von dieser Idee. Ich schrieb die Firma nicht an, sondern telefonierte mit einer ihrer Filialen in Milwaukee. Dem Verkäufer dort erklärte ich, dass ich eine dieser Plaketten haben wolle, und fragte ihn, ob ich sie telefonisch bestellen könne.

Er wollte nicht wissen, warum ich es so eilig damit hatte. »Nun, Sie können mir alle nötigen Informationen am Telefon geben«, meinte er. »Allerdings müssen wir einen Scheck oder eine Geldanweisung von Ihnen bekommen, bevor wir die Plakette herstellen. In der Zwischenzeit können wir schon mit dem Rohentwurf beginnen und das als Spezialauftrag ansehen. Die Kosten belaufen sich dann auf 37,50 Dollar, einschließlich der Versandkosten der Sonderzustellung.«

Ich machte mir nicht die Mühe, mit ihm zu handeln, gab meinen Decknamen Frank Williams an, mein falsches Alter, mein richtiges Gewicht, meine Größe, die Farbe meiner Haare und meiner Augen und meine Sozialversicherungsnummer. Ich nannte ihm den höchsten Dienstgrad, den ein Pilot in der Personenbeförderung im Luftverkehr erwerben kann. Ich erklärte dem Mann, dass ich mit den Flugzeugtypen DC-9, 727 und 707 vertraut sei. Dann gab ich eine Adresse für ein Postfach in New York an – das war bei Piloten, die ständig unterwegs waren, nicht ungewöhnlich – und sagte ihm, die Geldanweisung würde noch am selben Tag mit der Post abgehen. Die Geldanweisung schickte ich auch tatsächlich noch in der nächsten Stunde ab – es war die einzige gültige Zahlungsanweisung, die ich in den vergangenen Wochen ausgestellt hatte.

Nach einer Woche traf die Plakette ein. Sie war großartig. Ich war jetzt nicht nur als Pilot auf einer Silberplakette verewigt, sondern besaß auch noch eine Unterschrift auf dem Duplikat einer Pilotenlizenz der FAA.

Ich brachte die Plakette zu einer heruntergekommenen Druckerei in Brooklyn und ließ den Leiter des Ladens kommen. »Ich möchte meine Lizenz auf eine Größe bringen, in der ich sie in meiner Brieftasche tragen kann, so wie ein Diplom, verstehen Sie? Ist das machbar?«

Der Angestellte betrachtete bewundernd die Plakette. »Meine Güte, ich wusste nicht, dass man so etwas bekommt, wenn man fliegen gelernt hat«, sagte er. »Das ist viel besser als ein College-Diplom.«

»Die Lizenz ist natürlich eine Urkunde, aber ich bewahre sie zu Hause in L. A. auf«, erklärte ich ihm. »Meine Freundin hat mir das geschenkt. Ich bin jetzt für einige Monate hier stationiert und hätte gern eine Kopie meiner Lizenz, die in meine Brieftasche passt. Können

Sie das für mich machen, oder muss ich mir vorher die Urkunde schicken lassen?«

»Nein, das hier reicht mir schon«, erwiderte er. Mit einer speziellen Kamera brachte er die Lizenz auf Originalgröße, druckte sie auf ein dickes weißes Papier, schnitt es aus und gab es mir. Das Ganze dauerte weniger als dreißig Minuten und kostete mich nur fünf Dollar. Die Plastikfolie brachte ich mit zwei Stücken selbst an. Ich hatte noch nie eine echte Pilotenlizenz gesehen, aber diese sah verdammt gut aus.

Ich zog meine Uniform an, die ich mir in der Zwischenzeit hatte abändern lassen, sodass sie jetzt perfekt saß, rückte meine Kappe verwegen zurecht und setzte mich in einen Bus zum La-Guardia-Flughafen.

Jetzt war ich bereit für meine Pflichten als Pilot. Allerdings nur, solange ein anderer die Maschine flog.

3
Auf krummen Wegen in der Luft

Eine Uniform vermittelt einen gewissen Zauber, vor allem eine solche, die die Person, die sie trägt, als jemanden auszeichnet, der seltene Fähigkeiten oder Mut besitzt, oder sich durch seine Leistungen ausgezeichnet hat.

Die Abzeichen eines Fallschirmjägers weisen ihn als besonderes Mitglied der Armee aus. Der Delfin auf der Uniform eines Besatzungsmitglieds eines U-Boots zeigt, dass es sich hier um keinen gewöhnlichen Soldaten handelt. Die blaue Kleidung eines Polizisten symbolisiert Autorität. Das Gewand eines Rangers erinnert an die Wildnis. Selbst die bunte Tracht eines Türstehers weckt Gedanken an Pomp und Königtum.

Ich fühlte mich großartig in meiner Pan-Am-Uniform, als ich den La-Guardia-Flughafen betrat. Ganz offensichtlich brachte man mir Respekt und Achtung entgegen. Männer betrachteten mich mit Bewunderung oder Neid. Hübsche Frauen und Mädchen lächelten mich an. Die Polizisten am Flughafen nickten mir höflich zu. Piloten und Stewardessen grüßten mich lächelnd oder hoben die Hand, wenn sie an mir vorbeigingen. Jeder Mann, jede Frau und jedes Kind, das mir begegnete, verhielt sich zuvorkommend und freundlich.

Es war ein berauschendes Erlebnis – ich war begeistert und wurde sofort süchtig. Während der folgenden fünf Jahre war die Uniform mein Alter Ego. Ich benützte sie auf die gleiche Weise, wie ein Junkie sich durch Heroin aufputscht. Immer wenn ich mich einsam, deprimiert und zurückgewiesen fühlte oder Selbstzweifel hatte, zog ich mir meine Pilotenuniform an und mischte mich unter die Menschenmenge. Die Uniform verschaffte mir Respekt und Würde. Wenn ich sie nicht trug, war ich oft niedergeschlagen und hatte manchmal das Gefühl, nutzlos zu sein. Hatte ich sie hingegen in diesen Tagen an, war es, als hätte ich mir Fortunatus' Kappe aufgesetzt und Siebenmeilenstiefel angezogen.

An diesem Morgen mischte ich mich in La Guardia unter die Menge in der Lobby und genoss meinen vorgespiegelten Status. Ich hatte tatsächlich vor, mich an Bord eines Flugzeugs zu schwindeln und in einer anderen Stadt meine Scheckbetrügereien fortzusetzen, doch dann verschob ich die Ausführung dieses Plans. Es machte mir großen Spaß, mich in der Aufmerksamkeit und der Achtung zu sonnen, die mir hier zuteil wurde.

Schließlich bekam ich Hunger und ging in eine der vielen Cafeterias im Flughafen. Ich setzte mich auf einen Barhocker und bestellte ein Sandwich und Milch. Als ich fast aufgegessen hatte, ließ sich ein Kopilot der TWA mir schräg gegenüber auf einem Hocker nieder, sah mich an und nickte mir zu. Er bestellte Kaffee und ein Brötchen und musterte mich neugierig.

»Was tut denn Pan Am hier am La Guardia?«, fragte er beiläufig. Anscheinend flog Pan Am nicht von hier ab.

»Oh, ich bin mit dem ersten Flug, den ich bekommen konnte, aus Frisco gekommen«, antwortete ich. »Ich muss zum Kennedy-Flughafen.«

»Welche Ausrüstung?«, erkundigte er sich und biss in sein Brötchen.

Das brachte mich völlig aus der Fassung. Mein Gehirn schien sich in einen Eiswürfel zu verwandeln. Ausrüstung? Was meinte er damit? Motore? Instrumente im Cockpit? Was? Ich konnte mich nicht daran erinnern, diesen Begriff schon einmal im Zusammenhang mit der Verkehrsluftfahrt gehört zu haben. Verzweifelt suchte ich nach einer Antwort auf eine Frage, die für ihn offensichtlich vollkommen selbstverständlich war. In Gedanken ging ich noch einmal die Aufzeichnungen des Pan-Am-Veteranen in dem kleinen Buch durch, das mir gut gefiel und praktisch mein Handbuch geworden war. Doch das Wort ›Ausrüstung‹ hatte er nie benützt.

Es ging allerdings sicher um etwas von Bedeutung. Der TWA-Pilot sah mich an und wartete auf meine Antwort. »General Electric«, sagte ich hoffnungsvoll. Das war eindeutig nicht die richtige Erwiderung. Sein Blick wurde eisig, und sein Gesicht nahm einen misstrauischen Ausdruck an. »Aha«, sagte er, und seine Stimme klang nun nicht mehr freundlich. Er wandte sich wieder seinem Kaffee und seinem Brötchen zu.

Ich trank rasch meine Milch aus und legte drei Dollar auf die Theke – mehr als genug für meinen Imbiss. Dann stand ich auf und nickte dem TWA-Piloten zu. »Bis dann«, sagte ich und steuerte auf die Tür zu.

Er murmelte irgendetwas. Die Worte konnte ich nicht verstehen, aber ich war mir sicher, dass er mir etwas gewünscht hatte, was ich nicht haben wollte.

Nun wusste ich zumindest, dass ich, trotz meiner Arbeit und meiner Nachforschungen, noch nicht ausreichend auf das Abenteuer eines Freiflugs vorbereitet war. Unter anderem musste ich mir offensichtlich noch viel mehr Wissen über die Terminologie der Luftfahrt aneignen. Als ich das Terminal verließ, sah ich eine TWA-Stewardess, die mit einer schweren Tasche kämpfte. »Kann ich Ihnen behilflich sein?«, fragte ich und griff nach ihrem Gepäck.

Bereitwillig überließ sie mir ihre Reisetasche. »Danke«, sagte sie lächelnd. »Dort draußen steht der Bus unserer Crew.«

»Sind Sie gerade angekommen?«, fragte ich auf dem Weg zum Bus.

Sie verzog das Gesicht. »Ja, und ich bin geschafft. Die Hälfte der Passagiere waren Whiskeyverkäufer und kamen von einer Tagung in Schottland. Sie können sich vorstellen, wie es da zuging.«

Das konnte ich tatsächlich. Ich lachte. »Welche Ausrüstung?«, fragte ich dann, einer Eingebung folgend.

»707er. Ich finde sie toll«, erwiderte sie, während ich ihre schwere Tasche in den Bus hievte. Sie blieb an der Tür stehen und streckte ihre Hand aus. »Vielen Dank, Kollege. Ihre Muskeln habe ich jetzt gebraucht.«

»Freut mich, dass ich Ihnen helfen konnte«, erwiderte ich und meinte es auch so. Sie war schlank, elegant, hatte ein Gesicht wie eine Elfe und kastanienbraunes Haar. Sehr attraktiv. Unter anderen Umständen hätte ich versucht, sie näher kennen zu lernen. Aber ich fragte sie nicht einmal nach ihrem Namen. Sie war entzückend, wusste aber alles über Passagiere, die von hier nach dort flogen, und eine Verabredung mit ihr hätte peinlich für mich sein können.

Die Angestellten einer Luftfahrtgesellschaft liebten es anscheinend, über ihren Job zu reden, und im Augenblick war ich noch nicht bereit, dabei zu bestehen. Mit Ausrüstung war also der Flugzeugtyp gemeint, dachte ich, als ich zu meinem Bus ging. Ich fühlte mich ein wenig dumm, aber auf halbem Weg zurück nach Manhattan musste ich lachen, als ich noch einmal darüber nachdachte. Der Erste Offizier der TWA würde sich wahrscheinlich inzwischen wieder in der Lounge der Piloten befinden und den anderen erzählen, er habe gerade einen Trottel von Pan Am getroffen, der anscheinend mit Waschmaschinen durch die Gegend flog.

In den darauf folgenden Tagen leistete ich Knochenarbeit. Aus meiner bisherigen Erfahrung wusste ich, dass man die besten Auskünfte direkt bei den Fluglinien bekam; also begann ich, verschiedene Fluggesellschaften anzurufen und Informationen aus den Angestellten herauszuholen. Ich stellte mich als College-Student vor, der an einer Arbeit über Transportgesellschaften schrieb, als Autor, der gerade ein Buch verfasste, als Journalist eines Magazins oder als junger unerfahrener Reporter für eine der lokalen Tageszeitungen.

Normalerweise verwies man mich an die Abteilung für Öffentlichkeitsarbeit. Ich fand heraus, dass die Angestellten in der PR-Abteilung einer Fluggesellschaft sehr gern über die Firma reden, bei der sie arbeiten. Sehr schnell bestätigten sich meine Befürchtungen, dass mein Wissen über Luftfahrt noch stark zu wünschen übrig ließ, aber innerhalb einer Woche hatte ich mich sozusagen schon vom Grundschüler zum Abiturienten entwickelt und bereitete mich auf mein Diplom vor. Die PR-Leute der Fluggesellschaften, von denen viele früher selbst in der Luft gearbeitet hatten, gaben mir bereitwillig eine Fülle von Informationen und technischen Details. Sie erzählten mir, welche Typen von Jets von amerikanischen und ausländischen Fluggesellschaften geflogen wurden, des Weiteren alles über das Treibstofffassungsvermögen, die Geschwindigkeit und Flughöhe, die Gewichtsbeschränkungen, die Passagierkapazität, die Anzahl der Crewmitglieder. Außerdem gaben sie noch andere wertvolle Fakten preis.

So erfuhr ich zum Beispiel, dass viele der Piloten ihre Ausbildung beim Militär gemacht hatten. Diejenigen, die nicht bei der Luftwaffe oder der Marine gedient hatten, kamen von kleinen dilettantischen Fluglinien oder von privaten Flugschulen wie Embry-Riddle.

Die Universität für Aeronautik Embry-Riddle in Dayton Beach, Florida, ist, so sagte man mir, die angesehenste und wahrscheinlich größte Schule für Flieger in diesem Land. Sie ist das Notre Dame der Lüfte. Ein Jugendlicher, der von der Fliegerei keinerlei Ahnung hat, kann nach einigen Jahren Ausbildung an Embry-Riddle jeden Jet fliegen, der heutzutage eingesetzt wird.

»Unsere Piloten, die nicht von der Air Force oder der Navy kommen, sind Absolventen von Embry-Riddle«,

erklärte mir einer der Pressesprecher einer Luftver-
kehrsgesellschaft stolz.

Vom Militär verstand ich gar nichts. Ich konnte einen
gemeinen Soldaten nicht von einem Vizeadmiral unterscheiden. Also ernannte ich mich selbst zum Absolventen der Embry-Riddle-Schule, der mit Auszeichnung
bestanden und dann einige Jahre bei Eastern Airlines
Erfahrung gesammelt hatte.

Mein Wissen über Fluggesellschaften und die entsprechenden Fachausdrücke wurde immer größer und
mein Selbstvertrauen wuchs. Ich eröffnete ein Konto auf
den Namen Frank Williams und gab eine Postfachadresse an. Als ich dann per Post meine zweihundert Schecks
bekam, die ich angefordert hatte, versuchte ich, einige
davon in meiner Aufmachung als Pilot einzulösen.

Es war wie auf einer Safari im Zoo in der Bronx. Die
Kassierer konnten das Geld gar nicht schnell genug aus
der Kasse holen. Die meisten wollten nicht einmal meinen Ausweis sehen. Ich hielt ihnen trotzdem meinen
gefälschten Ausweis und meine angefertigte Pilotenlizenz vor die Nase – schließlich wollte ich mein Werk
gewürdigt wissen. Die ersten beiden Schecks, die ich
ausstellte, waren gedeckt. Alle anderen hatten so viel
Wert wie ein Kaugummipapier.

Ich begann, mich regelmäßig im La Guardia aufzuhalten – nicht in der Absicht, mir einen Platz in einem
Flugzeug zu ergattern, sondern um das Personal von
Fluglinien zu treffen und sie bei ihren Gesprächen zu
belauschen. Ich testete dabei auch mein Vokabular. Den
Kennedy-Flughafen mied ich, da Pan Am von dort aus
operierte. Ich befürchtete, der erste Pan-Am-Pilot, den
ich am Kennedy-Flughafen traf, würde mich als
Schwindler entlarven, mich sofort vor ein Kriegsgericht
stellen wollen und mir die Schwingen und das Abzeichen abreißen.

Auf dem La-Guardia-Flughafen fühlte ich mich wie

eine Beutelratte auf einem Dattelpflaumenbaum. Manche Bücher werden anscheinend nach ihrem Einband beurteilt, und ich war in meiner Uniform ein Bestseller. Ich ging in ein Café, wo üblicherweise mindestens ein Dutzend Piloten oder andere Crewmitglieder ihre Pause verbrachten, und sofort lud mich jemand ein, mich zu ihm zu setzen. Meistens waren es sogar mehrere Leute, denn die Angestellten von Fluggesellschaften neigen dazu, wie eine Gänseherde zu schnattern. In den Cocktailbars in der Umgebung des Flughafens war es nicht anders. Ich trank nie etwas, denn ich hatte immer noch keine Erfahrung mit Alkohol gemacht, aber meine Abstinenz schien niemanden zu stören.

Mir wurde klar, dass jeder Pilot einen Drink ablehnen konnte, ohne Anstoß zu erregen, wenn er sich darauf berief, dass zwischen ›der Flasche und dem Steuerknüppel‹ zwölf Stunden liegen mussten. Es kam offensichtlich niemandem in den Sinn, dass ich noch nie einen Steuerknüppel gesehen hatte. Ich wurde immer als ebenbürtig anerkannt. Da ich die Uniform eines Pan-Am-Piloten trug, musste ich ja wohl auch einer sein.

Am Anfang redete ich nicht viel. Ich ließ die Unterhaltung um mich herum auf mich einwirken und achtete genau auf die Worte und Redewendungen. Nach kurzer Zeit beherrschte ich die Terminologie auf eine Weise, als hätte ich diese Sprache schon immer gesprochen. La Guardia war für mich die Berlitz-Schule der Luftfahrt.

Einige meiner Sprachbücher waren großartig. Ich nehme an, viele Stewardessen waren nicht daran gewöhnt, einen jungen Piloten zu sehen, der anscheinend etwa in ihrem Alter war. »Hallooo!«, riefen sie mir zu, wenn sie aufreizend an mir vorbeigingen, und der Klang ihrer Stimme beinhaltete eine eindeutige Aufforderung. Ich fand es unhöflich, so viele Einladungen abzulehnen, also verabredete ich mich schon bald mit etlichen Mädchen. Ich führte sie zum Abendessen aus, ins Theater oder Ballett, in ein Konzert, in Nachtklubs und ins Kino. Auch in meine Wohnung oder in die des Mädchens.

Ich liebte sie wegen ihres Wissens.

Der Rest war natürlich auch wunderbar. Zum ersten Mal in meinem Leben war ich allerdings weniger an dem Körper eines Mädchens interessiert als daran, was sie mir über ihre Arbeit erzählen konnte. Natürlich hatte ich nichts dagegen einzuwenden, wenn sich auch das andere ergab. Ein Schlafzimmer kann ein ausgezeichnetes Klassenzimmer sein.

Ich war ein fleißiger Schüler. Es bedarf jedoch einer gewissen Konzentrationsfähigkeit, wenn man etwas über Reisekostenabrechnungen erfahren möchte, während man von einer Frau in die Schulter gebissen wird und ihre Fingernägel am Rücken spürt. Nur ein strebsamer Student kann eine nackte Frau fragen: »Ach, ist das dein Handbuch? Das von unseren Stewardessen sieht irgendwie anders aus.«

Ich horchte sie ganz vorsichtig aus. Einmal verbrachte ich sogar eine Woche mit drei Stewardessen in Massachusetts in einem Urlaubsort in den Bergen. Keine von ihnen bezweifelte, dass ich ein Pilot war – allerdings wurden einige Beschwerden über mein Durchhaltevermögen laut.

Glauben Sie nicht, dass man Stewardessen generell mit Promiskuität in Verbindung bringen kann. Es ist nur ein Gerücht, dass Stewardessen leidenschaftliche Mädchen sind, die man jederzeit haben kann. Das ist ein Mythos. Stewardessen sind kritischer und anspruchsvoller als Frauen in anderen Berufen, wenn es um ihr Sexualleben geht. Diejenigen, die ich kennen lernte, waren alle intelligent, kultiviert und verantwortungsbewusst. Junge Frauen, die ihren Job gut machten. Ich hatte nicht mit vielen ein Verhältnis – die Playmates unter ihnen wären wahrscheinlich sofort mit mir ins Bett gesprungen, wären sie Sekretärinnen, Krankenschwestern, Buchhalterinnen oder etwas in dieser Art gewesen. Stewardessen sind gute Menschen. Ich habe nur schöne Erinnerungen an diejenigen, die ich kennen gelernt habe, und einige davon sind erfreulicher als andere – und das nicht nur, was die sexuellen Beziehungen betrifft.

An eine Stewardess erinnere ich mich besonders gut und mit ihr hatte ich diesbezüglich nichts am Laufen. Sie arbeitete für Delta, und ich begegnete ihr während meiner anfänglichen Studien des Flugpersonaljargons. Ihr Auto war am Flughafen geparkt, und sie bot mir eines Nachmittags an, mich nach Manhattan mitzunehmen.

»Würden Sie mich am Plaza absetzen?«, fragte ich, als wir durch die Lobby des Terminals gingen. »Ich muss einen Scheck einlösen und dort kennt man mich.« Das stimmte nicht, aber ich wollte, dass sich das änderte.

Die Stewardess blieb stehen und deutete auf die zahlreichen Ticketschalter, die an jeder Seite der Halle aufgereiht waren. Es gibt wohl über hundert Fluglinien in La Guardia, die dort ihre Schalter haben. »Lösen Sie Ihren Scheck dort ein. Er wird an jedem dieser Schalter angenommen.«

»Tatsächlich?«, fragte ich und versuchte, meine Verwunderung zu verbergen. »Es ist ein Inhaberscheck und wir haben hier keine Niederlassung.«

Sie zuckte mit den Schultern. »Das spielt keine Rolle. Sie sind ein Pilot der Pan Am und tragen eine Uniform, also wird jede Luftlinie hier Ihren Scheck anstandslos einlösen. Am Kennedy-Flughafen ist das doch auch so, oder nicht?«

»Das weiß ich nicht. Ich habe noch nie einen Scheck an einem Ticketschalter eingelöst«, erklärte ich wahrheitsgemäß.

Der Schalter der American war der nächstgelegene. Ich ging hinüber und suchte mir einen Angestellten aus, der gerade nicht beschäftigt war. »Können Sie einen Scheck über 100 Dollar für mich einlösen?«, fragte ich und hielt ihm mein Scheckbuch entgegen.

»Gern, kein Problem.« Er lächelte und warf nur einen kurzen Blick auf den wunderbaren, aber ungedeckten Scheck. Nach meinem Ausweis fragte er mich nicht.

Danach hatte ich regelmäßig die Möglichkeit, an den Schaltern der verschiedenen Luftlinien Schecks einzutauschen. Ich durchstreifte La Guardia wie ein Fuchs eine Hühnerfarm. Es waren so viele Firmen vertreten, dass das Risiko, erwischt zu werden, minimal war. Ich tauschte, zum Beispiel, einen Scheck bei Eastern Airlines ein, ging dann in einen anderen Bereich des Terminals und bediente mich aus der Kasse einer anderen Fluggesellschaft. Vorsichtshalber tauchte ich nie zweimal an demselben Schalter auf. In Newark wandte ich diese Methode in komprimierter Form an, und in Teterboro konnte ich auch einige Male zuschlagen. Ich füllte die Schecks so schnell aus, dass die Druckereien beim Nachschub wahrscheinlich bereits in Schwierigkeiten gerieten.

Jeder Spieler hat eine bestimmte Strategie. Meine bestand darin, verschiedene Hotels und Motels aufzusuchen, in denen sich die Crews der Fluglinien aufhielten. Ich kaufte mir sogar ein echtes Flugticket nach Boston und zurück, das ich mit auf unehrliche Weise erworbenem Geld bezahlte. Dann verteilte ich am Logan Flughafen und in den Hotels in der Umgebung meine ›Kunstwerke‹, bevor ich nach New York zurückkehrte.

Ich war außer mir vor Freude über meinen Erfolg und ermutigt, weil es so einfach gewesen war, mich als Pilot auszugeben. Also beschloss ich, die Zeit wäre reif für die Operation ›Freiflug‹.

Ich hatte mir unter dem Namen Frank Williams ein kleines Apartment in einem Mietshaus besorgt und bezahlte meine Miete bar und immer pünktlich. Die Vermieterin, die ich nur sah, wenn ich ihr das Geld überreichte, dachte, ich arbeite in einem Schreibwarenladen. Die anderen Mieter kannten mich nicht, und ich tauchte nie in meiner Pilotenuniform in der Nähe des Gebäudes auf. Ich hatte kein Telefon und bekam nie Post unter dieser Adresse.

Als ich packte und die Wohnung verließ, gab es keine Spur, die man hätte verfolgen können. Nicht der beste Spürhund in den Blue Ridge Mountains hätte die Witterung aufnehmen können.

Ich stieg in einen Bus nach La Guardia und ging zu dem Büro der Eastern Airlines. Hinter dem verglasten Schalter arbeiteten drei junge Männer. »Was kann ich für Sie tun, Sir?«, fragte mich einer von ihnen.

»Ich möchte mit dem nächsten Flug nach Miami, falls noch ein Platz frei ist«, sagte ich und legte ihm meinen gefälschten Pan-Am-Ausweis vor.

»In fünfzehn Minuten geht die nächste Maschine, Mr. Williams«, erwiderte er. »Möchten Sie diesen Flug nehmen oder auf den am Nachmittag warten? Der Klappsitz ist bei beiden noch frei.«

»Ich nehme diesen Flug«, sagte ich, ohne zu zögern. »Dann kann ich mehr Zeit am Strand verbringen.«

Er schob mir ein rosafarbenes Formular zu. Ich hatte so etwas vorher noch nie gesehen, aber es war mir durch das Gespräch mit dem hilfsbereiten Captain bereits vertraut. Es wurden nicht viele Informationen gefordert: Name, Firma, Sozialversicherungsnummer und Rang. Ich füllte das Formular aus und reichte es ihm. Er riss das obere Blatt ab und reichte es mir – das war meine Bordkarte, wie ich wusste.

Dann hob er den Telefonhörer ab und ließ sich mit dem FAA-Tower verbinden – und ich hatte eine Menge gelber Schmetterlinge im Bauch.

»Eastern hier«, sagte er. »Wir haben hier einen Pilo-

68

ten für einen Freiflug auf 602 nach Miami. Frank Williams, Kopilot, Pan Am … Okay, danke.« Er legte auf und deutete durch die Glasscheibe mit einer Kopfbewegung auf eine Tür. »Sie können durchgehen, Mr. Williams. Der Flugsteig ist links.«

Es war eine 727. Die meisten Passagiere waren bereits eingestiegen. Ich gab der Stewardess an der Tür das rosa Formular und ging in Richtung des Cockpits, als würde ich das schon seit Jahren tun. Großspurig marschierte ich an ihr vorbei und verstaute lässig mein Gepäck in dem Fach, das sie mir zeigte. Dann quetschte ich mich durch die schmale Luke und betrat die Kanzel.

»Hi, ich bin Frank Williams«, stellte ich mich den drei Männern vor, die dort saßen. Sie waren mit dem beschäftigt, was sich, wie ich später erfuhr, die Check-Off-Liste nannte, und nickten mir nur kurz zu.

Ich sah mich in dem kleinen Raum um, der mit Instrumenten voll gestopft war, und wieder begannen die Schmetterlinge in meinem Bauch zu fliegen. Einen Klappsitz konnte ich nicht entdecken – ich wusste auch nicht, wie so ein Ding aussah. Es gab nur drei Sitze im Cockpit, die bereits besetzt waren.

Dann blickte der Bordingenieur auf und grinste. »Oh, Entschuldigung.« Er griff hinter meinem Rücken nach der Tür und schob sie zu. »Setzen Sie sich.«

Nachdem die Tür eingerastet war, klappte ein am Boden befestigter Hocker heraus. Ich setzte mich auf den schmalen Stuhl und verspürte das Verlangen nach einer Zigarette – und das, obwohl ich nicht rauchte.

Niemand sprach ein Wort mit mir, bis wir in der Luft waren. Dann stellte der Captain sich mir vor, ein Mann mit rotbackigem Gesicht und silbernen Strähnen in seinem braunen Haar, der Kopilot und der Bordingenieur. »Wie lange sind Sie schon bei Pan Am?«, fragte der Captain. Sein Tonfall zeigte mir, dass er nur Konversation machen wollte.

»Seit acht Jahren«, antwortete ich und wünschte sofort, ich hätte gesagt, es seien erst sechs.

Keiner der drei Männer zeigte jedoch Erstaunen. Anscheinend passte diese Amtsdauer zu meinem Rang. »Welche Ausrüstung?«, wollte der Kopilot wissen.

»707er«, antwortete ich. »Bis vor einigen Monaten flog ich DC-8er.«

Ich fühlte mich auf dem ganzen Weg nach Miami wie auf heißen Kohlen, doch es war erstaunlich leicht. Man fragte mich, wo ich meine Ausbildung absolviert hatte, und ich sagte, ich wäre in Embry-Riddle gewesen. Danach wäre ich direkt zur Pan Am gekommen. Die anschließende Unterhaltung war belanglos und oberflächlich und spielte sich hauptsächlich zwischen den drei Angestellten der Eastern ab. Man stellte mir keine Fragen, die meinen angeblichen Status hätten in Zweifel stellen können. Einmal reichte mir der Kopilot seine Kopfhörer mit der Frage, ob ich zuhören wolle. Ich lehnte ab und sagte, ein Sender mit Rockmusik wäre mir lieber. Alle lachten. Ich lauschte aufmerksam ihren Gesprächen, prägte mir die Slangausdrücke ein, die sie austauschten, und achtete auf den in Fluggesellschaften üblichen Jargon. Alle drei waren verheiratet und ein Großteil ihrer Unterhaltung drehte sich um ihre Familien.

Die Stewardess, die in der Kanzel bediente, war eine süße kleine Brünette. Ich ging zur Toilette, blieb auf dem Rückweg zum Cockpit bei ihr stehen und verwickelte sie in ein Gespräch. Sie sagte mir, sie machte in Miami Zwischenstation, und bevor ich in die Kanzel zurückkehrte, hatte ich mich mit ihr für diesen Abend verabredet. Sie übernachtete bei einer Freundin, die dort wohnte.

Ich bedankte mich bei den Offizieren, bevor ich ausstieg. Sie wünschten mir beiläufig viel Glück, und der Captain sagte, der Klappsitz sei normalerweise immer verfügbar, wenn ich ihn in Anspruch nehmen wollte.

Ich war noch nie in Miami gewesen. Beeindruckt und aufgeregt bei dem Anblick der farbenprächtigen tropischen Vegetation und den Palmen vor dem Terminal genoss ich den Sonnenschein und die frische klare Luft. Es war ein wunderbares fremdes Land ohne Hochhäuser, in einer Landschaft, die sich scheinbar endlos erstreckte. Die Menschen am Flughafen trugen bunte Freizeitkleidung. Als ich mich im Terminal befand, fiel mir ein, dass ich nicht die geringste Ahnung hatte, wo Pan Am in Miami seine Angestellten unterbrachte. Nun, das würde ich wohl leicht herausfinden können.

Ich ging zum Pan-Am-Schalter, und das Mädchen, das dort mit Passagieren beschäftigt war, entschuldigte sich und kam sofort zu mir herüber. »Was kann ich für Sie tun?«, fragte sie mich und musterte mich interessiert.

»Ich bin zum ersten Mal in Miami«, erwiderte ich. »Normalerweise bin ich nicht auf diesen Flügen eingeteilt. Ich vertrete einen Kollegen, und es ging alles so schnell, dass ich mich nicht erkundigen konnte, wo wir hier übernachten. Können Sie mir das sagen?«

»O ja, Sir. Wenn es sich um einen Aufenthalt unter vierundzwanzig Stunden handelt, steigen wir üblicherweise im Skyway Motel ab«, erklärte sie hilfsbereit.

»So ist es«, sagte ich.

»Es ist nicht weit von hier«, erklärte sie mir. »Sie können auf den Bus für die Crew warten, oder möchten Sie sich lieber ein Taxi nehmen?«

»Lieber ein Taxi«, erwiderte ich. Auf keinen Fall wollte ich in einem Bus fahren, in dem sich eine Menge echter Pan-Am-Angestellter befanden.

»Dann warten Sie bitte einen Augenblick.« Sie ging zu ihrem Schreibtisch und holte eine Karte in der Größe eines Schecks heraus. »Geben Sie das draußen irgendeinem Taxifahrer. Ich wünsche Ihnen einen schönen Aufenthalt.«

Das war ein Ticket für eine Taxifahrt, das für jede

Taxigesellschaft in Miami gültig war. Die Angestellten der Luftlinien lebten tatsächlich im sprichwörtlichen Schlaraffenland, wo Milch und Honig floss. Ich machte mich auf den Weg zum Ausgang. Milch mochte ich ohnehin, und dass ich mich in dem richtigen Bienenstock befand, wurde mir klar, als ich in dem Motel eincheckte. Ich gab meinen falschen Namen an und ein Postfach in New York als Adresse. Die Angestellte an der Rezeption sah sich die Karte an und drückte einen roten Stempel mit dem Vermerk ›Crewmitglied einer Luftlinie‹ darauf.

»Ich reise morgen früh wieder ab«, erklärte ich.

Sie nickte. »In Ordnung. Sie können jetzt schon unterschreiben, wenn Sie möchten, dann müssen Sie nicht mehr vorbeikommen.«

»Ich erledige das morgen«, erwiderte ich. »Vielleicht kommen heute Abend noch einige Kosten hinzu.«

Sie zuckte die Schultern und legte die Karte in einem Ordner ab.

Ich konnte keine Angestellten von Pan Am in dem Motel entdecken. Vielleicht befanden sich einige unter der Menschenmenge, die sich um den Pool versammelt hatte, aber niemand schenkte mir Beachtung. In meinem Zimmer zog ich mir etwas Bequemes an und rief dann die Eastern-Stewardess unter der Nummer an, die sie mir gegeben hatte.

Sie holte mich mit dem Wagen ihrer Freundin ab und wir amüsierten uns köstlich in den Nachtclubs von Miami. Ich machte keine Annäherungsversuche, aber nicht, weil ich den Kavalier spielen wollte. Der Erfolg bei meinem ersten Abenteuer als falscher Flieger hatte mich so überwältigt, dass mir so etwas gar nicht in den Sinn kam. Als ich daran dachte, setzte sie mich bereits am Skyway Motel ab und fuhr nach Hause.

Am nächsten Morgen um fünf Uhr dreißig ging ich in die Lobby des Hotels. Der verschlafene Nachtportier nahm meinen Zimmerschlüssel entgegen und gab mir die Rechnung zum Unterzeichnen.

»Können Sie mir einen Scheck einlösen?«, fragte ich, während ich unterschrieb.

»Natürlich. Kann ich Ihren Ausweis sehen?«

Ich reichte ihn ihm und stellte einen Scheck über 100 Dollar aus, einzulösen von dem Hotel. Er schrieb die erfundene Sozialversicherungsnummer von meinem gefälschten Ausweis ab und notierte sie auf der Rückseite des Schecks. Dann reichte er mir den Ausweis und fünf 20-Dollar-Scheine. Ich nahm ein Taxi zum Flughafen und befand mich bereits eine Stunde später mit Braniff auf einem Flug nach Dallas. Die Angestellten von Braniff waren nicht neugierig, aber es gab trotzdem einige spannungsgeladene Momente während der Reise. Ich hatte nicht gewusst, dass Pan Am keine Flüge aus Dallas anbot – mir war aber klar, dass man davon ausging, Piloten, die einen Freiflug in Anspruch nahmen, seien immer beruflich unterwegs.

»Warum zum Teufel wollen Sie nach Dallas?«, fragte der Kopilot neugierig. Während ich noch nach einer Antwort suchte, fuhr er fort: »Sie müssen einen Charterflug oder so etwas übernehmen, nicht wahr?«

»Fracht«, erklärte ich, da ich wusste, dass Pan Am einen weltweiten Gütertransportdienst anbot. Damit war das Thema erledigt.

Ich übernachtete in einem Motel, in dem Angestellte verschiedener Fluglinien abstiegen, besorgte mir am nächsten Morgen 100 Dollar mit einem gefälschten Scheck und flog dann sofort nach San Francisco. Nach dieser Methode verfuhr ich, mit einigen Abweichungen, zwei Jahre lang. Modus operandi, wie es von der Polizei bezeichnet wird.

Meine Masche funktionierte so gut, weil die Fluglinien, Motels und Hotels mich dabei unterstützten. Für die Hotels und Motels in der Umgebung der Hauptstädte oder der internationalen Flughäfen war es natürlich ein gutes Geschäft, mit so vielen Fluggesellschaften wie nur möglich Verträge über die Unterkunft von deren Angestellten abzuschließen. Damit war eine gewisse Anzahl der Reservierungen bereits sichergestellt, und ohne Zweifel gingen viele der Hotelbesitzer davon aus, dass die Anwesenheit von Piloten und Stewardessen andere Gäste anziehen würde, die sich nach einer Unterkunft umsahen. Für die Fluglinien war diese Übereinkunft ebenfalls angenehm, da somit Zimmer für ihre Crews gesichert waren, selbst wenn diese bei Tagungen oder festlichen Anlässen sehr gefragt waren. Ich wusste von einigen Unterhaltungen über dieses Thema, dass Kosten für die Übernachtung und die Mahlzeiten den Fluggesellschaften berechnet wurden, und die Crewmitglieder mit dieser Regelung durchaus einverstanden waren. Es erleichterte die Buchhaltung bei der Spesenabrechnung.

Auch die Vereinbarungen für die Freiflüge um die ganze Welt basierten auf einem bewährten System. Es war nicht nur eine Höflichkeitsgeste, sondern bot Piloten und Kopiloten die optimale Möglichkeit, dorthin zu fliegen, wo sie in einem Notfall oder in einer dringenden Situation gebraucht wurden.

Die Sicherheitsmaßnahmen, also Kontrollen, Anhörungen und andere Methoden, um die Einhaltung der Vereinbarungen zu gewährleisten, wurden, zumindest zu dieser Zeit, offenkundig sehr locker und lässig gehandhabt oder gar nicht angewandt. Verständlicherweise gab es nur wenige Sicherheitskräfte an den Flughäfen. Überfälle von Terroristen oder Flugzeugentführungen wurden erst später zu einer Bedrohung. Flughäfen, die jeweils eine kleine Stadt bilden, hatten eine niedrige Kriminalitätsrate – ihr Hauptproblem war Diebstahl.

Lag kein außergewöhnlicher Fall vor, machte sich niemand die Mühe, die rosafarbenen Formulare und die

Echtheit der Angaben des jeweiligen Piloten zu überprüfen. Das Formular für einen Freiflug bestand aus einem Original und zwei Kopien. Das Original wurde mir als Bordkarte übergeben, das ich dann der Stewardess überreichte, die für den Einstieg der Fluggäste zuständig war. Ich wusste, dass der Angestellte der Fluggesellschaft immer den FAA-Tower anrief und dort jemanden über den zusätzlichen Fluggast informierte. Allerdings war mir nicht bewusst, dass eine Kopie des pinkfarbenen Formulars an die FAA weitergereicht wurde. Die dritte Kopie landete wahrscheinlich in den Akten der jeweiligen Fluggesellschaft. Ein Flughafenangestellter gab später der Polizei eine für ihn logisch erscheinende Erklärung über meine Eskapaden ab. »Verdammt, man rechnet einfach nicht damit, dass ein Mann in der Uniform eines Piloten mit entsprechenden Ausweispapieren und genauen Kenntnissen über unsere Freiflüge ein Schwindler sein könnte!«

Ich hatte jedoch immer den Verdacht, dass der Großteil der von mir ausgefüllten Formulare im Papierkorb gelandet war – das Original sowie beide Kopien.

Es gab noch andere Faktoren, die mein Schicksal günstig beeinflussten. Zu Beginn ging ich die Sache langsam an. Ich stellte die Schecks, die ich bei Motels, Hotels und an den Schaltern der Fluglinien einlöste, nur bis zu 100 Dollar aus. Oft sagte man mir, es wäre im Augenblick nicht genügend Bargeld vorhanden, und man könne mir nur 50 oder 75 Dollar auszahlen. Es dauerte immer einige Tage, bis meine ungedeckten Schecks in der Verrechnungsstelle in New York eintrafen, und wenn dann der Scheck mit dem Vermerk ›nicht gedeckt‹ zurückkam, war ich schon längst über alle Berge. Auch die Tatsache, dass ich – so wie es den Anschein hatte – über ein rechtmäßiges Konto verfügte, verhalf mir zum Erfolg. Wenn die Bank meine Schecks zurückschickte, lautete der Vermerk nicht ›wertlos‹ oder ›gefälscht‹, sondern wurde mit dem Stempel ›im Augenblick keine ausreichende Deckung‹ versehen.

Bei Fluggesellschaften und Hotels werden sehr viele Geschäfte mit Scheckzahlungen abgewickelt, und bei den meisten Schecks, die zurückgeschickt werden, liegt keine betrügerische Absicht vor. Es handelt sich dabei normalerweise um Menschen, die Schecks ausgestellt haben, in diesem Moment aber nicht über die erforderlichen Mittel verfügen. Meistens kann man diese Personen ausfindig machen, und dann werden die Schecks auch gedeckt. In etlichen Fällen wurden meine Schecks eingereicht, ohne dass man mich vorher über die Pan Am überprüft hatte. Ich bin mir aber auch sicher, dass viele Unternehmen den Verlust einfach abgeschrieben und die Sache nicht weiter verfolgt haben.

Diejenigen, die das doch taten, wandten sich üblicherweise an die örtliche Polizei, die mich wiederum weiter unterstützte. In nur sehr wenigen der Polizeidienststellen gab es ein Betrugsdezernat und selbst in den Hauptstädten war nicht genügend Personal für Betrugsdelikte vorhanden.

Und es gibt kaum einen Fall, der für einen Polizeibeamten schwieriger ist als Scheckbetrug. Scheckbetrüger gehören zu den am häufigsten auftretenden Fällen, und ein Professioneller auf diesem Gebiet gehört zu den gerissensten Verbrechern, die nur sehr schwer zu schnappen sind. Das war damals so und hat sich bis heute nicht geändert. Das hat nichts mit den Ermittlungen oder den Fähigkeiten der Polizeibeamten zu tun. Ihre Erfolgsquote ist zu bewundern, wenn man berücksichtigt, wie viele Beschwerden am Tag sie bearbeiten müssen. Die Polizeibeamten behandeln dann bestimmte Dinge üblicherweise vorrangig. Zum Beispiel arbeitet ein Team von Detectives an einem Fall, bei dem Kaufleute jede Woche in einem Ort mit gefälschten Gehaltsschecks um 10 000 Dollar geprellt werden – dabei handelt es sich offensichtlich um einen Verbrecherring. Zur gleichen Zeit meldet ein Juwelier, dass ihm ein geschickter Scheckbetrüger einen Ring im Wert von 3000 Dollar abgenommen hat. Ein Bankier erstattet Anzeige, weil ein Schwindler in seiner Bank einen ungedeckten Scheck über 7500 Dollar eingelöst hat, und einige Dutzend Fälle von Urkundenfälschungen werden gemeldet. Nun kommt noch die Beschwerde eines Motelmanagers dazu, der erklärt, ein Betrüger, der sich als Pilot ausgibt, habe ihm 100 Dollar abgenommen. Das Vergehen sei vor zwei Wochen geschehen.

Was also tun die Kriminalbeamten? Sie leiten eine Routineuntersuchung in die Wege. Dabei stellen sie fest, dass die Adresse des Manns in New York falsch ist. Dann finden sie heraus, dass Pan Am diesen Piloten nicht auf seiner Gehaltsliste hat. Vielleicht entdecken sie sogar, dass dieser Betrüger sich Freiflüge nach Chicago, Detroit, Philadelphia, Los Angeles oder in eine andere Stadt erschwindelt hat. Danach schicken sie per Fernschreiber eine Mitteilung an die Polizeidienststellen der jeweils betroffenen Stadt und legen dann eine Akte an, die sie erst wieder hervorholen, wenn sich irgendetwas ergibt. Damit haben sie ihre Pflicht getan.

Und ich flog wie eine Hummel durch die Gegend und sammelte Honig.

Wenn Sie also die beiden letzten Faktoren meiner Hypothese berücksichtigen, ist es nicht verwunderlich, dass ich so ungehindert und unverfroren vorgehen konnte. Zu dieser Zeit gab es für polizeiliche Ermittlungen das NCIC, das ist das Nationale Informationszentrum über Kriminalität, noch nicht. Meine Karriere wäre sicher einige Jahre eher beendet gewesen, hätte ich damals gegen das heutige Computernetzwerk der Polizei mit der beeindruckend großen Fülle an Informationen über Verbrecher und deren Taten ankämpfen müssen. Und, zu guter Letzt, zog ich als Erster einen solchen

Schwindel auf, der so unglaubwürdig, anscheinend so unwahrscheinlich und auf so unverschämte Weise offenkundig war, dass er funktionierte.

In den letzten Monaten meiner Abenteuer lief ich einem Captain über den Weg, den ich schon öfter auf meinen Freiflügen getroffen hatte. Ich war ein wenig angespannt, doch er begrüßte mich herzlich. Dann lachte er und sagte: »Stell dir vor, Frank, ich unterhielt mich vor einigen Monaten mit einer Stewardess von Delta, und sie hielt dich für einen Betrüger. Ich sagte ihr, das sei Blödsinn. Immerhin hättest du meine Maschine geflogen. Was hast du mit dem Mädchen gemacht, Junge? Sie aus deinem Bett geworfen?«

Meine Eskapaden … In den ersten Jahren waren meine Erlebnisse für mich tatsächlich nur Abenteuer – von krimineller Art, aber eben nur ein Glücksspiel.

Ich besaß ein Notizbuch, ein heimlich geführtes Journal, in dem ich mir Redewendungen, technische Daten, diverse andere Informationen, Orte, Telefonnummern, Gedanken und weitere Einzelheiten notierte, die ich für nötig oder hilfreich hielt.

Es war eine Mischung aus einem Logbuch, einem Leitfaden, einer schwarzen Liste, einem Tagebuch und einem Buch über die Terminologie der Luftfahrt. Je länger ich mein Unwesen trieb, umso umfangreicher wurde es. Eine meiner ersten Notizen war das Wort ›Gleitweg‹. Ich notierte es auf meinem zweiten Freiflug, um später herausfinden zu können, was es bedeutete. Der Gleitweg besteht aus Lichtern auf der Piste, die die Landung erleichtern. Mein Notizbuch ist voll mit kleinen Details, die für mich in der Rolle des Schwindlers von unschätzbarem Wert waren. Wenn man einen Piloten spielt, ist es wichtig zu wissen, wie viel Kerosin eine 707 auf einem Flug verbraucht (7570 Liter pro Stunde), dass Flugzeuge in Richtung Westen sich immer auf einer Flughöhe mit gerader Zahl befinden (6000 Meter, 7200

Meter etc.), während Maschinen in den Osten ungerade Zahlen einhalten, was die Höhe betrifft (5700 Meter, 8100 Meter etc.), oder dass alle Flughäfen ein bestimmtes Codewort haben (LAX, Los Angeles; JFK oder LGA, New York, und so weiter).

Für einen Hochstapler sind Kleinigkeiten sehr bedeutend. Die Namen der Mannschaftsmitglieder, die ich kennen lernte, der Typ der Maschinen, die sie flogen, ihre Route, ihre Fluggesellschaft und ihre Basis waren weitere nützliche Daten, die ich in meinem Buch eintrug.

Wenn ich beispielsweise einen nationalen Freiflug hatte, fragte ich: »Woher kommt ihr, Jungs?«

»Oh, wir sind in Miami stationiert.«

Dann warf ich einen verstohlenen Blick in mein Notizbuch. »Und wie geht es Red? Einer von euch kennt doch sicher Red O'Day. Was treibt der Ire denn so?«

Allen dreien war Red O'Day bekannt. »Ach, du kennst Red?«

»Ja, ich traf ihn einige Male auf Freiflügen. Er ist ein netter Kerl.«

Solche Bemerkungen untermauerten meine Rolle als Pilot und ersparten mir üblicherweise die vorsichtigen Kreuzverhöre, denen ich zu Beginn unterzogen wurde.

Indem ich zusah und lauschte, bekam ich auch in anderen Dingen Erfahrung, die meine Scharade unterstützten. Nach meinem zweiten Flug setzte ich mir immer die Kopfhörer auf, wenn sie mir gereicht wurden. Viele Piloten zogen jedoch die Freisprechanlage vor und verzichteten auf Kopfhörer.

Sehr oft musste ich improvisieren. Immer wenn ich in eine Stadt, wie zum Beispiel Dallas, flog, in der es keinen Schalter der Pan Am gab, und ich nicht wusste, in welchen Motels oder Hotels die Angestellten der Fluglinien abstiegen, ging ich einfach zum nächstgelegenen Schalter. »Ich bin für morgen für einen Charterflug eingeteilt. Wo übernachten unsere Leute hier?«, fragte ich dann.

Ich bekam dann meist mehrere Namen von Gasthäusern in der Umgebung. Wenn ich mich dort dann in das Gästebuch eintrug und angab, dass die Rechnung für meine Übernachtung an Pan Am gehen sollte, wurden niemals Zweifel laut. Man wollte lediglich Pan Ams Adresse in New York wissen.

Zur weiteren Planung nistete ich mich manchmal sogar zwei oder drei Wochen in einer Stadt ein, eröffnete, zum Beispiel, ein Konto in einer Bank in San Diego oder Houston und gab die Adresse des Apartments an, das ich für diesen Zweck gemietet hatte. Dabei handelte es sich immer um Wohnungen, die man auf einer monatlichen Basis anmieten konnte. Wenn dann das kleine Päckchen mit meinen Schecks eintraf, packte ich und flog wieder weiter.

Mir war klar, dass ich gesucht wurde, aber ich wusste nie, wie nah man mir auf den Fersen war, oder wie groß das Polizeiaufgebot in den ersten beiden Jahren war. Immer wenn mir mulmig zu Mute wurde, verkroch ich mich wie ein Fuchs in seiner Höhle.

Manchmal auch mit einer Füchsin. Einige der Mädchen, mit denen ich mich verabredete, gaben ganz klar zu verstehen, dass sie nichts gegen eine Heirat einzuwenden hätten. Viele luden mich zu sich nach Hause ein, um mich ihren Eltern vorzustellen. Wenn ich das Gefühl hatte, eine Weile untertauchen zu müssen, nahm ich eine solche Einladung in der nächsten Umgebung an, blieb dort ein paar Tage oder eine Woche und erholte mich. Mit den Eltern verstand ich mich immer ausgezeichnet – sie fanden nie heraus, dass sie einem jugendlichen Kriminellen Beihilfe leisteten und ihn unterstützten.

Wenn die Luft meinem Gefühl nach wieder rein war, verabschiedete ich mich, versprach dem jeweiligen

Mädchen, bald wiederzukommen und mich dann mit ihr über unsere Zukunft zu unterhalten. Natürlich ließ ich mich nie wieder blicken. Vor einer Heirat hatte ich Angst.

Außerdem hätte meine Mutter das nicht zugelassen. Ich war damals erst siebzehn.

4
Wenn ich Kinderarzt bin,
wo ist dann mein Glas mit den Lutschern?

Inlandsflug 106, von New Orleans nach Miami. Ein erschlichener Freiflug, der schon zur Routine geworden war. Mittlerweile hatte ich meinen Tricks als Pilot ohne Zulassung den letzten Schliff gegeben. Ich war selbstbewusst, sogar unverschämt geworden, wenn es darum ging, einen Klappsitz zu besetzen. Nach zweihundert betrügerisch erworbenen Flügen erhob ich mit der gleichen Arroganz Anspruch auf meinen Platz wie ein Börsenmakler in der Wall Street auf seinen.

Ich verspürte sogar leichte Wehmut, als ich die Kanzel der DC-8 betrat. Bei meinem ersten Flug als Schwindler war ich mit einer inländischen Fluggesellschaft nach Miami geflogen. Und nun, zwei Jahre später, kehrte ich mit einem Jet für Inlandsflüge nach Miami zurück. Ich fand das angemessen.

»Hi, Frank Williams. Nett, dass ihr mich mitnehmt«, sagte ich in dem lässigen Tonfall, den ich mir antrainiert hatte, und schüttelte den Mitgliedern der Crew die Hand. Captain Tom Wright, der Kommandant, war in den Vierzigern und wirkte ein wenig zerknittert, aber kompetent. Der Erste Offizier Gary Evans war Anfang dreißig, elegant und machte einen vergnügten Eindruck. Der Bordmechaniker Bob Hart, Ende zwanzig, trug eine neue Uniform und setzte eine ernste Miene auf – offensichtlich ein Neuling. Nette Jungs. Die Art von Leuten, die ich bei meinen Betrügereien gern höflich behandelte.

Eine Stewardess brachte mir Kaffee, während wir auf die Startbahn rollten. Ich nippte an dem Gebräu und beobachtete den Verkehr auf der Bahn vor uns. Es war eine Samstagnacht ohne Mondschein, und die Flugzeuge waren nur an ihrer Innenbeleuchtung und den flackernden Rücklichtern auszumachen, die wie Glühwürmchen auf und ab stiegen. Der Luftverkehr faszinierte mich immer noch – bei Tag und bei Nacht.

Wright gehörte offensichtlich nicht zu den Piloten, die die Freisprechanlage benützten. Alle drei Männer trugen Kopfhörer, und keiner von ihnen hatte mich gefragt, ob ich mithören wollte. Man bat nicht darum, wenn man das Angebot nicht bekam. Das Cockpit eines Passagierflugzeugs ist vergleichbar mit der Brücke eines Schiffs. Wenn der Kapitän es so wollte, wurde das Protokoll strikt eingehalten. Tom Wright schien seinen Jet exakt nach den Regeln zu fliegen. Ich fühlte mich nicht gekränkt. Die Unterhaltung zwischen den dreien war knapp, belanglos und uninteressant wie alle einsilbigen Gespräche.

Doch mit einem Mal wurde es so spannend, dass sich mein gesamter Körper verkrampfte.

Wright und Evans tauschten einen überraschten Blick aus und runzelten die Stirn, und Hart musterte mich plötzlich aufmerksam. Dann drehte Wright den Kopf. »Haben Sie Ihren Pan-Am-Ausweis bei sich?«, fragte er.

»Äh, ja.« Mein Magen zog sich zusammen, als ich Wright meine Karte gab und er die gelungene Fälschung genau betrachtete. »Hier Inlandsflug 106 an den Tower … Ja, ich habe hier einen Ausweis … Pan Am … Scheint in Ordnung zu sein … Arbeitnehmernummer? … Drei-fünf-null-neun-neun … Aha … Ja. Hm. Einen Moment.«

Er drehte sich wieder zu mir um. »Haben Sie Ihre FAA-Lizenz bei sich?«

»Ja, natürlich.« Ich heuchelte Überraschung und versuchte, meine Blase unter Kontrolle zu halten. Sie füllte sich wie ein Wassergraben bei Flut.

Wright war der erste Pilot, der sich die gefälschte Lizenz gründlich ansah. Er untersuchte sie mit einer solchen Genauigkeit, wie ein Experte es bei einem Gemälde von Gauguin tun würde, um festzustellen, ob es echt war. »Ja«, sagte er dann. »Die FAA-Lizenznummer lautet: Null-sieben-fünf-drei-sechs-sechs-acht-null-fünf … Ja … Für mehrere Flugzeugtypen … aus ATR … Scheint in Ordnung zu sein … Ich kann nichts Ungewöhnliches entdecken … Ja, einen Meter achtzig, braunes Haar, braune Augen … Okay, Sie haben alles richtig verstanden.«

Wright wandte sich mir zu und gab mir meinen Ausweis und die gefälschte Lizenz zurück. Seine Miene drückte sowohl Ärger als auch Bedauern aus. »Ich habe keine Ahnung, was das zu bedeuten hatte«, meinte er mit einem Schulterzucken. Er fragte mich nicht, ob ich zu diesem Thema etwas zu sagen hätte.

Das wäre natürlich der Fall gewesen, aber ich behielt meine Gedanken für mich. Ich versuchte, mir einzureden, dass alles in Ordnung sei und der Angestellte im Tower nur übereifrig war oder etwas tat, wozu er sich verpflichtet fühlte. Vielleicht gab es eine Vorschrift von der FAA für eine solche Überprüfung, und der Angestellte im Tower war der Erste, der diese Regel befolgte, seit ich meine Erfahrungen sammelte. Das war jedoch unwahrscheinlich, denn für Tom Wright war diese Nachfrage ganz offensichtlich ungewöhnlich.

Für die drei Männer im Cockpit schien die Sache erledigt zu sein. Sie stellten die üblichen Fragen, und ich gab die üblichen Antworten. Wenn sich die Unterhaltung um Geschäftliches drehte, machte ich einige Bemerkungen dazu, und bei Gesprächen über die Familien der drei schwieg ich höflich. Den ganzen Weg nach Miami war ich so nervös, dass meine Gedärme sich zusammenrollten wie eine Klapperschlange in einem Feld mit stachligen Feigenkakteen.

Kaum hatte Wright die Maschine in Miami gelandet, schwebte wieder das Damoklesschwert über mir. Während wir über die Landebahn rollten, begann diese ominöse, einseitige Unterhaltung von neuem.

»Ja, das können wir machen. Kein Problem, nein, kein Problem«, beantwortete Wright knapp eine Frage vom Tower. »Übernehmen Sie, ich bin gleich zurück«, sagte er dann zu Evans, stand auf und verließ das Cockpit.

Jetzt war ich sicher, in Schwierigkeiten zu stecken. Ein Captain verließ seinen Platz während des Ausrollens nur, wenn eine außergewöhnliche Situation vorlag. Es gelang mir, durch die Tür des Cockpits zu spähen. Wright unterhielt sich im Flüsterton mit der Chefstewardess.

Für mich bestand kein Zweifel daran, dass ich das Thema ihres Gesprächs war.

Wright kehrte schweigend zu seinem Sitz zurück. Ich setzte eine gelassene Miene auf, als sei alles in Ordnung. Wenn ich meine Nervosität zeigte, könnte das zu einem Desaster führen, das spürte ich. Und die Situation war ohnehin schon katastrophal.

Ich war nicht überrascht, als sich die Tür des Jets öffnete und zwei uniformierte Sheriffs von Dade County an Bord kamen. Einer von ihnen bezog Position und blockierte den Ausgang für die Passagiere. Der andere steckte seinen Kopf in das Cockpit.

»Frank Williams?«, fragte er und ließ seinen Blick von einem zum anderen wandern.

»Das bin ich.« Ich stand von dem Klappsitz auf.

»Mr. Williams, würden Sie bitte mit uns kommen?«, fragte er höflich und sah mich freundlich an.

»Natürlich«, erwiderte ich. »Aber was soll das alles?«

Diese Frage beschäftigte auch die drei Flugoffiziere und die Stewardessen. Alle sahen verwundert drein, aber niemand stellte Fragen, und die Sheriffs befriedigten ihre Neugier nicht. »Bitte folgen Sie mir«, sagte der

Officer und ging zum Ausgang. Sein Kollege marschierte hinter uns her. Die Crew mutmaßte nun, ob man mich verhaftet hatte oder nicht. Es war jedoch nicht von Festnahme oder Gewahrsam gesprochen worden, und man hatte mir keine Handschellen angelegt. Keiner der beiden Sheriffs hatte mich angefasst oder mir in irgendeiner Weise zu verstehen gegeben, dass ich ihren Anordnungen Folge leisten musste.

Aber ich machte mir nichts vor – ich war aufgeflogen.

Die Polizeibeamten führten mich durch den Terminal zu ihrem Streifenwagen, der direkt vor dem Ausgang geparkt war. Der eine öffnete mir die rechte Hintertür. »Bitte steigen Sie ein, Mr. Williams. Wir haben die Anweisung, Sie in die Innenstadt zu bringen.«

Während der Fahrt zum Revier schwiegen sie. Auch ich sagte kein Wort und gab mich verwundert und ungehalten. Die Sheriffs fühlten sich offensichtlich nicht ganz wohl in ihrer Haut, und ich hatte den Eindruck, dass sie nicht sicher waren, welche Aufgabe sie eigentlich auszuführen hatten.

In der Dienststelle führte man mich in einen kleinen Raum und bat mich, vor einem der Schreibtische Platz zu nehmen. Einer der Sheriffs setzte sich auf den Stuhl dahinter, und der andere stellte sich vor die geschlossene Tür. Niemand machte auch nur den Versuch, mich zu durchsuchen und beide verhielten sich sehr höflich.

Der Beamte hinter dem Schreibtisch räusperte sich nervös. »Mr. Williams, es scheint Zweifel daran zu geben, ob Sie tatsächlich für Pan Am arbeiten.« Sein Tonfall klang eher entschuldigend als anklagend.

»Was?«, rief ich. »Das ist doch verrückt! Hier sind mein Ausweis und meine Lizenz. Und nun sagen Sie mir, für wen ich arbeite.« Ich warf meine gefälschten Dokumente auf den Schreibtisch und verhielt mich, als hätte man mich beschuldigt, den Russen geheime Informationen über Nuklearwaffen verkauft zu haben. Peinlich berührt sah er sich den Ausweis und die Pilotenlizenz an und reichte sie dem zweiten Polizeibeamten. Auch er prüfte sie und gab sie mir dann mit einem unsicheren Lächeln zurück. Beide benahmen sich so, als hätten sie gerade den Präsidenten wegen verkehrswidrigen Verhaltens verhaftet.

»Nun, Sir, wenn Sie noch kurz bei uns bleiben, können wir die Sache sicher klären«, meinte der Beamte hinter dem Schreibtisch. »Wir haben damit eigentlich nichts zu tun, Sir. Die Leute, die uns darum gebeten haben, werden bald hier eintreffen.«

»In Ordnung«, sagte ich. »Aber wer sind diese Leute?« Er musste mir diese Frage nicht beantworten. Ich wusste Bescheid. Und er äußerte sich auch nicht dazu.

Die folgende Stunde war für die Sheriffs unangenehmer als für mich. Einer von ihnen ging kurz hinaus und kam mit Kaffee, Milch und Sandwiches für uns drei zurück. Zu Beginn wurde nur wenig gesprochen. Ich spielte den Beleidigten, und sie verhielten sich so, wie ich es eigentlich hätte tun sollen – so, als wünschten sie sich, an einem anderen Ort zu sein. Erstaunlicherweise entspannte ich mich im Laufe der Zeit und wurde zuversichtlicher. Ich schob meinen angeblich gerechten Zorn zur Seite und versuchte sogar, ihr offensichtliches Unbehagen zu lindern, indem ich einige Pilotenwitze zum Besten gab. Sie wurden lockerer und stellten mir Fragen über meine Erfahrungen als Pilot und die Flugzeugtypen, die ich flog.

Die Fragen waren allgemein gehalten, zielten jedoch eindeutig darauf ab, ob ich wirklich Pilot war. Es stellte sich heraus, dass einer der Polizeibeamten Hobbyflieger war. Nachdem wir uns eine halbe Stunde unterhalten hatten, sagte er zu seinem Kollegen: »Weißt du, Bill, ich glaube, hier liegt ein Irrtum vor.«

Kurz vor Mitternacht tauchte dann endlich jemand

auf. Der Mann war Ende zwanzig, trug einen Anzug der Ivy League und setzte eine ernste Miene auf. Er hielt mir seine aufgeklappte Brieftasche vor die Nase, in der sich ein goldenes Schild befand. »Mr. Williams? FBI. Würden Sie bitte mit mir kommen?«

Ich dachte, wir würden nun in ein FBI-Büro fahren, aber er führte mich in einen angrenzenden Raum und schloss die Tür. Dann lächelte er mich freundlich an. »Mr. Williams, ich wurde von der Polizeibehörde in Dade County hierher gerufen, bei der anscheinend eine Meldung von einer Bundesbehörde in New Orleans eingegangen ist. Der Officer, der den Anruf entgegengenommen hat, hat unglücklicherweise weder den Namen des Anrufers noch den der Behörde notiert. Er nahm fälschlicherweise an, wir hätten ihn angerufen. Wir wissen nicht genau, worum es geht, aber es scheinen Zweifel daran zu bestehen, ob Sie tatsächlich bei Pan Am arbeiten.

Ehrlich gesagt, befinden wir uns in einer Zwickmühle, Mr. Williams. Wir sind davon ausgegangen, dass die Beschwerde legitim ist, und nun versuchen wir, das Problem auf die eine oder andere Art zu lösen. Leider befinden sich die Personalakten der Pan Am in New York und die Büros sind am Wochenende geschlossen.« Er verzog das Gesicht. Ebenso wie den Sheriffs hier war ihm nicht klar, was er tun sollte.

»Ich arbeite für Pan Am. Das wird sich bestätigen, wenn die Büros am Montagmorgen öffnen«, sagte ich und täuschte Gelassenheit, aber auch Entrüstung vor. »Was wollen Sie jetzt tun? Mich in der Zwischenzeit ins Gefängnis werfen? Wenn Sie das vorhaben, habe ich jetzt das Recht, einen Anwalt anzurufen. Und ich möchte …«

Er unterbrach mich mit erhobener Hand. »Schauen Sie, Mr. Williams, ich weiß, was passiert, sollten Sie kein Betrüger sein. Und ich habe keinen Grund dazu, das

Gegenteil anzunehmen. Gibt es hier Vorgesetzte, mit denen wir Kontakt aufnehmen könnten?«

Ich schüttelte den Kopf. »Nein, ich bin in L. A. stationiert. Ich nützte den Freiflug hierher, um mich mit einem Mädchen zu treffen, und wollte am Montag wieder an die Küste zurückfliegen. Ich kenne viele Piloten hier – allerdings von anderen Fluglinien. Mir sind auch einige Stewardessen bekannt, aber auch sie arbeiten für andere Fluggesellschaften.«

»Kann ich bitte Ihre Papiere sehen?«

Ich reichte ihm meinen Ausweis und die FAA-Lizenz. Er sah sich beide Dokumente genau an und gab sie mir mit einem Kopfnicken wieder zurück.

»Ich mache Ihnen einen Vorschlag, Mr. Williams. Nennen Sie mir die Namen einiger Piloten und Stewardessen hier in der Gegend, die Sie kennen und Ihre Identität bestätigen können. Ich weiß nicht, worum es hier eigentlich geht, aber offensichtlich ist es eine bundesstaatliche Angelegenheit, und ich muss mich darum kümmern.«

Ich holte mein Notizbuch hervor und gab ihm die Namen und Telefonnummern von mehreren Piloten und Stewardessen, in der Hoffnung, dass einige von ihnen erreichbar waren und mich in guter Erinnerung behalten hatten – und glaubten, ich sei tatsächlich Pilot.

Die Lage war brenzlig. Angespannt wartete ich auf die Rückkehr des FBI-Agenten. Bisher hatte ich, unter Berücksichtigung der Umstände, unglaubliches Glück gehabt. Offensichtlich hatte der Angestellte im FAA-Tower Zweifel an meinem Status gehabt und das gemeldet. Was hatte seinen Verdacht erregt? Ich fand keine Antwort darauf und würde auch nicht danach suchen. Im Büro des Sheriffs hatte jemand den Fehler gemacht, die Quelle der Nachfrage nicht zu notieren, und der FBI-Agent schloss anscheinend deshalb die FAA als Informanten aus. Das überraschte mich ebenfalls, aber ich würde nicht nachfragen. Sollte ihm die Idee kommen, bei der FAA nachzufragen, wäre ich geliefert.

Allein gelassen bangte ich fünfundvierzig Minuten in dem Raum, dann kam der Agent grinsend zurück. »Mr. Williams, Sie können jetzt gehen. Etliche Personen haben Ihren Status bestätigt. Ich möchte mich für die Unannehmlichkeiten und die peinliche Situation entschuldigen, in die wir Sie gebracht haben. Es tut mir wirklich Leid, Sir.«

Hinter ihm stand ein Sergeant von Dade County. »Auch ich möchte mein Bedauern aussprechen, Mr. Williams. Es war nicht unser Fehler. Es scheint sich um ein Missverständnis zu handeln. Jemand von der FAA in New Orleans hat seinen Verdacht gemeldet, und man hat uns gebeten, Sie nach der Landung abzuholen. Wir wussten nicht, wie wir mit dieser Sache weiterkommen sollten, also haben wir die örtliche Behörde des FBI kontaktiert. Ich bedauere das sehr, Sir.«

Ich wollte nicht, dass der FBI-Agent etwas von der FAA zu hören bekam. Der Sergeant hatte anscheinend den Fehler in seiner Abteilung gefunden. Grinsend streckte ich meine Hände mit einer beschwichtigenden Geste aus. »Machen Sie sich deshalb keine Sorgen. Ich verstehe das und bin froh, dass ihr Jungs euren Job erledigt. Mir wäre es auch nicht recht, wenn sich irgendjemand als Pilot ausgeben und durch das Land fliegen würde.«

»Wir wissen es zu schätzen, dass Sie so verständnisvoll reagieren, Mr. Williams«, sagte der Sergeant. »Ihre Tasche steht dort drüben bei meinem Schreibtisch.«

Anscheinend war sie nicht durchsucht worden. Unter meiner Unterwäsche hatte ich 7000 Dollar versteckt. »Gentlemen, ich muss gehen«, erklärte ich und schüttelte beiden die Hand. »Mein Mädchen wartet auf mich, und wenn sie mir diese verrückte Geschichte nicht abnimmt, werde ich einen von Ihnen anrufen müssen.«

Der FBI-Agent grinste und reichte mir seine Karte. »Rufen Sie mich an«, sagte er. »Vor allem dann, wenn sie eine hübsche Freundin hat.«

Ich preschte davon wie ein gejagter Hase. Draußen winkte ich ein Taxi heran und ließ mich zum Busbahnhof bringen. »Die Firma spart mal wieder«, erklärte ich dem Fahrer, als ich bar bezahlte. Er lächelte und der fragende Ausdruck auf seinem Gesicht verschwand.

Ich ging in die Toilette, zog mich um und nahm dann wieder ein Taxi zum Flughafen. Der nächste Flug von Miami ging dreißig Minuten später mit Delta nach Atlanta. Unter dem Namen Tom Lombardi kaufte ich ein One-Way-Ticket und bezahlte es bar. Entspannen konnte ich mich jedoch erst, als wir die Reiseflughöhe erreicht hatten und Richtung Westen flogen. Während des kurzen Flugs dachte ich an den FBI-Agenten und hoffte, sein Boss würde nicht erfahren, wie ich den Jungen verschaukelt hatte. Der Agent schien mir nicht der Typ zu sein, der sich über eine Strafversetzung nach Tucumcari, New Mexico oder Nogales in Arizona freuen würde.

In Atlanta wohnte eine Stewardess der Eastern. Ich kannte in jeder Stadt ein Mädchen. Dieser jungen Frau machte ich vor, ich hätte sechs Monate Urlaub und Anrecht auf Fehlen wegen Krankheit angespart. »Ich habe vor, zwei Monate in Atlanta zu verbringen«, erklärte ich.

»Mach einen Monat daraus, Frank«, meinte sie. »Ich werde in dreißig Tagen nach New Orleans versetzt. Aber bis dahin kannst du hier bleiben.«

Es war ein erholsamer und sehr angenehmer Monat. Danach mietete ich einen Wagen und fuhr sie nach New Orleans. Sie wollte, dass ich den Rest meines ›Urlaubs‹ dort mit ihr verbrachte, aber mir war in New Orleans unbehaglich zu Mute. Mein Instinkt sagte mir, ich solle mich von dieser betriebsamen Stadt fern halten, also ging ich zurück nach Atlanta. Aus irgendeinem Grund, den ich mir selbst nicht erklären konnte, fühlte ich mich dort sicher und geborgen.

Gebäudekomplexe für Singles mit freistehenden Apartments waren zu dieser Zeit noch sehr selten. Eine der vornehmsten Gegenden des Landes war River Bend am Stadtrand von Atlanta. Das Gelände mit den verstreuten Häuschen glich einem Kurort. Es gab einen Golfplatz, einen Swimmingpool von olympischer Größe, Saunen, Tennisplätze, einen Fitnessraum, Sporthallen und einen eigenen Club. Eine Anzeige im *Atlanta Journal* weckte mein Interesse, und ich sah mir die Anlage an.

Ich rauche nicht – ich hatte nie Verlangen nach Tabak. Damals trank ich keinen Alkohol, und auch heute tue ich das nur zu besonderen Anlässen. Es stört mich jedoch nicht, wenn jemand Alkohol trinkt. Meine Abstinenz gehörte zuerst zu der Rolle, die ich spielte. Als ich begann, mich als Pilot auszugeben, hatte ich den Eindruck, dass Piloten nicht viel tranken, also dachte ich, es würde mein Bild als Flieger untermauern, wenn ich mich von Alkohol fern hielt. Später wurde mir klar, dass einige Piloten, wie andere Leute auch, sich gelegentlich bis zum Umfallen zuschütteten, wenn es die Umstände erlaubten. Doch da hatte ich das Interesse am Trinken bereits verloren.

Meine einzige Schwäche waren Frauen. Ich hatte ein unbezwingbares Verlangen nach ihnen. In der Anzeige war River Bend als ›Wohnort, an dem die Funken sprühen‹ angepriesen worden, und offensichtlich legte der Konstrukteur großen Wert auf Aufrichtigkeit. Die sprühenden Funken in River Bend waren fast alle jung, langbeinig, hübsch, gut gebaut und trugen aufreizende Kleidung. Ich beschloss sofort, in diesem herrlichen Pfirsichgarten einer der Pflücker zu werden.

River Bend war teuer und exklusiv. Als ich dem Manager sagte, ich wolle ein Apartment mit einem Schlafzimmer für ein Jahr mieten, musste ich ein umfangreiches Formular ausfüllen. Man wollte mehr Informationen haben wie eine zukünftige Schwiegermutter. Ich entschied mich dafür, Frank W. Williams zu bleiben, da meine gefälschten Ausweise auf diesen Namen lauteten. Bei dem Feld, in dem der Beruf einzutragen war, zögerte ich. Ich hätte mich gern wieder als Pilot ausgegeben, denn ich wusste, dass meine Uniform die Mädchen anlocken würde wie das Geweih eines Hirschbocks eine Hirschkuh. Doch dann hätte ich Pan Am als meinen Arbeitgeber angeben müssen und da war Vorsicht geboten. Möglicherweise würde ein Angestellter des Managements bei Pan Am Rückfragen stellen.

Einer plötzlichen Eingebung folgend, trug ich mich als Arzt ein. Die Felder, in denen Angaben über Verwandte und Referenzen eingetragen werden sollten, ließ ich frei. In der Hoffnung, von den nicht beantworteten Fragen abzulenken, erklärte ich mich bereit, die Miete für sechs Monate im Voraus zu bezahlen und legte vierundzwanzig 100-Dollar-Scheine auf das Formular.

Die Assistentin des Managers, die meinen Antrag entgegennahm, zeigte sich interessiert. »Sie sind Arzt?«, fragte sie mich, als wären Mediziner so selten wie Singschwäne. »Was für ein Arzt?«

Ich dachte, ich sollte mich als einer der Fachärzte ausgeben, die nie in River Bend gebraucht wurden. »Ich bin Kinderarzt«, log ich. »Allerdings praktiziere ich im Augenblick nicht. Meine Praxis befindet sich in Kalifornien, und ich habe mir ein Jahr frei genommen, um mir einige Vorträge über wissenschaftliche Projekte in Emory anzuhören und mich über Investitionen zu informieren.«

»Das ist sehr interessant«, sagte sie und betrachtete den Stapel Geldscheine. Rasch verstaute sie die 100-Dollar Scheine in einer Stahlkassette auf ihrem Schreibtisch. »Wir freuen uns, Sie bei uns begrüßen zu dürfen, Dr. Williams.«

Noch am selben Tag zog ich ein. Das Apartment war nicht sehr groß und hatte nur ein Schlafzimmer, doch es war elegant möbliert. Und es gab genügend Raum für meine geplanten Aktionen.

Das Leben in River Bend war fantastisch, machte Spaß und befriedigte mich. Manchmal ging es recht ausgelassen zu. Beinahe jeden Abend fand in irgendeinem der Bungalows eine Party statt, und nebenher war irgendwo auf dem Gelände auch immer noch etwas los. Die anderen Mieter akzeptierten mich rasch und stellten, bis auf wenige belanglose Fragen, keine Versuche an, Einzelheiten über mein Privatleben und meine Angelegenheiten zu erfahren. Sie nannten mich ›Doc‹, und natürlich gab es einige, die keine Unterschiede zwischen verschiedenen Ärzten machten. Ein Mann hatte ein Problem mit seinem Fuß, ein anderer unerklärliche Magenschmerzen. Eine Brünette klagte über ein seltsames, beengendes Gefühl im Brustbereich.

»Ich bin Kinderarzt. Sie brauchen einen Fußpfleger oder einen Orthopäden«, erklärte ich dem Ersten.

»Ich habe keine Lizenz, um in Georgia zu praktizieren. Sie sollten Ihren Hausarzt konsultieren«, sagte ich dem anderen.

Die Brünette untersuchte ich und stellte fest, dass ihr Büstenhalter zu klein war.

Auf jedem Meer herrscht jedoch gelegentlich hoher Seegang, und an einem Samstagnachmittag geriet ich in einen Sturm, der sich rasch zu einem tragikomischen Hurrikan entwickelte.

Es klopfte an meine Tür, und als ich öffnete, stand ein großer, distinguierter Herr Mitte fünfzig vor mir. Er war lässig gekleidet, wirkte aber äußerst gepflegt. Mit einem Drink in seiner Hand lächelte er mich freundlich an.

»Dr. Williams?«, fragte er, nahm offensichtlich an, dass er an der richtigen Adresse war, und sprach sofort

weiter. »Ich bin Dr. Willis Granger, Chefarzt der pädiatrischen Abteilung in der Klinik Smithers Pediatric Ins-
titute and General Hospital in Marietta.«

Ich war so verblüfft, dass mir die Worte fehlten, und
er fuhr grinsend fort: »Ich bin Ihr neuer Nachbar – ich
bin erst gestern eingezogen und wohne direkt unter Ihnen. Mrs. Prell, die Assistentin des Managers, hat mir
gesagt, dass Sie Kinderarzt sind, also musste ich herauf-
kommen und mich meinem Kollegen vorstellen. Ich stö-
re Sie doch nicht, oder?«

»Oh, nein … nein, überhaupt nicht, Dr. Granger.
Kommen Sie doch herein«, brachte ich hervor und hoffte, er würde ablehnen. Das tat er nicht – stattdessen
machte er es sich auf meinem Sofa gemütlich.

»Auf welche Schule sind Sie gegangen?«, wollte er
wissen. Ich nahm an, das war wohl eine übliche Frage,
wenn sich Mediziner trafen.

Ich kannte nur ein College mit einer medizinischen
Fakultät. »Columbia University in New York«, sagte ich
und betete im Stillen, dass er nicht dort studiert hatte.

Er nickte. »Eine sehr gute Schule. Wo haben Sie Ihr
Praktikum gemacht?«

Praktikum. Das machte man meines Wissens nach in
einem Krankenhaus. Ich kannte einige, aber im Augenblick fiel mir nur ein Name ein, und ich hoffte, dass diese Klinik Mediziner im Praktikum aufnahm. »Harbor
Childrens Hospital in Los Angeles«, antwortete ich und
wartete ab.

»Großartig«, meinte er und stellte dann zu meiner
Erleichterung keine weiteren Fragen mehr über meinen
beruflichen Werdegang.

»Smithers ist eine neue Klinik. Ich wurde gerade zum
Personalchef der pädiatrischen Abteilung ernannt.
Wenn das Haus fertig gebaut ist, werden wir über sieben Stockwerke verfügen. Im Augenblick arbeiten wir
auf sechs Etagen und haben noch nicht sehr viel zu tun.

Kommen Sie doch einmal am Nachmittag mit. Ich zeige Ihnen dann alles – es wird Ihnen sicher gefallen.«

»Das klingt gut. Sehr gern«, erwiderte ich. Kurz nachdem er gegangen war, war ich plötzlich bedrückt und niedergeschlagen. Mein erster Gedanke war, sofort zu packen und aus River Bend, wenn nicht sogar aus Atlanta, zu verschwinden. Granger, der nun direkt unter mir wohnte, stellte eine große Bedrohung meiner Existenz in River Bend dar.

Aber ich war es müde, immer davonzulaufen. Das hatte ich nun zwei Jahre lang getan, und im Augenblick dachte ich nicht an die aufregenden Momente, den Zauber und den Spaß, der für mich damit verbunden gewesen war. Ich wünschte mir lediglich ein Heim, einen Ort, an dem ich eine Weile in Frieden leben und mich mit Freunden treffen konnte. Seit zwei Monaten war River Bend genau dieser Ort, und ich wollte ihn nicht verlassen. Ich war glücklich dort.

Plötzlich wich meine depressive Verstimmung einem Gefühl des Zorns, und Kampfgeist regte sich in mir. Zum Teufel mit Granger. Ich würde mich nicht von ihm zwingen lassen, wieder meine Rundreise als Scheckbetrüger aufzunehmen – ich würde ihm einfach aus dem Weg gehen. Wenn er mich besuchen würde, wäre ich eben gerade beschäftigt. Und wenn er sich im Haus befand, würde ich nicht da sein.

So leicht war das jedoch nicht. Granger war ein sympathischer und sehr geselliger Mensch. Schon bald tauchte er auf den Partys auf, zu denen ich eingeladen wurde. Wenn man ihn nicht dazu aufforderte, kam er ungefragt. Nach kurzer Zeit gehörte er zu den beliebtesten Männern in der Siedlung. Es gelang mir nicht, ihn zu meiden. Wenn er mich auf der Straße sah, winkte er mir zu, um ein Schwätzchen mit mir zu halten. Und wenn er wusste, dass ich zu Hause war, kam er vorbei.

Granger besaß eine gute Eigenschaft – er sprach

kaum über seinen Beruf. Viel lieber redete er über die vielen bezaubernden Frauen, die er in River Bend kennen lernte, und den Spaß, den er mit ihnen hatte. »Ich war nicht immer Junggeselle, Frank«, gestand er mir. »Ich heiratete viel zu früh. Wir beide hätten diese Ehe niemals schließen dürfen, und wir hielten viel zu lange daran fest. Warum, weiß ich auch nicht. Aber jetzt genieße ich mein Leben. Ich fühle mich wieder wie ein Dreißigjähriger.« Oder er sprach über Politik, das Weltgeschehen, Autos, Sport, ethische Grundsätze oder andere Dinge. Er war gebildet, verfügte über ein erstaunliches Wissen in diversen Bereichen und verstand es, sich gut auszudrücken.

Ich begann, mich in Grangers Gegenwart zu entspannen. Seine Gesellschaft war so angenehm, dass ich sie schließlich sogar suchte. Da ich jedoch befürchtete, das Thema Pädiatrie würde früher oder später wieder aufkommen, verbrachte ich viel Zeit in der Bücherei von Atlanta und las Bücher von Kinderärzten, Magazine mit Artikeln über diesbezügliche medizinische Maßnahmen und andere Veröffentlichungen darüber. Schon bald verfügte ich über ein gutes Allgemeinwissen in diesem Bereich – ausreichend, wie ich dachte, um eine oberflächliche Unterhaltung über Dinge zu führen, die die Kinderheilkunde betrafen.

Nach einigen Wochen intensiven Studiums fühlte ich mich sogar genügend vorbereitet, um Grangers Einladung zum Mittagessen in der Klinik anzunehmen.

Wir trafen uns in der Lobby und er stellte mich sofort der Mitarbeiterin an der Aufnahme vor. »Das ist Dr. Williams, ein Freund aus Los Angeles und, bis er nach Kalifornien zurückkehrt, mein Nachbar.« Ich war mir nicht sicher, warum Granger mich der Rezeptionistin vorstellte – vielleicht wollte er mir nur einen Gefallen tun. Sie war jung und hübsch. Während der folgenden ausführlichen Besichtigungstour des Krankenhauses machte er mich immer wieder mit seinen Mitarbeitern bekannt. Wir besuchten jede Abteilung, und ich lernte den Leiter der Verwaltung und den Chefradiologen kennen, ebenso den Chefarzt der Abteilung für Physiotherapie, die Oberschwester, einige Assistenzärzte, andere Doktoren und Dutzende Krankenschwestern. Mittags gingen wir in die Cafeteria der Klinik, und die große Anzahl der Ärzte und Schwestern, die an unseren langen Tisch kamen, zeigte, wie beliebt und geschätzt Dr. Granger war.

Danach besuchte ich das Hospital regelmäßig – in erster Linie wegen Brenda Strong, einer Krankenschwester, die ich dort kennen gelernt hatte und mit der ich öfter ausging. Außerdem gab es in dem Krankenhaus eine umfangreiche Bibliothek mit medizinischen Werken, die auf dem neuesten Stand waren – dort fand ich Bücher, Zeitschriften und Magazine, die sich mit allen Aspekten der Pädiatrie befassten.

Ich konnte dort schmökern, solange ich wollte, ohne Misstrauen zu erregen. Manchmal blieb ich stundenlang in der Bücherei, und ich stellte fest, dass mir die Ärzte, die mich als Kollegen anerkannt hatten, dafür sogar Respekt zollten. »Die meisten unserer Doktoren halten dich für sehr interessiert, weil du dich trotz deiner Auszeit auf diesem Gebiet auf dem Laufenden hältst«, sagte Brenda zu mir.

»Ich halte dich auch für aufgeweckt.«

Brenda war dreißig, eine üppige, sinnliche Brünette, die Spaß an der Sache hatte. Manchmal fragte ich mich, was sie wohl gedacht hätte, wenn sie erfahren hätte, dass ihr Liebhaber ein achtzehnjähriger Schwindler war. Ich betrachtete mich selbst jedoch nur noch ganz selten als Teenager. Wenn ich in den Spiegel schaute, sah ich einen reifen Mann im Alter von fünfundzwanzig oder dreißig, und so fühlte ich mich auch. Als ich mein wahres Alter geändert hatte, war ich noch ein abenteuerlustiger Junge gewesen. Während der vergangenen zwei Jahre hatte meine geistige Uhr sich jedoch selbst vorgestellt, um sich anzupassen.

Reifere Frauen hatten mir schon immer mehr zugesagt. Unter den freiwilligen Helfern im Hospital befanden sich etliche verführerische süße Dinger unter zwanzig, doch ich fühlte mich zu keinem dieser Mädchen hingezogen. Ich zog anspruchsvolle, erfahrene Frauen Ende zwanzig oder älter vor. Solche Frauen wie Brenda.

Nach einigen Besuchen in der Klinik legte sich meine anfängliche Beklemmung, und ich begann, meine erfundene Rolle als Arzt zu genießen. Ich erlebte das gleiche Vergnügen bei der Stärkung meines Egos wie als falscher Pilot.

Wenn ich auf einer der Etagen der Klinik den Flur entlangging, kam mir meistens eine hübsche Schwester entgegen. »Guten Morgen, Dr. Williams«, sagte sie dann und schenkte mir ein Lächeln.

Oder ich traf auf eine Gruppe von Assistenzärzten, die respektvoll nickten und im Chor sagten: »Guten Tag, Dr. Williams.«

Und den ganzen Tag über fühlte ich mich in dem Mantel eines Hypokriten wie Hippokrates. Ich befestigte sogar einen kleinen goldenen Äskulapstab am Kragen.

Niemand versuchte, mich in die Enge zu treiben. Ich hatte keinerlei Probleme, bis eines Nachmittags John Colter, der Leiter der Verwaltung, mich aufhielt, als ich nach dem Mittagessen mit Granger und Brenda gerade die Klinik verlassen wollte.

»Dr. Williams! Kann ich Sie kurz sprechen, Sir?« Ohne auf eine Antwort zu warten, marschierte er schnurstracks auf sein Büro zu.

»Oh, Scheiße.« Mir wurde erst klar, dass ich laut gesprochen hatte, als ein Krankenpfleger an mir vorbeiging und mich angrinste. Am liebsten wäre ich abgehauen, aber dann unterdrückte ich diesen Drang. Colters Stimme hatte weder Verärgerung noch Zweifel ausgedrückt. Seine Aufforderung war zwar knapp gewesen, hatte aber nicht so geklungen, als hätte er Verdacht geschöpft. Ich folgte ihm in sein Büro.

»Bitte nehmen Sie Platz, Herr Doktor.« Colter deutete auf einen bequemen Sessel und ließ sich hinter seinem Schreibtisch nieder. Ich entspannte mich sofort. Er sprach mich immer noch mit dem Titel Doktor an, und seine Art wirkte beinahe einschmeichelnd.

Irgendetwas schien ihm peinlich zu sein. Er räusperte sich. »Dr. Williams, ich möchte Sie um einen sehr großen Gefallen bitten, obwohl ich dazu eigentlich kein Recht habe.« Colter verzog gequält das Gesicht. »Was ich Ihnen jetzt vorschlagen werde, ist beinahe unverschämt, aber ich sitze in der Klemme, und ich glaube, Sie sind derjenige, der mein Problem lösen könnte. Würden Sie mir helfen?«

Ich sah ihn verwundert an. »Sehr gern, wenn es mir möglich ist, Sir«, erwiderte ich vorsichtig.

Colter nickte und fuhr in energischem Tonfall fort. »Mein Problem ist folgendes, Doktor. Die Schicht von Mitternacht bis acht Uhr erledigt einer unserer Ärzte hier im Haus. Er überwacht sieben Assistenzärzte und ungefähr vierzig Krankenschwestern. Heute Nachmittag gab es einen Todesfall in seiner Familie – seine Schwester in Kalifornien ist gestorben. Er ist dorthin gefahren und kommt erst in zehn Tagen zurück. Ich habe niemanden, der diese Schicht übernehmen könnte. Niemanden. Wie ich bemerkt habe, ist Ihnen die Situation hier vertraut, und Sie wissen, dass wir im Augenblick viel zu wenig Ärzte in Atlanta haben. Ich finde keinen Ersatz für Jessup, und ich selbst kann es nicht machen, da ich kein approbierter Mediziner bin.

Einen Assistenzarzt kann ich nicht einsetzen – das

Gesetz schreibt einen Allgemeinmediziner oder Facharzt für eine der Abteilungen einer Klinik wie dieser vor, wenn Personal überwacht werden muss. Können Sie mir folgen?«

Ich nickte. Allerdings folgte ich ihm wie ein Schakal einem Tiger – mit großem Abstand.

Colter sprach weiter. »Nun, Dr. Granger hat mir erzählt, dass Sie hier wenig Verpflichtungen haben und viel Zeit mit den Mädchen aus Ihrer Wohnanlage verbringen.« Er hob lächelnd eine Hand. »Das war nicht böse gemeint, Doktor. Ich beneide Sie.«

Seine Stimme nahm einen bittenden Ton an. »Dr. Williams, könnten Sie zehn Tage lang hier von Mitternacht bis acht Uhr anwesend sein? Sie müssen nichts tun, das versichere ich Ihnen. Einfach nur hier sein, damit ich die Vorschriften des Staats einhalten kann. Ich brauche Sie, Doktor. Als Bonus teile ich sogar Schwester Strong diese zehn Tage für die Schicht ein. Glauben Sie mir, Doktor, ich bin wirklich in Schwierigkeiten. Wenn Sie ablehnen, weiß ich wirklich nicht, was ich tun soll.«

Seine Bitte überraschte mich und ich lehnte sofort ab. »Mr. Colter, ich würde Ihnen gern helfen, aber das kann ich leider nicht«, protestierte ich.

»Und warum nicht?«, fragte Colter.

»Nun, vor allem, weil ich keine Zulassung für Georgia habe – ich darf hier nicht praktizieren«, begann ich, doch Colter unterbrach mich mit einem heftigen Kopfschütteln.

»Sie würden ja nicht wirklich etwas tun«, erklärte er. »Ich bitte Sie nicht, Patienten zu behandeln, sondern nur die Vertretung zu übernehmen. Dazu brauchen Sie keine Zulassung. Die Lizenz von Kalifornien haben Sie ja, und dort ist der Standard ebenso hoch, wenn nicht höher als hier in Georgia. Und sie ist vom medizinischen Fachverband anerkannt. Ich muss Sie nur einem Komitee von fünf Ärzten vorstellen, die in diesem Staat zugelassen und Angestellte dieser Klinik sind. Nach einer Befragung in einer Konferenz können Sie beim Staat eine zeitweilige Bescheinigung beantragen, die es Ihnen erlaubt, in Georgia zu praktizieren. Ich würde die Konferenz gern für morgen früh einberufen, Doktor. Was sagen Sie dazu?«

Mein Verstand befahl mir abzulehnen. In meiner Position waren damit zu viele Gefahren verbunden. Jede der Fragen, die man mir am nächsten Tag stellen könnte, würde mich vielleicht enttarnen und zeigen, welche Art von ›Doktor‹ ich in Wirklichkeit war – ein Quacksalber.

Aber es war auch eine Herausforderung für mich. »Nun, wenn es sich um keine allzu schwierige Aufgabe handelt, die mich zu viel Zeit kostet, helfe ich Ihnen gern aus«, erklärte ich. »Was genau sind meine Pflichten? Ich habe bisher nur in der Praxis gearbeitet. Hin und wieder habe ich zwar Besuche bei Patienten gemacht, die ich aus dem einen oder anderen Grund ins Krankenhaus einweisen musste, doch mit der Routinearbeit in einer Klinik bin ich nicht vertraut.«

Colter war offensichtlich erleichtert und lachte erfreut. »Toll! Ihre Pflichten? Sie müssen einfach nur hier sein, Doktor. Drehen Sie ein paar Runden. Lassen Sie sich sehen. Spielen Sie Poker mit den Praktikanten und tätscheln Sie den Schwestern den Hintern. Zum Teufel, Frank – ich werde Sie Frank nennen, denn Sie sind jetzt mein Freund –, tun Sie, was Sie wollen. Sie müssen nur anwesend sein!«

Mir schwante Übles, als ich am nächsten Morgen den Konferenzsaal betrat, in dem fünf Ärzte auf mich warteten. Von meinen zahlreichen Besuchen in der Klinik waren sie mir alle bekannt. Den Vorsitz führte Granger. Er grinste mich verschwörerisch an.

Das Interview war eine Farce, wie ich erleichtert feststellte. Man stellte mir nur grundlegende Fragen. Wo hatte ich Medizin studiert? Wo mein Praktikum gemacht? Wie alt war ich? Wo hatte ich praktiziert? Wie lange praktizierte ich als Kinderarzt? Keiner der Ärzte stellte mir eine Frage über mein medizinisches Wissen, die ich nicht hätte beantworten können. Ich verließ den Konferenzraum mit einem Schreiben, das mir die zeitweilige Aufsicht über das Personal des Krankenhauses übertrug, und am darauf folgenden Tag brachte mir Granger einen weiteren Brief vom staatlichen Ärzteverband, der mich dazu berechtigte, mit meiner kalifornischen Approbation ein Jahr lang in Georgia zu praktizieren.

Eine meiner Lieblingsfernsehsendungen ist MASH, die Comedy-Serie über eine fiktive medizinische Einheit der Army an der koreanischen Kriegsfront. Ich habe mir keine Folge von MASH angesehen, ohne dabei an meine ›Karriere als Mediziner‹ in Smithers zu denken. Wahrscheinlich gibt es auch heute noch einige Ärzte in Georgia, die sich ebenfalls an einen bestimmten Doktor erinnern, der eine Zeit lang die Aufsicht in der Klinik hatte.

Meine erste Schicht legte den Ablauf aller meiner folgenden ›Pflichtvisiten‹ fest. Als ich Colters Angebot angenommen hatte, war mir schlagartig klar geworden, dass es nur einen Weg gab, diesen gewaltigen Bluff durchzuziehen. Wenn ich sieben Praktikanten, vierzig Krankenschwestern und Dutzende Hilfskräfte täuschen wollte, musste ich ihnen den Eindruck vermitteln, eine Art Possenreißer der medizinischen Kunst zu sein.

Ich beschloss, das Image eines unbekümmerten, sorglosen, immer zu einem Scherz aufgelegten Burschen zu vermitteln, dem es vollkommen gleichgültig war, ob die Regeln der medizinischen Schule eingehalten wurden oder nicht. Mit dieser Masche begann ich sofort, als ich meine erste Schicht antrat. Brenda empfing mich lächelnd im Büro des Oberarztes. Colter hatte also nicht nur Spaß gemacht.

»Hier, Herr Doktor, Ihr Kittel und Ihr Stethoskop«, sagte sie und reichte mir die Sachen.

»Sie müssen diese unangenehme Schicht nicht übernehmen«, sagte ich und streifte mir den weißen Mantel über. »Als Colter sagte, er würde Sie dafür einteilen, hielt ich das für einen Scherz. Ich werde morgen mit ihm reden.«

Sie warf mir einen schelmischen Blick zu. »Er hat mich nicht dafür eingeteilt«, sagte sie. »Ich habe die Oberschwester gebeten, für eine Weile diese Schicht machen zu dürfen – solange Sie hier sind.«

Ich legte sofort das Stethoskop an und schob das Plättchen unter ihre Bluse auf die linke Brust. »Ich wusste schon immer, dass Sie das Herz auf dem rechten Fleck haben, Schwester Strong«, sagte ich. »Was steht heute als erster Punkt auf unserem Programm?«

»Das nicht«, erwiderte sie und schob meine Hand beiseite. »Ich schlage vor, Sie sollten zuerst einen Kontrollgang über die Etage machen, bevor Sie sich der Einzelvisite zuwenden.«

Die pädiatrische Abteilung erstreckte sich über das gesamte sechste Stockwerk der Klinik. Es gab eine Säuglingsstation mit einem Dutzend Neugeborener, drei Flügel für Kinder, die sich von Krankheiten erholten, für Patienten mit Verletzungen oder bevorstehenden Operationen, und für Kinder, die zur Diagnose oder Behandlung aufgenommen worden waren. In meinem Zuständigkeitsbereich befanden sich etwa zwanzig Kinder im Alter von zwei bis zwölf Jahren. Glücklicherweise war ich nicht direkt für sie verantwortlich, denn jeder kleine Patient wurde von seinem eigenen Kinderarzt betreut, der Medikamente verschrieb und über Behandlungsmethoden entschied.

Meine Aufgabe war nur die Beobachtung und Beaufsichtigung. Allerdings erwartete man von mir als Mediziner, in einem Notfall verfügbar zu sein. Ich hoffte, dass keine unvorhergesehenen Fälle eintreten würden, hatte aber bereits einen Plan für solche Eventualitäten. Die erste Nacht verbrachte ich damit, mich mit den Praktikanten vertraut zu machen, die für die Betreuung der Kinder zuständig waren. Sie wollten alle Kinderärzte werden, und der sechste Stock war die ideale Abteilung, um sich zu beweisen. Nachdem ich sie einige Stunden beobachtet hatte, gewann ich den Eindruck, dass sie ebenso kompetent waren wie einige der Ärzte. Eigentlich konnte ich mir darüber aber kein Urteil erlauben – das war, als würde ein Analphabet versuchen, Einsteins Relativitätstheorie einzuschätzen.

Ich spürte jedoch noch vor dem Morgen, dass die Praktikanten mich als eine Art Supervisor akzeptierten und wohl kaum irgendwelchen Unsinn anstellen würden.

Die erste Schicht war angenehm und verlief ereignislos, bis gegen sieben Uhr morgens die Oberschwester der Abteilung im sechsten Stock zu mir kam. »Vergessen Sie bitte nicht, die Berichte für mich zu schreiben, bevor Sie Ihren Dienst beenden, Herr Doktor«, sagte sie.

»Ah ja, richten Sie die Unterlagen her«, erwiderte ich. Ich ging auf die Station und sah den Stapel Krankenblätter durch, die sie mir hingelegt hatte. Für jeden Patienten war eine Karte angelegt, auf der die verabreichten Medikamente, die Uhrzeit der Einnahme, die Namen der Krankenschwestern und die Anweisungen der behandelnden Ärzte notiert waren. »Das ist für Ihren Eintrag.« Die Schwester deutete auf ein leeres Feld unter der Überschrift BEMERKUNGEN DES BEAUFSICHTIGENDEN ARZTES.

Ich bemerkte, dass die anderen Ärzte lateinisch geschrieben hatten. Oder griechisch. Vielleicht war das aber auch ihre normale Handschrift. Für mich war das auf jeden Fall unleserlich.

Ich wollte natürlich keinesfalls, dass die anderen meine Bemerkungen lesen konnten. Also kritzelte ich einige Hieroglyphen auf jedes Krankenblatt und unterzeichnete mit meinem nicht zu entziffernden Namen.

»Hier, Miss Murphy.« Ich gab der Schwester die Karten zurück. »Wie Sie sehen, habe ich Ihnen Note eins gegeben.«

Sie lachte. Meine Witzeleien und meine scheinbar respektlose Art, mit ernsthaften Angelegenheiten umzugehen, brachten mir bei den folgenden Schichten noch viele Lacher ein. Eines Morgens kam zum Beispiel ein Geburtshelfer mit einer seiner Patientinnen herein. Die Frau hatte bereits starke Wehen. »Möchten Sie sich die Hände desinfizieren und die Patientin untersuchen? Ich glaube, es werden Drillinge«, sagte er.

»Nein, aber ich sehe, Sie haben genügend heißes Wasser und eine Menge saubere Tücher«, scherzte ich. Sogar er fand mich witzig.

Mir war allerdings bewusst, dass ich mich auf dünnem Eis bewegte, und am Ende der ersten Woche gegen zwei Uhr dreißig morgens entstanden die ersten Risse an der Oberfläche. »Dr. Williams! Zur Notaufnahme, bitte! Dr. Williams! Zur Notaufnahme, bitte.«

Bisher hatte ich die Notaufnahme gemieden und mit Colter vereinbart, dass ich nicht für Notfälle zuständig war. Ein Ärzteteam sollte sich ständig auf dieser Station befinden, und das war wohl auch der Fall. Ich hasse den Anblick von Blut – ich kann es nicht sehen. Sogar ein paar Blutstropfen verursachen mir Übelkeit. Als ich einmal an der Notaufnahme vorbeiging, sah ich, wie ein Unfallopfer hereingebracht wurde, stöhnend und mit Blut besudelt. Ich rannte in die nächstgelegene Toilette und übergab mich.

Und jetzt wurde ich zur Notaufnahme gerufen. Ich wusste, ich konnte nicht vorgeben, die Aufforderung nicht gehört zu haben. Als die Stimme aus dem Lautsprecher dröhnte, unterhielt ich mich gerade mit zwei Krankenschwestern, also machte ich mich auf den Weg, trödelte aber, solange es ging.

Zuerst ging ich auf die Toilette. Dann nahm ich die Treppe, anstatt mit dem Aufzug zu fahren. Mir war bewusst, dass meine Verzögerungstaktik dem Menschen, der jetzt einen Arzt brauchte, schaden konnte, aber es wäre ebenso schädlich für ihn, würde ich in höchster Eile zur Notaufnahme laufen. Ich wusste nicht, was ich dort tun sollte. Vor allem wenn der Patient blutete.

Glücklicherweise war das nicht der Fall. Es handelte sich um einen dreizehnjährigen Jungen, der mit blassem Gesicht und aufgestützten Ellbogen auf dem Behandlungstisch lag und die drei Assistenzärzte anblickte, die sich um ihn gruppiert hatten. Die Praktikanten sahen auf, als ich den Raum betrat.

»Nun, was haben wir hier?«, fragte ich.

»Eine einfache Fraktur der Tibia, etwa zwölf Zentimeter unterhalb der Patella«, erklärte Dr. Hollis Carter. »Wir bereiten gerade die Röntgenaufnahmen vor. Sollten wir nichts Schlimmeres entdecken, schlage ich vor, einen Gehgips anzulegen und den Jungen nach Hause zu entlassen.«

Ich sah Carl Farnsworth und Sam Bice an, die anderen beiden Assistenzärzte. »Dr. Farnsworth?« Er nickte. »Das denke ich auch, Doktor. Vielleicht ist der Knochen nicht einmal gebrochen.«

»Und Sie, Dr. Bice?«

»Das wird es wohl sein – wenn überhaupt«, meinte er.

»Gentlemen, Sie scheinen mich hier nicht mehr zu brauchen. Machen Sie weiter«, sagte ich und verließ den Raum. Später erfuhr ich, dass der Junge sich das Schienbein gebrochen hatte, doch an diesem Tag hätte man mir auch erzählen können, er bräuchte eine neue Brille.

In den folgenden Nächten wurde ich öfter in die Notaufnahme gerufen, und jedes Mal ließ ich die Assistenzärzte handeln. Ich ging hinein, befragte einen von ihnen, um welche Krankheit oder Verletzung es sich handelte und wollte dann von ihm wissen, wie er den Patienten behandeln würde. Dann beriet ich mich mit einem weiteren oder den beiden anderen Assistenzärzten, die normalerweise ebenfalls dabei waren. Wenn sie zustimmten, nickte ich hoheitsvoll und sagte: »Sehr gut, Doktor. Machen Sie weiter.«

Ich wusste nicht, wie meine Methode bei solchen Vorfällen bei den Assistenzärzten ankam, doch das fand ich schon bald heraus. Sie waren begeistert.

»Sie finden dich großartig«, erzählte Brenda mir. »Vor allem unser junger Dr. Carter hält große Stücke auf dich. Ich habe gehört, wie er einigen Freunden aus Macon erzählte, dass du ihn wirkliche praktische Erfahrungen sammeln ließest, dass du hereinkommst, dir seine Meinung über einen Fall anhörst und ihn dann weiterbehandeln lässt. Er sagte, du gäbst ihm das Gefühl, ein praktizierender Arzt zu sein.«

Ich lächelte. »Ich bin nur faul«, erwiderte ich.

Nach meiner ersten Schicht erkannte ich jedoch, dass ich Hilfe brauchte. Ich machte ein kleines Lexikon mit medizinischen Fachausdrücken ausfindig. Immer wenn einer der Praktikanten oder eine der Schwestern einen Begriff verwendete, der mir fremd war, schlich ich mich die Treppe hinauf in das siebte Stockwerk, das noch nicht fertig gestellt war. Dort schloss ich mich in einen der leeren Wäscheschränke ein und sah die Wörter nach. Manchmal verbrachte ich zehn oder fünfzehn Minuten in einem dieser Einbauschränke und blätterte in meinem Wörterbuch.

An dem Abend, an dem ich meine letzte Schicht als falscher Arzt antreten sollte, suchte Colter mich auf. »Frank, ich weiß, ich habe kein Recht, Sie darum zu bitten, aber ich muss es tun. Dr. Jessup wird nicht zurückkommen. Er hat beschlossen, in Kalifornien zu bleiben und dort zu praktizieren. Ich bin sicher, innerhalb der nächsten zwei Wochen einen Ersatz für ihn zu finden. Darf ich davon ausgehen, dass Sie so lange bleiben können?« Er sah mich bittend an und wartete.

Er hatte mich im richtigen Augenblick erwischt. Ich liebte meine Rolle als Mediziner und genoss sie beinahe ebenso sehr wie meine Vorstellung als Pilot einer Fluglinie. Und sie war weitaus bequemer. Seit ich mich als Kinderarzt ausgab, hatte ich keinen einzigen falschen Scheck ausgestellt. Ich hatte nicht einmal daran gedacht, irgendein wertloses Stück Papier unter die Leute zu bringen, seit ich bei Smithers arbeitete. Die Klinik zahlte mir 125 Dollar am Tag für meine Tätigkeit als ›fachärztlicher Berater‹. Mein Honorar bekam ich wöchentlich ausgezahlt.

Ich schlug Colter mit der Hand auf den Rücken. »In Ordnung, John«, stimmte ich zu. »Warum nicht? Im Augenblick habe ich nichts anderes vor.«

Ich war zuversichtlich, den Schwindel noch zwei Wochen aufrechterhalten zu können, und das ging auch. Dann wurden aus den zwei Wochen jedoch ein Monat, aus dem einen Monat zwei, und Colter hatte immer noch keinen Ersatz für Jessup gefunden. Meine Zuversicht schwand, und manchmal plagte mich der Gedanke, dass Colter oder ein anderer Arzt in der Klinik – vielleicht sogar Granger – meine Zeugnisse prüfen würden, vor allem, wenn sich während meiner Schicht eine prekäre Situation ergeben sollte.

Bei den Praktikanten, Krankenschwestern und den anderen, die mir nominell unterstellt waren, behielt ich mein großspuriges, Zum-Teufel-mit-den-Regeln-Auftreten bei, und das Personal der Schicht von Mitternacht bis acht Uhr morgens unterstützte mich weiterhin und verhielt sich loyal. Die Schwestern hielten mich für einen liebenswerten Spinner und wussten es zu schätzen, dass ich nie versuchte, sie in einem leeren Zimmer in eine Ecke zu drängen. Die Praktikanten waren stolz, die Schicht mit mir machen zu dürfen. Es entstand echte Kameradschaft zwischen uns, und die jungen Ärzte respektierten mich. Sie hielten mich für verschroben, aber kompetent. »Sie behandeln uns nicht so, wie die anderen Ärzte des Teams es tun, Dr. Williams«, gestand Carter. »Wenn sie hereinkommen, während wir einen Patienten behandeln, heißt es ›Gehen Sie zur Seite‹, und dann übernehmen sie. Sie tun das nicht – Sie überlassen den Fall uns und gestatten uns damit, die Arbeit von Ärzten zu tun.«

Das stimmte allerdings. Ich hatte ja keinen blassen Schimmer von Medizin. Diese jungen Ärzte erfuhren erst Jahre später, dass ich nur durch sie meine Maskerade hatte aufrechterhalten können. Wenn sich eine heikle Situation ergab – und bei meinem Wissensstand waren bereits Kopfschmerzen ein großes medizinisches Problem für mich –, überließ ich den Fall den Praktikanten und floh in meinen Wäscheschrank im siebten Stockwerk.

Glücklicherweise war ich während meiner Tätigkeit bei Smithers nie mit einer Situation konfrontiert, bei der es um Leben oder Tod ging. Es gab aber kritische Momente, in denen mich nur meine Rolle als Hanswurst rettete. Eines Morgens kam eine Schwester aus der Säuglingsstation zu mir. »Dr. Williams, wir haben gerade ein Baby auf die Welt geholt, und Dr. Martin wurde wegen eines Kaiserschnitts in den anderen Kreißsaal gerufen, während wir noch damit beschäftigt waren, die Nabelschnur zu durchtrennen. Er bittet Sie, die Routineuntersuchung bei dem Säugling vorzunehmen.«

Das konnte ich schlecht ablehnen. Als ich darum gebeten wurde, standen zwei Schwestern neben mir, mit denen ich mich gerade unterhielt. »Ich helfe Ihnen, Dr.

Williams«, bot eine der beiden, Jana Stern, mir an. Sie war mit Leib und Seele Krankenschwester und wollte Kinderärztin werden und sich auf Neugeborene spezialisieren.

Sie ging voraus zur Säuglingsabteilung, und ich folgte ihr zögernd. Ich war einige Male vor dem Spiegelglas der Station stehen geblieben und hatte mir die winzigen, verschrumpelten Neugeborenen in den Brutkästen oder den viereckigen Bettchen angesehen, war aber nie hineingegangen. Sie erinnerten mich an maunzende Kätzchen, und ich hatte Katzen, selbst wenn sie noch klein waren, noch nie über den Weg getraut.

Als ich die Tür zur Säuglingsabteilung aufschob, packte Schwester Stern meinen Arm. »Herr Doktor!«, sagte sie entsetzt.

»Was ist los?«, fragte ich und sah mich verzweifelt nach einem meiner zuverlässigen Praktikanten um.

»So können Sie nicht hineingehen«, ermahnte sie mich. »Sie müssen Ihre Hände desinfizieren, Ihren Kittel anziehen und die Maske aufsetzen. Das wissen Sie doch!« Sie reichte mir einen grünen Kittel und einen sterilen Mundschutz. Ich verzog das Gesicht. »Helfen Sie mir, das verdammte Zeug anzulegen«, brummte ich. »Wozu brauchen wir eine Maske? Ich werde das Kind nur untersuchen und nicht ausrauben.« Mir war klar, warum ich eine Maske brauchte – ich musste mich dahinter verstecken. Und das tat ich dann auch. Die Schwester kicherte. »Also wirklich, Herr Doktor, manchmal hat man es nicht leicht mit Ihnen«, sagte sie entnervt.

Es war ein kleiner Junge, der nach seiner schweren Reise durch den engen Tunnel ins Leben noch rötlich glänzte. Er sah mich traurig an. »Okay, Junge, tief Luft holen und ausatmen«, befahl ich in gespielt militärischen Tonfall und wollte mein Stethoskop an die Brust des Babys legen.

Schwester Stern packte mich wieder am Arm und lachte. »Herr Doktor! Sie können doch dieses Stethoskop nicht bei einem Neugeborenen verwenden. Sie brauchen ein pädiatrisches Stethoskop.« Sie lief hinaus und kam mit einer kleineren Ausgabe wieder zurück. Ich hatte nicht gewusst, dass es Stethoskope in verschiedenen Größen gab. »Könnten Sie bitte mit diesen Albernheiten aufhören? Wir haben viel zu tun.«

Ich trat einen Schritt zurück und winkte dem Baby zu. »Dr. Stern, Sie untersuchen den Jungen jetzt. Ich möchte gern sehen, wie Sie das machen.«

Sie schluckte den Köder sofort. »Ich kann das«, erklärte sie, als hätte ich sie beleidigt. Offensichtlich war sie aber begeistert. Sie legte dem Baby das Stethoskop auf die Brust, schlang es sich dann um den Hals und begann, die Arme, Beine und die Hüfte des Säuglings zu bewegen. Dann überprüfte sie seine Augen, die Ohren, den Anus und fuhr mit den Händen über den Kopf und den Körper des Babys. »Und?«, fragte sie herausfordernd und trat einen Schritt zurück.

Ich beugte mich vor und drückte ihr einen Kuss auf die Stirn. »Danke, Frau Doktor, Sie haben meinen einzigen Sohn gerettet«, sagte ich, scheinbar zu Tränen gerührt.

Das Baby blickte nun nicht mehr so trübselig drein. Niemand weiß genau, ob Neugeborene bereits denken können oder wahrnehmen, was um sie herum geschieht. Nur ich. Dieses Kind, das war mir klar, wusste genau, dass ich ein Schwindler war. Das konnte ich an seinem Gesicht sehen.

Danach untersuchte ich einige Neugeborene. Natürlich hatte ich keine Ahnung davon, was ich da eigentlich tat, aber dank Schwester Stern wusste ich wenigstens, was ich tun musste.

Immer noch verbrachte ich viel Zeit in meinem Wäscheschrank im siebten Stock.

Es gab wahrscheinlich auch Zeiten, in denen mein Herumalbern einigen Leuten auf die Nerven ging. Als ich meinen Schwindel bereits elf Monate durchgezogen hatte, kam eines Abends eine Schwester aus der Entbindungsstation herbeigelaufen. Ich kritzelte gerade meine nicht zu entziffernden Kommentare auf die Krankenblätter. »Dr. Williams, kommen Sie schnell! Wir haben ein blaues Baby in 608! Schnell!« Sie hatte erst vor einem Monat die Schule beendet und war noch neu hier. Bei ihrer ersten Nachtschicht hatte ich ihr bereits einen Streich gespielt. Ich bat sie, mir einen Eimer dampfendes Wasser zu bringen, damit ich damit die Entbindungsstation sterilisieren konnte. Sie rannte eifrig los und ließ sich von einem hilfsbereiten Praktikanten den Weg zu dem Raum mit dem Heißwasserboiler zeigen.

Seltsamerweise hatte ich in den neun Monaten, in denen ich mich als Arzt ausgegeben hatte, nie den Ausdruck ›blaues Baby‹ gehört. Ich dachte, sie wolle es mir jetzt heimzahlen.

»Ich komme gleich«, erwiderte ich. »Zuerst muss ich mich jedoch um das grüne Baby auf 609 kümmern.« Als ich keine Anstalten machte aufzustehen, lief sie los und rief nach einem der Praktikanten. Ich versteckte mich in einer Ecke und blätterte in meinem Lexikon. Ein blaues Baby, so las ich, war ein Säugling, der an Blausucht oder Sauerstoffmangel im Blut leidet, was meist von einem angeborenen Herzfehler herrührt. Rasch ging ich zu Zimmer 608 und sah erleichtert, dass einer meiner Praktikanten mir wieder einmal aus der Klemme geholfen hatte. Er brachte bereits ein tragbares Sauerstoffzelt über dem Bett des Säuglings an.

»Ich habe seinen Doktor holen lassen. Er ist auf dem Weg. Bis er eintrifft, kümmere ich mich um diesen Fall, wenn es Ihnen recht ist, Sir.«

Es war mir mehr als recht. Dieser Vorfall erschütterte mich. Ich begriff, dass ich mit dieser Rolle an gewisse

Grenzen gestoßen war. Bisher hatte ich Glück gehabt, aber jetzt wurde mir klar, dass ein Kind wegen meines Betrugs sterben konnte. Ich beschloss, Colter aufzusuchen, zu kündigen und mich auch nicht von inständigen Bitten davon abbringen zu lassen.

Stattdessen kam er zu mir.

»Sie können wieder Playboy spielen, Frank«, sagte er fröhlich. »Wir haben eine neue Aufsicht. Der Arzt kommt aus New York und wird morgen hier sein.«

Ich war erleichtert. Am folgenden Tag holte ich mir meinen letzten Gehaltsscheck ab und war überhaupt nicht enttäuscht, dass ich meinen Nachfolger nicht kennen lernte. Als ich die Klinik verließ, traf ich auf Jason, den älteren Hausmeister, der von Mitternacht bis acht Uhr morgens arbeitete.

»Sie sind heute schon sehr früh hier, Jason«, bemerkte ich.

»Doppelschicht, Herr Doktor«, erklärte Jason.

»Falls Sie es noch nicht wissen, Jason: Ich bin nicht mehr im Dienst. Man hat endlich einen Nachfolger gefunden.«

»Ja, Sir, das habe ich gehört.« Jason sah mich neugierig an. »Darf ich Sie etwas fragen, Herr Doktor?«

»Natürlich Jason.« Ich mochte diesen netten alten Mann.

Er holte tief Luft. »Sie wissen es nicht, Herr Doktor, aber ich verbringe meine Pausen immer im siebten Stock. Und seit ungefähr einem Jahr sehe ich Sie in einem Wäscheschrank verschwinden. Sie nehmen nie etwas mit, und Sie haben auch nichts bei sich, wenn Sie wieder herauskommen. Ich weiß, dass Sie nicht trinken, und dieser Schrank ist leer! Ich habe ihn ein Dutzend Mal untersucht. Meine Neugier lässt mir keine Ruhe, Herr Doktor. Was haben Sie in diesem Wäscheschrank getan, Herr Doktor? Ich schwöre, ich werde es nicht weitererzählen.«

Ich lachte und umarmte ihn. »Jason, ich habe dort nur nachgedacht. Ich versichere Ihnen, das ist alles.«

Aber ich weiß, dass er mir das nicht geglaubt hat. Wahrscheinlich untersucht er immer noch diesen Schrank.

5
Ein akademischer Grad in Rechtswissenschaften ist nur eine illegale Formsache

Eine Woche nachdem ich meine Verbindung zur Klinik gelöst hatte, war mein Mietvertrag zur Verlängerung fällig, und ich beschloss, Atlanta zu verlassen. Es gab keinen zwingenden Grund zu gehen; mir war zumindest keiner bekannt. Trotzdem hielt ich es nicht für klug zu bleiben. Der Fuchs läuft in seinem Bau die größte Gefahr, von Terriern geschnappt zu werden, und ich hatte das Gefühl, mich schon zu lange an ein und demselben Ort aufgehalten zu haben. Mir war klar, dass ich immer noch verfolgt wurde, und ich wollte es den Spürhunden nicht leicht machen.

Später erfuhr ich, dass es eine kluge Entscheidung gewesen war, Atlanta den Rücken zu kehren. Etwa zur gleichen Zeit bekam FBI-Inspektor Sean O'Riley in Washington, D. C. die Anordnung, alle anderen Fälle abzugeben und sich ganz darauf zu konzentrieren, mich zu schnappen. O'Riley war ein großer, strenger Mann mit der Haltung eines irischen Bischofs und der Hartnäckigkeit eines Airedales; ein hervorragender Agent, der seinen Job sehr ernst nahm und sich in jeder Hinsicht außergewöhnlich fair verhielt.

Ich bewunderte O'Riley, obwohl ich nichts unversucht ließ, seine Pläne zu vereiteln und ihn bei der Ausübung seines Berufs bloßzustellen. Sollte O'Riley irgendwelche persönliche Gefühle für mich hegen, dann kann ich Feindseligkeit auf jeden Fall ausschließen. O'Riley ist kein gemeiner Mensch.

Natürlich wusste ich zu der Zeit, als ich Atlanta verließ, noch nichts von seiner Existenz. Außer dem jungen Agenten der Sonderkommission in Miami und den Sheriffs von Dade County waren alle Polizeibeamte, die auf mich angesetzt waren, nur Phantome für mich.

Ich beschloss, mich ungefähr einen Monat lang in einer anderen Hauptstadt in den Südstaaten aufzuhalten. Wie immer wurde meine Entscheidung davon beeinflusst, dass ich dort eine Stewardess kannte. Damals gab es noch kein besseres Kriterium für mich als eine schöne Frau.

Ihr Name war Diane, und ich traf mich seit einem Jahr hin und wieder mit ihr. Ich war nie mit ihr geflogen, sondern hatte sie im Terminal des Flughafens in Atlanta kennen gelernt. Sie hielt mich für den Pan-Am-Piloten Robert F. Conrad, ein Pseudonym, das ich ab und zu benützte. Ich musste diesen erfundenen Namen beibehalten, da sich zwischen uns eine sehr erfreuliche und enge Beziehung entwickelte, und sie bereits zu Beginn alles über meine Vorgeschichte, einschließlich meines beruflichen Werdegangs, hatte wissen wollen. Die meisten Piloten haben ein abgeschlossenes Studium, jedoch nicht unbedingt im Bereich der Luftfahrtkunde. Ich erzählte Diane, ich hätte ein Diplom in Rechtswissenschaften, den Beruf eines Anwalts jedoch nie ausgeübt, da mir die Karriere als Pilot aufregender und auch lukrativer erschienen sei. Es leuchtete ihr ein, dass ein Mann ein Cockpit einem Gerichtssaal vorzog.

Sie erinnerte sich auch noch an meinen erfundenen Abschluss in Jura. Einige Tage nach meiner Ankunft in der Stadt nahm sie mich zu einer Party von Freunden mit und stellte mich einem netten Kerl namens Jason Wilcox vor.

»Ihr zwei werdet euch sicher gut verstehen. Jason ist einer der Assistenten unseres Staatsanwalts«, erklärte Diane mir und wandte sich dann an Wilcox. »Und Bob ist ein Rechtsanwalt, der nie in seinem Beruf gearbeitet hat, sondern lieber Pilot geworden ist.«

Wilcox zeigte sich sofort interessiert. »Wo haben Sie studiert?«

»Harvard«, antwortete ich. Wenn ich schon vorgab, ein Diplom in Rechtswissenschaften erworben zu haben, sollte es auch von einem renommierten Institut sein.

»Aber Sie haben nie praktiziert?« fragte er.

»Nein. In derselben Woche, in der ich meinen Abschluss machte, bekam ich auch meine Pilotenlizenz, und Pan Am bot mir eine Stelle als Bordingenieur an. Da ein Pilot zwischen 30 000 und 40 000 Dollar verdient und ich außerdem das Fliegen liebe, nahm ich an. Vielleicht kehre ich eines Tages zum Rechtswesen zurück, aber im Augenblick fliege ich nur acht Stunden im Monat – nicht viele praktizierende Anwälte haben es so gut.«

»Da haben Sie allerdings Recht«, stimmte Wilcox mir zu. »Wohin fliegen Sie? Nach Rom? Paris? Wahrscheinlich kommen Sie in der ganzen Welt herum.«

Ich schüttelte den Kopf. »Im Moment fliege ich gar nicht«, erklärte ich. »Ich bin beurlaubt. In der Firma kam es im letzten Monat zu Personalkürzungen, und ich gehöre noch nicht zu den Altgedienten. Es kann sechs Monate oder sogar ein Jahr dauern, bis sie mich zurückholen. Ich bekomme Arbeitslosengeld und genieße das süße Nichtstun.«

Wilcox musterte mich nachdenklich. »Wie haben Sie in Harvard abgeschlossen?«, fragte er. Ich spürte, dass er auf etwas hinauswollte.

»Ich glaube, ganz gut. Mein Durchschnitt war 3,8. Warum?«

»Der Staatsanwalt braucht noch Anwälte für sein Team«, erwiderte Wilcox. »Er sucht bereits händeringend nach Verstärkung. Warum lassen Sie sich nicht die Zulassung als Anwalt erteilen und kommen zu uns? Ich werde Sie empfehlen. Der Job ist natürlich nicht so gut bezahlt wie der eines Piloten, aber immerhin übersteigt das Gehalt das Arbeitslosengeld. Und Sie könnten praktische Erfahrungen sammeln. Das wäre doch nicht schlecht für Sie.«

Zuerst wollte ich das Angebot sofort ausschlagen, doch je länger ich darüber nachdachte, um so verlockender erschien es mir. Wieder eine Herausforderung. Ich zuckte mit den Schultern. »Was müsste ich tun, um die Zulassung in diesem Staat zu bekommen?«, erkundigte ich mich.

»Nicht viel«, antwortete Wilcox. »Reichen Sie einfach eine Abschrift Ihres Diploms von Harvard im Büro der staatlichen Prüfungskommission ein und stellen Sie einen Antrag auf Zulassung. Er wird sicher bewilligt. Sie müssen natürlich einiges über unsere Gesetze im Zivil- und Strafrecht lernen, aber ich habe alle Bücher, die Sie dazu brauchen. Da Sie aus einem anderen Staat kommen, dürfen Sie sich hier vor Gericht drei Schnitzer leisten. Sie werden wohl keine Probleme haben.«

Eine Abschrift aus Harvard. Das würde schwierig werden, da mir Universitäten völlig fremd waren. Aber ich hatte auch keine Ausbildung zum Piloten gemacht und besaß trotzdem eine täuschend echt aussehende FAA-Pilotenlizenz. Die Hummel in mir begann wieder zu summen.

Ich schrieb an die Registratur der Abteilung für Rechtswissenschaften in Harvard und bat um einen Stundenplan für den kommenden Herbst sowie um ein Vorlesungsverzeichnis. Schon nach wenigen Tagen lagen die angeforderten Unterlagen in meinem Postfach. In dem Katalog waren alle Kurse aufgeführt, die man belegen musste, um einen Doktortitel in Rechtswissenschaften zu erwerben, und ich entdeckte einige herrliche Logos und Briefköpfe. Allerdings hatte ich immer noch nicht die geringste Ahnung, wie ein College-Diplom aussah.

Diane hatte an der Universität Ohio studiert und ihr Diplom in Betriebswirtschaft gemacht. Ich fing beiläufig ein Gespräch über ihre Studentenjahre an.

Es stellte sich heraus, dass sie sich an allen Aktivitäten auf dem Campus rege beteiligt hatte und im College eine Art Playgirl gewesen war. »Für dein Studium blieb dir dabei wohl nicht viel Zeit«, spottete ich.

»Oh, doch«, widersprach sie. »Mein Durchschnitt lag bei 3,8. Im letzten Studienjahr gehörte ich sogar zu den besten. Man kann Spaß haben und trotzdem gute Noten schreiben.«

»Ach, hör auf! Ich kann mir nicht vorstellen, dass dein Durchschnitt so gut war. Du musst mir schon dein Diplom zeigen, damit ich dir das glaube«, sagte ich herausfordernd.

Sie grinste. »Also gut, du Schlaumeier. Ich habe es zufällig hier«, sagte sie. Kurz darauf kam sie mit der Urkunde aus ihrem Schlafzimmer zurück.

Die beglaubigte Fotokopie umfasste vier linierte Normseiten, die amtlich bestätigt und notariell beurkundet waren. Oben auf der ersten Seite stand in großen, fett gedruckten Buchstaben der Name der Universität und darunter befand sich das Siegel von Ohio. Dann folgte ihr Name, das Abschlussjahr, der akademische Grad, den sie erworben hatte, und das College (College of Business Administration), das ihr das Diplom verliehen hatte. Darunter waren, Zeile für Zeile, alle Kurse aufgeführt, die sie besucht hatte, die Daten und Stunden und die jeweiligen Noten. Am Ende jeden Jahres wurde die Durchschnittsnote erwähnt, und ganz am Schluss die Gesamtnote von 3,8 bestätigt. Unten rechts auf der letzten Seite war das Siegel der Universität Ohio aufgedruckt, versehen mit dem darüber liegenden Stempel eines Notars und der Unterschrift des Schulleiters.

Ich prägte mir die Gliederung des Dokuments ganz

genau ein und saugte alle Informationen auf wie ein Schwamm das Wasser, bevor ich es ihr zurückgab. »Also gut, du bist nicht nur sexy, sondern auch klug«, sagte ich scheinbar entschuldigend.

Am nächsten Tag ging ich einkaufen: zuerst bei einem Lieferanten für Zeichenbedarf, dann in einem Schreibwarenladen und in einer Firma für Bürobedarf. Ich besorgte mir Dokumentenpapier in der Normgröße, einige Materialien für das Layout, Buchstaben zum Aufkleben in verschiedenen Größen und Schriftarten, Zeichenstifte, ein Papiermesser, Klebstoff, einen Winkelmesser, einige goldfarbene Siegel und einen Stempel, den Notare verwendeten.

Zuerst schnitt ich das Logo der rechtswissenschaftlichen Abteilung in Harvard aus und klebte es an den oberen Rand eines Bogen Dokumentenpapiers. Dann brachte ich unter dem Namen der Universität das Siegel an, das ich ebenfalls aus dem Katalog entfernt hatte. Es folgten mein Name, das Abschlussjahr und der akademische Grad. Mit dem Winkelmesser und einem feinen Zeichenstift linierte ich sorgfältig einige Seiten des Papiers und trug akribisch genau mit den aufdruckbaren Buchstaben jeden Kurs ein, der für einen Harvardabschluss in Jura vorgeschrieben war, meine Wahlfächer und fiktiven Noten. Da Wilcox das Dokument eventuell in die Hand bekommen würde, trug ich einen Durchschnitt von 3,8 ein.

Das fertig zusammengeschusterte Produkt wirkte wie das Resultat eines Layouters, aber als ich die Seiten kopierte, sah es recht gut aus. Man konnte es für die Vervielfältigung eines Dokuments halten, das ein Computer ausgespuckt hatte. Ich vervollständigte die sechsseitige Fälschung, indem ich am unteren Rand des letzten Blatts ein goldenes Siegel anbrachte und darüber, absichtlich leicht verwischt, den Notarstempel aufdrückte. Dann füllte ich ihn mit einem dicken Stift aus und unterzeichnete schwungvoll mit dem Namen des Verwaltungsbeamten der rechtswissenschaftlichen Abteilung Harvards. Unter der gefälschten Unterschrift vermerkte ich, dass der Urkundsbeamte ebenfalls Notar sei.

Ich hatte keine Ahnung, ob mein Werk dem echten Diplom in irgendeiner Weise ähnlich war. Den Härtetest würde ich bestehen müssen, wenn ich das Falsifikat im Büro der staatlichen Prüfungskommission vorlegte. Wilcox praktizierte seit fünfzehn Jahren und war seit neun Jahren Assistent des Staatsanwalts. Er war auch mit vielen Anwälten gut bekannt, hatte mir aber gesagt, dass ich der erste Harvard-Absolvent sei, den er kennen gelernt habe.

Drei Wochen lang verbrachte ich in der Bibliothek von Wilcox' Büro und vertiefte mich in die einschlägige Literatur. Das Gebiet der Rechtswissenschaften war einfacher zu begreifen, aber auch langweiliger, als ich es mir vorgestellt hatte. Dann stellte ich mich mit angehaltenem Atem im Büro des Prüfungskomitees vor. Ein Jurastudent, der dort Bürotätigkeiten übernommen hatte, sah sich mein gefälschtes Zeugnis an, nickte anerkennend und kopierte es. Dann reichte er mir die Fälschung und einen Antrag auf Zulassung. Während ich das Formular ausfüllte, blätterte er in einem Kalender und rief jemanden an.

»Sie können die Prüfung nächsten Mittwoch ablegen, wenn Sie glauben, bereit zu sein«, sagte er und grinste aufmunternd. »Für einen Wanderer aus Harvard dürfte das nur ein kleiner Hügel sein.«

Sein Vergleich mochte bei einem tatsächlichen Studenten der Ivy League passend sein. Für mich war es allerdings ein hoher Berg – acht Stunden, in denen ich Mutmaßungen anstellte, hoffte, vielleicht doch etwas richtig zu beantworten, stellenweise zuversichtlich war und dann mit meinem Halbwissen doch nur raten konnte.

Ich rasselte durch.

Zu meinem Erstaunen lag jedoch der Benachrichtigung der korrigierte Test bei, sodass ich sehen konnte, welche meiner Antworten richtig und welche falsch gewesen waren. Irgendjemand im Prüfungsausschuss schien mich zu mögen.

Ich ging wieder in Wilcox' Büro und schlug mein Lager in der Bibliothek auf. Dann konzentrierte ich mich vor allem auf die Bereiche der Prüfung, in denen ich versagt hatte. Wann immer es Wilcox möglich war, half er mir beim Lernen. Nach sechs Wochen fühlte ich mich bereit für einen zweiten Versuch.

Ich vermasselte es wieder. Aber auch dieses Mal erhielt ich meine Prüfungsunterlagen zurück und konnte sehen, wo meine Wissenslücken waren. Immerhin war ich schon besser geworden. Begeistert stellte ich fest, dass ich eine große Anzahl der rechtswissenschaftlichen Fragen richtig beantwortet hatte. Ich war entschlossen, die Prüfung bei meinem letzten Versuch zu bestehen.

Sieben Wochen später unterzog ich mich dem Test ein drittes Mal und bestand! Innerhalb von zwei Wochen erhielt ich ein schönes Zertifikat, in dem bescheinigt wurde, dass ich vor Gericht zugelassen war und als Anwalt praktizieren durfte. Ich krümmte mich vor Lachen. Da hatte ich noch nicht einmal die Highschool beendet, noch nie einen Fuß auf einen Campus gesetzt und war zugelassener Anwalt! Ich betrachtete es jedoch nur als reine Formsache, dass ich keinen akademischen Grad besaß. In den vier Monaten, in denen ich mich intensiv mit Rechtswissenschaften beschäftigt hatte, war mir klar geworden, dass sich auf diesem Gebiet sehr viel um technische Formalitäten drehte, und das förderte keineswegs die Gerechtigkeit.

Wilcox hielt sein Versprechen. Er besorgte mir einen Termin für ein Vorstellungsgespräch beim Staatsanwalt, der mich auf Wilcox' Empfehlung hin als Assistent einstellte. Mein Gehalt betrug 12 800 Dollar jährlich.

Ich wurde dem Ressort für Körperschaftsrecht zugewiesen, einer der zivilrechtlichen Abteilungen der Staatsanwaltschaft. Die Anwälte dort bearbeiteten die weniger gewichtigen Klagen gegen den Staat, Verfahren wegen widerrechtlichen Betretens fremden Besitzes, Enteignung von Grundstücken und andere Fälle, in denen es um Immobilien ging.

Zumindest die meisten von ihnen taten das. Der rangälteste Assistent, dem ich zugeteilt worden war, hieß Phillip Rigby und war der hochnäsige Sprössling einer alten und etablierten Familie der Stadt. Rigby hielt sich selbst für einen Aristokraten der Südstaaten, und ich verkörperte zwei seiner stärksten Vorurteile. Ich war ein Yankee – und was noch schlimmer war, ein katholischer Yankee! Er verwies mich auf den Platz eines Laufburschen. Ich musste Kaffee holen, dieses oder jenes Buch besorgen oder irgendetwas anderes herbeischaffen, was er sich einfallen ließ. Sicher war ich der höchstbezahlteste Botenjunge des Landes. Rigby war ein ungehobelter Kotzbrocken. Viele der anderen jüngeren Assistenten teilten diese Meinung mit mir. Obwohl sie auch aus den Südstaaten stammten, hatten die meisten eine erstaunlich liberale Einstellung.

Bei den jungen Anwälten der Abteilung war ich beliebt. Ich hatte immer noch über 20 000 Dollar von meiner Beute und gab das Geld großzügig mit den Freunden aus, die ich im Team des Staatsanwalts gefunden hatte. Oft lud ich sie zum Abendessen in einem feinen Restaurant ein, zu Bootsfahrten auf dem Fluss und Abenden in vornehmen Nachtclubs.

Ich vermittelte absichtlich den Anschein, aus einer reichen New Yorker Familie zu stammen, ohne es jemals wirklich zu behaupten. Ich wohnte in einem schicken Apartment mit Aussicht auf den See, fuhr einen geleasten Jaguar und legte mir etliche Kleidungsstücke zu, die sogar einem britischen Herzog gerecht geworden wären. Im Büro trug ich an jedem Wochentag einen anderen Anzug – zum Teil, weil mir das gefiel, aber hauptsächlich, weil meine umfangreiche Garderobe Rigby zu ärgern schien. Er hatte, soviel ich wusste, nur drei Anzüge, von denen einer mit Sicherheit von seinem Großvater, einem Colonel der Konföderierten, stammte. Rigby war auch noch geizig.

Rigby missfiel meine gepflegte Kleidung, doch bei anderen kam sie gut an. Eines Tages, als im Gericht eine kurze Verhandlungspause angeordnet worden war, beugte sich der Richter zu mir vor und sprach mich an. »Mr. Conrad, Sie tragen nicht viel mit ihrem juristischen Wissen zu diesem Verfahren bei, aber Sie bringen wirklich Stil in den Gerichtssaal, Sir. Sie sind der bestangezogene Laufbursche in Dixie, Herr Anwalt, und das Gericht findet das lobenswert.« Das war ein großes Kompliment und ich war hocherfreut. Rigby hingegen erlitt beinahe einen Herzinfarkt.

Eigentlich war ich mit meiner Rolle als Botenjunge ganz zufrieden. Ich hatte kein Verlangen danach, einen Fall zu übernehmen. Die Gefahr, dass meine Wissenslücken dann aufgedeckt werden könnten, war viel zu groß. Und die Fälle, mit denen Rigby und ich betraut wurden, waren größtenteils langweilig und uninteressant. Es war mir nur recht, diese eintönigen Aufgaben Rigby zu überlassen. Hin und wieder warf er mir einen Knochen hin und erlaubte mir, eine unbedeutende Grundstücksgeschichte vorzubringen oder in einem laufenden Fall die Beweisführung zu eröffnen. Ich genoss diese Gelegenheiten und es gelang mir, wie ich glaube, meine Pflichten zu erledigen, ohne dem Berufsstand Schaden zuzufügen. Rigby war ein überaus kompetenter Anwalt, und ich lernte viel in der Zeit, in der ich hinter ihm saß – viel mehr als von den Gesetzesbüchern oder den Prüfungsunterlagen. Im Grunde genommen hatte ich mit dieser Stellung einen sicheren Hafen gefunden, ein Versteck, in dem mich die Spürhunde kaum finden würden. Wenn man nach einem Verbrecher fahndet, kommt man kaum auf den Gedanken, ihn im Team eines Staatsanwalts zu suchen, vor allem dann nicht, wenn man hinter einem Teenager her ist, der keinen Highschool-Abschluss besitzt.

Einige Wochen, nachdem ich meine Arbeit für den Staatsanwalt aufgenommen hatte, wurde Diane nach Dallas versetzt. Meine Trauer über diesen Verlust hielt nicht lange an. Schon bald traf ich mich mit Gloria, der Tochter eines hohen Staatsbeamten. Gloria war ein lebhaftes, sympathisches, lustiges Mädchen, und unsere Beziehung war nur von einer Sache überschattet – sie war nicht gerade ein Busenwunder. Ich stellte jedoch fest, dass man mit einer Frau auch Spaß haben konnte, wenn sie angezogen war.

Gloria stammte aus einer streng methodistischen Familie, und ich begleitete sie oft zur Kirche. Allerdings stellte ich klar, dass ich kein Kandidat für eine Bekehrung war. Meine Geste zeigte meinen Respekt für andere Konfessionen, und ihre Eltern wussten das zu schätzen. Ich fand Gefallen daran und freundete mich sogar mit dem jungen Pastor der Kirche an. Er überredete mich schließlich, bei der Jugendarbeit der Kirche mitzuwirken. So beteiligte ich mich aktiv an der Errichtung einiger Kinderspielplätze in den verwahrlosten Stadtteilen und wurde Mitglied in verschiedenen Komitees, die sich mit weiteren Projekten für Jugendliche in dieser Stadt beschäftigten. Für einen Schwindler war das ein merkwürdiger Zeitvertreib, aber ich kam mir nicht scheinheilig vor. Zum ersten Mal in meinem Leben tat ich etwas, ohne daran zu denken, was dabei für mich herausspringen würde, und das war ein gutes Gefühl.

Ein Sünder, der sich im Weinberg der Kirche abmüht, sollte jedoch nicht allzu viele Überstunden machen – unabhängig davon, wie wertvoll seine Arbeit auch sein mag. Mein Besuch einer der Versammlungen eines Komitees war des Guten zu viel – die Trauben wurden sauer.

In diesem Gremium saß nämlich ein echter Harvard-Absolvent, und zwar einer von der juristischen Fakultät. Er war hocherfreut, mich kennen zu lernen; er überschlug sich beinahe vor Begeisterung. Seit diesem Tag weiß ich etwas über ehemalige Harvard-Studenten – sie sind Herdentiere. Ein einsamer Wolf findet immer einen anderen. Ebenso macht ein Harvard-Absolvent einen anderen aus. Und dann sprechen sie über Harvard.

Dieser Harvard-Mann stürzte sich mit dem gleichen Enthusiasmus auf mich, wie Stanley auf Livingstone, als er ihm im tiefsten Afrika begegnete. Wann hatte ich meinen Abschluss gemacht? Wer hatte mich unterrichtet? Welche Mädchen hatte ich kennen gelernt? Zu welchem Club hatte ich gehört? In welche Kneipen war ich gegangen? Wer waren meine Freunde gewesen?

Am ersten Abend gelang es mir, ihn mir vom Leib zu halten, indem ich ihm alberne Antworten gab oder ihn ignorierte und vorgab, mich ganz auf die Themen der Versammlung zu konzentrieren. Doch danach suchte er bei jeder Gelegenheit meine Gesellschaft. Er rief mich mittags an und wollte mit mir zum Essen gehen. Dann kam er im Büro vorbei, wann immer er zufällig in der Nähe war. Er lud mich zu Partys oder Ausflügen ein, zum Golfspielen oder zu einem kulturellen Ereignis. Und es gelang ihm jedes Mal, die Unterhaltung auf Harvard zu lenken. In welchen Gebäuden hatte ich Kurse besucht? Kannte ich Professor So-und-so? War ich in Kontakt mit einer der alteingesessenen Familien in Cambridge gewesen? Harvard-Männer untereinander schienen in ihren Gesprächen nur eine beschränkte Themenauswahl zu haben.

Ich konnte ihm nicht aus dem Weg gehen, und natürlich hatte ich nur wenige Antworten auf seine Fragen parat. Er wurde misstrauisch und versuchte – *res gestae* – beweiserhebliche Tatsachen zu finden, die mich als falschen Harvard-Absolventen und Anwalt entlarven würden. Für mich wurde daraus eine *res judicata*, also eine rechtskräftig entschiedene Sache, als ich hörte, dass er bei verschiedenen Stellen Fragen über meinen Hintergrund, meine Glaubwürdigkeit und Integrität stellte.

Also baute ich meine Zelte ab und schlich mich heimlich davon. Jedoch nicht, ohne vorher noch meinen letzten Gehaltsscheck eingelöst zu haben. Ich verabschiedete mich von Gloria, die allerdings nicht wusste, dass es unser letztes Treffen war. Ich sagte ihr, es habe einen Todesfall in meiner Familie gegeben, und ich müsse für zwei Wochen nach New York gehen.

Meinen geleasten Jaguar gab ich zurück und kaufte mir einen orangefarbenen Barracuda. Für einen gesuchten Flüchtling war das nicht gerade ein unauffälliges Fahrzeug, aber mir gefiel der Wagen, also nahm ich ihn. Ich rechtfertigte diesen Kauf, indem ich mir sagte, dass wenigstens das Auto cool sein musste, wenn es der Fahrer schon nicht war. Und somit sah ich es als gute Investition an. Auf lange Sicht gesehen war es eine kluge Entscheidung, denn bisher hatte ich nur gemietete Wagen gefahren, und O'Riley, den ich zu diesem Zeitpunkt noch nicht kannte, konnte dadurch genau verfolgen, wo ich mich gerade aufhielt.

Ein knappes Jahr hatte ich mich als Arzt ausgegeben. Dann hatte ich neun Monate lang einen Anwalt gespielt. In diesen zwanzig Monaten hatte ich zwar kein unbescholtenes Leben geführt, aber ich hatte keinen einzigen gefälschten Scheck ausgestellt oder etwas anderes getan, was die Behörden auf mich aufmerksam hätte machen können. Vorausgesetzt, dass Rigby oder das Büro des Staatsanwalts keinen Wind um meine plötzliche Kündigung als Assistent des Staatsanwalts machten, war ich mir sicher, dass man keine Großfahndung nach mir eingeleitet hatte. Vor O'Rileys Hartnäckigkeit blieb ich wahrscheinlich nicht verschont, aber trotz seiner Ausdauer war er immer noch auf der falschen Fährte.

Dabei wollte ich es auch belassen, denn ich war immer noch gut bei Kasse. Meine Flucht vor der Inquisition meines ›Kommilitonen‹ von Harvard entwickelte sich zu einer Art Urlaub. Einige Wochen wanderte ich ziellos durch Arizona, Wyoming, Nevada, Idaho und Montana und vertändelte meine Zeit, wo es mir gefiel. Da ich in den jeweiligen Gegenden immer einige bezaubernde und leicht zu beeindruckende Damen fand, war ich ständig in eine Affäre verwickelt.

Obwohl das Bild des Verbrechers nach und nach verblasste, verschwendete ich keinen Gedanken daran, ehrbar zu werden. Stattdessen hielt ich mich lang genug in einer Hauptstadt in den Rocky Mountains auf, um mir eine Doppelidentität als Pilot einer Fluggesellschaft zu schaffen.

Mit der gleichen Methode, mit der ich mich zu Frank Williams, einem Ersten Offizier der Pan Am, gemacht hatte, schuf ich Frank Adams, einen angeblichen Kopiloten der Trans World Airways. Ich besorgte mir die Uniform, einen gefälschten Ausweis und die Pilotenlizenz der FAA. Außerdem stellte ich Ausweispapiere in zweifacher Ausführung aus, die mich als Frank Williams identifizierten, der entweder für Pan Am oder für TWA arbeitete.

Kurze Zeit später befand ich mich in Utah, einem Staat, der nicht nur für seine außergewöhnliche geografische Lage und die Geschichte der Mormonen bekannt war, sondern auch für seine zahlreichen Colleges. Ich hielt es für richtig, mich zumindest mit einem Campus vertraut zu machen, also sah ich mir einige Universitäten in Utah an, schlenderte über das jeweilige Gelände und verschaffte mir einen Einblick in das akademische Leben – vor allem an gemischten Schulen. Auf jedem Campus befanden sich so viele bezaubernde Mädchen, dass ich mich versucht fühlte, mich als Student einzuschreiben.

Stattdessen wurde ich Lehrer.

Eines Nachmittags las ich in dem Zimmer meines Motels die Lokalzeitung und entdeckte einen Artikel, in dem von einem zu erwartenden Mangel an Lehrkräften während des Sommers an einer Universität berichtet wurde. Der Dekan der Fakultät, Dr. Amos Grimes, äußerte seine Befürchtung, für den Sommer keinen Ersatz für zwei Soziologieprofessoren zu finden. »Es sieht so aus, als müssten wir in einem anderen Staat nach qualifiziertem Personal suchen, das bereit ist, für nur drei Monate bei uns zu lehren«, wurde Dr. Grimes in dem Bericht zitiert.

Vor meinen Augen entstand ein Bild: Ich befand mich mit einem Dutzend dieser sexy Schönheiten in einem Klassenzimmer. Also konnte ich nicht widerstehen und rief Dr. Grimes an.

»Dr. Grimes, Frank Adams hier«, sagte ich flott. »Ich habe an der Columbia University meinen Doktor in Philosophie gemacht und in der Zeitung gesehen, dass Sie einen außerplanmäßigen Professor für Soziologie suchen.«

»Ja, wir bemühen uns derzeit, Personal zu finden«, erwiderte Dr. Grimes vorsichtig. »Sie müssen allerdings wissen, dass wir die Stelle nur für den Sommer vermitteln können. Ich nehme an, Sie haben bereits Erfahrung im Unterrichten.«

»Natürlich«, erklärte ich lässig. »Das liegt jedoch schon einige Jahre zurück. Ich möchte Ihnen meine jetzige Situation schildern, Mr. Grimes. Zurzeit bin ich Pilot bei Trans World Airways und wurde vor kurzem für sechs Monate aus gesundheitlichen Gründen beurlaubt. Eine Entzündung des Innenohrs erlaubt es mir im Augenblick nicht zu fliegen. Also bin ich auf der Suche nach einer Tätigkeit, die ich in der Zwischenzeit ausüben könnte, und als ich Ihren Artikel las, dachte ich mir, es wäre schön, wieder zu unterrichten.«

»Nun, das hört sich so an, als wären Sie ein Kandidat für eine unserer freien Stellen«, meinte Dr. Grimes, mit einem Mal begeistert. »Kommen Sie doch morgen früh in mein Büro, dann können wir uns darüber unterhalten.«

»Sehr gern, Dr. Grimes«, erwiderte ich. »Ich kenne mich in Utah nicht aus – könnten Sie mir sagen, welche Urkunden ich brauche, um mich an Ihrem College zu bewerben?«

»Eine Abschrift Ihres Diploms von Columbia reicht aus«, sagte Dr. Grimes. »Empfehlungsschreiben von CCNY wären jedoch sehr willkommen.«

»Kein Problem«, erklärte ich. »Ich muss natürlich beides erst anfordern. Da ich nicht damit gerechnet hatte, eine solche Stellung anzutreten, bevor ich Ihren Artikel gelesen habe, bin ich völlig unvorbereitet.«

»Das verstehe ich«, meinte Dr. Grimes. »Wir sehen uns dann morgen.«

Nachmittags schrieb ich einen Brief an die Columbia University und forderte ein Vorlesungsverzeichnis und alle einschlägigen Broschüren über die Universität an. Dann schickte ich noch ein Schreiben an den Verwaltungsbeamten der CCNY, in dem ich mich als Student ausgab, der in Utah sein Examen bestanden hatte und nun eine Stelle als Lehrer in New York suchte, bevorzugt im Bereich der Sozialwissenschaften. Bevor ich die Briefe abschickte, ließ ich mir ein Postfach in der Stadt geben.

Mein Treffen mit Dr. Grimes verlief sehr erfreulich. Er war anscheinend von Anfang an beeindruckt von mir. Wir sprachen miteinander und gingen dann zum Mittagessen in den Club der Fakultät, wobei wir uns über meine ›Karriere‹ als Pilot unterhielten. Dr. Grimes hatte, wie viele Männer mit Bürojobs, eine romantische Vorstellung von Piloten und wollte das aufregende Bild, das er davon hatte, bestätigt wissen. Ich hatte genügend Anekdoten auf Lager, um seine Neugier zu stillen.

»Ich bin sicher, dass wir Sie für diesen Sommer einstellen können, Dr. Adams«, sagte er, als ich mich verabschiedete. »Ich freue mich schon sehr, Sie auf dem Campus begrüßen zu können.«

Die Unterlagen, die ich aus Columbia und von CCNY angefordert hatte, trafen noch in derselben Woche ein, und ich fuhr nach Salt Lake City, um das nötige Material für meine Fälschung zu besorgen. Das Diplom, das ich mir ausstellte, war ein Prachtstück. Ich gab die Durchschnittsnote von 3,7 an und erklärte, dass ich meine Doktorarbeit über die ›soziologischen Auswirkungen der Luftfahrt auf die ländliche Bevölkerung Nordamerikas‹ geschrieben hatte. Wie erwartet, war die Antwort des Verwaltungsbeamten der CCNY auf offiziellem Briefpapier des Colleges geschrieben. Ich schnitt den Briefkopf ab und fertigte mit durchsichtigem Klebeband und Papier von feinster Qualität eine Kopie davon an. Dann brachte ich es auf die richtige Größe für meine Schreibmaschine und verfasste zwei Empfehlungsschreiben – eines von dem Verwaltungsbeamten und das zweite von dem Vorsitzenden der soziologischen Fakultät.

Bei beiden Briefen ging ich sehr vorsichtig vor. Ich erwähnte nur, dass ich von 1961 bis 1962 als Lehrer für CCNY tätig gewesen war, dass das Komitee der Fakultät mich sehr gut beurteilt hatte und ich freiwillig ausgeschieden wäre, um den Beruf eines Piloten auszuüben. Dann brachte ich die Briefe zu einer Druckerei in

Salt Lake City und ließ mir von jedem Exemplar ein Dutzend Kopien anfertigen. Ich sagte, ich würde mich an verschiedenen Universitäten als Dozent bewerben und bräuchte deshalb Kopien auf feinem Papier. Anscheinend war das nicht unüblich – mein Auftrag wurde ohne weitere Nachfrage ausgeführt.

Dr. Grimes warf nur einen flüchtigen Blick auf meine Unterlagen, als ich sie ihm vorlegte. Er stellte mich Dr. Wilbur Vanderhoff vor, dem Assistenten des Vorsitzenden in der soziologischen Fakultät. Auch er sah sich meine Dokumente nur kurz an und gab sie dann zur Ablage weiter. Nach einer Stunde war ich für zwei Kurse eingestellt und bekam dafür jeweils 1600 Dollar. Ich sollte drei Tage in der Woche jeweils neunzig Minuten Studenten im Erstsemester unterrichten und zweimal wöchentlich nachmittags Kurse für die Schüler im zweiten Jahr geben. Dr. Vanderhoff gab mir die beiden Lehrbücher, die im Unterricht benützt wurden, und das Anwesenheitsverzeichnis der Studenten. »Alles, was Sie möglicherweise sonst noch brauchen, finden Sie in jedem Buchladen. Dort gibt es die üblichen Formulare unter der jeweiligen Bestellnummer«, sagte Dr. Vanderhoff und grinste. »Ich freue mich, dass Sie noch jung und in guter Form sind. Unsere Soziologiekurse im Sommer sind meistens überlaufen. Sie werden einiges für Ihr Gehalt tun müssen.«

Ich hatte noch drei Wochen Zeit bis zum Beginn des Sommersemesters, also gab ich vor, mein Wissen auffrischen zu wollen und besuchte einige von Dr. Vanderhoffs Vorlesungen, um zu sehen, wie ein Kurs im College ablief. Nachts studierte ich die beiden Lehrbücher und fand sie interessant und informativ.

Vanderhoff hatte Recht. Meine beiden Kurse waren gut besucht. Ich hatte achtundsiebzig Anfänger und dreiundsechzig Studenten im zweiten Jahr. In beiden Gruppen waren die Mädchen in der Mehrheit.

Dieser Sommer war einer der schönsten meines Lebens. Ich genoss meine Rolle als Lehrer, und ich bin sicher, dass auch meine Schüler ihren Spaß hatten. Ich unterrichtete ohne Schwierigkeiten nach den Lehrbüchern, las mir vorher immer das nächste Kapitel durch und wählte dann bestimmte Textstellen aus, die ich hervorheben wollte. Doch beinahe täglich wich ich in beiden Kursen von den Lehrbüchern ab und behandelte stattdessen Themen wie Kriminalität, die Probleme Jugendlicher aus zerrütteten Familien und die Auswirkungen auf die Gesellschaft. Meine Abschweifungen von den Lernzielen in den Büchern, die – was die Studenten natürlich nicht wussten – zum größten Teil aus meiner eigenen Erfahrung stammten, führten immer zu lebhaften Diskussionen und Debatten.

An den Wochenenden entspannte ich mich in der wundervollen Landschaft von Utah, meist begleitet von einer ebenso zauberhaften Frau.

Der Sommer verflog so schnell wie der Frühling in der Wüste, und ich war sehr traurig, als er vorbei war. Dr. Vanderhoff und Dr. Grimes waren begeistert von meiner Arbeit. »Bleiben Sie in Verbindung mit uns, Frank«, sagte Dr. Grimes. »Sollten wir eine Festanstellung als Soziologieprofessor zu vergeben haben, werden wir versuchen, Sie vom Himmel herunterzulocken.«

Mindestens fünfzig meiner Studenten kamen zu mir, um sich zu verabschieden. Sie sagten mir, dass ihnen mein Unterricht sehr gefallen hatte, und wünschten mir viel Glück.

Ich verließ Utopia Utah nur ungern, aber es gab keinen überzeugenden Grund zu bleiben. Wenn ich mich länger dort aufhielte, würde mich sicher meine Vergangenheit einholen, dachte ich, und ich wollte nicht, dass diese Menschen einen schlechten Eindruck von mir bekamen.

Also fuhr ich in den Westen nach Kalifornien. Als ich die Berge überquerte, braute sich über den Sierras ein Sturm zusammen, doch er war nicht zu vergleichen mit dem Wirbelwind, den ich durch meine kriminellen Aktivitäten schon bald darauf selbst verursachte.

6
Ein Scheckbetrüger in einem Rolls-Royce

Der damalige Polizeichef von Houston sagte einmal über mich: »Frank Abagnale könnte einen Scheck auf einem Klopapier auf das Schatzamt der Konföderierten Staaten ausstellen, ihn mit dem Namen ›Betrüger‹ unterschreiben und die Lizenz eines Taxifahrers aus Hongkong vorlegen, um sich auszuweisen.«

Es gibt einige Bankangestellte in Eureka, Kalifornien, die das bestätigen können. Würde man eine Resolution einbringen, gäbe es eine Menge Kassierer und Angestellte in Banken, die diesen Antrag unterstützen würden.

Ich verhielt mich nie ungehobelt, aber einiges, was ich mit dem Personal in Banken anstellte, war sehr, sehr peinlich und darüber hinaus auch kostspielig.

Eureka war für mich der Beginn meiner professionellen Karriere als Fälscher. Natürlich war ich bereits ein Fortgeschrittener im Bereich des Scheckbetrugs, aber mein Diplom legte ich in Kalifornien ab.

Ich suchte mir Eureka nicht bewusst als Meilenstein meiner kapriziösen Laufbahn aus. Eigentlich wollte ich dort nur eine kleine Pause auf meinem Weg nach San Francisco einlegen, doch dann tauchte, scheinbar unvermeidlich, wieder ein Mädchen auf, bei dem ich einige Tage verbrachte und über meine Zukunft nachdachte. Ich verspürte den Drang, das Land zu verlassen, weil ich die vage Befürchtung hatte, dass ein Aufgebot an FBI-Agenten, Sheriffs und Detectives mir dicht auf den Fersen waren. Es gab keinen bestimmten Grund für meine Angst. Ich hatte seit beinahe zwei Jahren niemanden mit gefälschten Schecks geprellt und der ›Kopilot

Frank Williams‹ war in dieser Zeit auch nicht mehr aufgetaucht. Eigentlich hätte ich mich relativ sicher fühlen können, doch das war nicht der Fall. Ich war nervös, gereizt und verunsichert. In jedem Mann, der mir nicht nur einen flüchtigen Blick zuwarf, sah ich einen Polizisten.

Das Mädchen und Eureka dämpften meine Furcht jedoch nach einigen Tagen. Sie hatte eine warme, bereitwillige Art, und Eureka gab mir die Möglichkeit, mich von einem kleinen Gauner zu einem erfolgreichen Dieb zu entwickeln. Eureka liegt im Norden Kaliforniens am Pazifik und ist eine bezaubernde kleine Stadt. Sie besitzt den Charme eines baskischen Fischerdorfs und einen Hafen mit einer großen, prächtigen Flotte von Booten.

Am meisten faszinierten mich jedoch die Banken. In Eureka gab es mehr Geldinstitute als in jeder anderen Stadt von vergleichbarer Größe, in der ich mich je aufgehalten hatte. Und ich brauchte viel Geld, wenn ich, ein Scheckbetrüger, auswandern wollte.

Ich besaß noch einen Stapel wertloser Inhaberschecks und war sicher, mindestens ein Dutzend davon verstreut in der Stadt einlösen zu können und mir damit 1000 Dollar oder mehr zu besorgen. Aber mir war klar, dass der Trick mit diesen Schecks nicht gerade großartig war. Das Ding war zwar leicht zu drehen, erregte aber an zu vielen Stellen Aufregung, und die Strafe für einen ungedeckten Scheck über hundert Dollar war die gleiche wie die für einen Betrug über 5000 Dollar mit einem gefälschten Papier.

Ich brauchte eine andere Art von Schecks, etwas, das mir mehr Honig für die gleiche Menge an Nektar bringen würde. Wie zum Beispiel einen Gehaltsscheck. Natürlich von Pan Am. Niemand sollte mir vorwerfen können, kein loyaler Dieb zu sein.

Ich ging einkaufen und besorgte mir ein Heft mit Blankoschecks in einem Schreibwarenladen. Diese

Schecks waren damals weit verbreitet und ideal für meine Zwecke. Der Zahlende trug die relevanten Daten, einschließlich des Namens der zuständigen Bank, selbst ein. Ich lieh mir eine elektrische Schreibmaschine von IBM mit mehreren Kugelköpfen und verschiedenen Schriftarten aus und ließ mir dazu einige Farbbänder mit unterschiedlicher Stärke geben. Dann machte ich einen Laden ausfindig, der Modelle von Pan Am Jets führte und kaufte mir einige Bastelsätze in kleineren Größen. Zum Abschluss ging ich noch in ein Geschäft für Zeichenbedarf und besorgte mir Buchstaben und Zahlen zum Aufdrucken.

Mit dieser Ausrüstung kehrte ich in mein Motelzimmer zurück und machte mich an die Arbeit. Auf einen der Blankoschecks brachte ich den Aufkleber PAN AMERICAN WORLD AIRWAYS aus dem Bastelsatz an. Darunter tippte ich die New Yorker Adresse. Auf die obere linke Ecke schrieb ich SPESENABRECHNUNG, weil ich davon ausging, dass sich die Schecks einer Firma für Reisekosten von den üblichen Gehaltsschecks unterschieden. Das war eine Vorsichtsmaßnahme, denn einige Kassierer in den Banken könnten hin und wieder echte Unterlagen von Pan Am in Händen halten.

Ich gab mich als der Begünstigte Frank Williams aus und trug die Summe von 568,70 Dollar ein, einen Betrag, der mir glaubhaft erschien. Links oben tippte ich CHASE MANHATTAN BANK und deren Adresse und benützte dabei mehrmals ein starkes Farbband, bis es so aussah, als wären die Wörter auf den gefälschten Scheck gedruckt.

Unter dem Namen der Bank brachte ich in der linken unteren Ecke eine Reihe der selbstklebenden Zahlen an. Sie sollten den Eindruck erwecken, die Kennzahl des Zentralbankrats zu sein, dessen Mitglied die Chase Manhattan Bank war, die Identifikationsnummer der Bank und die Kontonummer der Pan Am. Solche Zahlen sind für jeden wichtig, der einen Scheck einlösen möchte, und unabdingbar für einen Scheckbetrüger. Ein guter Schwindler spielt vor allem ein Spiel mit Zahlen und wenn er die richtige Kombination nicht kennt, bekommt er ein Hemd vom Staat, auf dem hinten und vorne eine ganz andere Zahlenreihe aufgedruckt ist.

Es war sehr anstrengend, den Scheck herzustellen. Die mühsame Arbeit kostete mich zwei Stunden, und ich war mit dem Ergebnis nicht zufrieden. Ich sah mir das Papier an und entschied, dass ich es als Kassierer einer Bank nicht einlösen würde, legte es mir jemand vor.

Ein Kleid aus einem Secondhandshop wird meist als topmodisch angesehen, wenn es unter einem Nerzmantel präsentiert wird. Also verpasste ich meinem Scheck aus Hasenfell einen Überzug aus Nerz. Ich beschriftete ein Fensterkuvert mit dem Logo und der New Yorker Adresse von Pan Am, steckte ein unbeschriebenes Blatt Papier hinein und schickte es an mich selbst in mein Motel. Das Schreiben kam am nächsten Morgen bei mir an, und das örtliche Postamt hatte mir unwissentlich bei meinem Plan geholfen. Der Postbeamte hatte den Stempel so nachlässig auf die Briefmarke gedrückt, dass man nicht erkennen konnte, woher der Brief kam. Ich war begeistert von der Schlampigkeit des Angestellten.

Ich zog meine Pan-Am-Uniform an, gab den Scheck in einen Umschlag und steckte ihn in die Innentasche meines Jacketts. Dann fuhr ich zur nächstgelegenen Bank, ging beschwingt hinein und stellte mich an eine Kasse, hinter der eine junge Frau arbeitete. »Hi«, sagte ich lächelnd. »Mein Name ist Frank Williams. Ich mache hier ein paar Tage Urlaub, bevor ich mich in Los Angeles zurückmelden muss. Könnten Sie mir bitte diesen Scheck einlösen? Ich kann mich natürlich ausweisen.«

Ich holte das Kuvert aus meiner Jackentasche und

legte es mit meinem Pan-Am-Ausweis und der gefälschten Pilotenlizenz der FAA auf den Schalter. Das Kuvert schob ich ihr bewusst mit der Vorderseite nach oben zu, auf der sich das unverwechselbare Pan-Am-Logo und die Adresse der Fluggesellschaft befand.

Das Mädchen sah sich meine falschen Papiere an und warf einen Blick auf den Scheck, schien aber mehr an mir interessiert zu sein. Piloten von Luftfahrtgesellschaften schienen in Eureka eine Rarität zu sein. Sie reichte mir den Scheck zur Unterschrift und stellte mir dann etliche Fragen über meine Arbeit und die Orte, an denen ich schon gewesen war, während sie das Geld abzählte. Ich gab ihr Antworten, die ihre offensichtlich romantische Vorstellung von Piloten bestärkten.

Als ich die Bank verließ, nahm ich das Kuvert mit. Ich hatte darauf geachtet, dass sie den Umschlag sah, und das hatte dafür gesorgt, dass sie den Scheck für echt hielt. Dieses Unternehmen bestärkte mich in einer Vermutung, die ich schon lange hegte. Es geht bei Kassierern nicht darum, wie gut ein Scheck aussieht, sondern darum, wie sich die Person, die ihn einreicht, präsentiert.

Ich ging in mein Motelzimmer zurück und arbeitete bis spät in die Nacht an weiteren unechten Schecks, die ich alle auf Beträge von mindestens 500 Dollar ausstellte. Am folgenden Tag löste ich sie erfolgreich in verschiedenen Banken in der Innenstadt oder in Vororten ein. Da ich wusste, wie die Banken mit Schecks verfuhren, rechnete ich mir aus, noch zwei weitere Tage in Eureka gefälschte Schecks einlösen und dann noch drei Tage weiterreisen zu können, bevor der Erste als ungedeckt zurückgeschickt wurde.

Doch eine der Identitätskrisen, die ich regelmäßig durchmachte, zwang mich dazu, meinen Zeitplan zu ändern.

Ich ging nie so in meinen Rollen auf, dass ich jemals

vergaß, wer ich wirklich war: Frank Abagnale jr. Bei flüchtigen Begegnungen mit Menschen, bei denen ich nicht den Zwang verspürte, mich zu verstellen und durch eine Maske auch nichts gewinnen konnte, stellte ich mich immer als Frank Abagnale vor, einen Reiselustigen aus der Bronx.

Auch in Eureka war das nicht anders. Wenn ich mich nicht in meinem Motel befand, in dem ich unter dem Namen Frank Williams eingetragen war, oder mit dem Mädchen zusammen war, das mich für einen Piloten der Pan Am hielt, und wenn ich keine Uniform trug, war ich einfach Frank Abagnale jr. Zu einem gewissen Grad war meine wirkliche Identität eine Zuflucht von der Last und den Anspannungen, die meine Schauspielerei mit sich brachte.

In Eureka lernte ich einen Fischer in einem Meeresfrüchterestaurant kennen. Er blieb an meinem Tisch stehen und sagte mir, dass er den Fisch, den ich gerade aß, selbst gefangen habe. Dann setzte er sich auf ein Schwätzchen zu mir. Wie sich herausstellte, interessierte er sich sehr für Autos, und ich erzählte ihm von meinem alten Ford und davon, wie ich ihn hergerichtet hatte. »Hey, ich versuche gerade einen Ford Cabrio, Baujahr 1950, aufzumöbeln«, sagte er. »Haben Sie vielleicht Fotos von Ihrem Wagen?«

Ich schüttelte den Kopf. »Schon, aber sie sind alle in meiner Wohnung in New York.«

»Geben Sie mir Ihre Adresse, dann schicke ich Ihnen ein paar Bilder von meinem Auto, wenn ich damit fertig bin«, meinte er. »Möglicherweise komme ich damit nach New York und besuche Sie.«

Es war sehr unwahrscheinlich, dass er mir schreiben oder mich in New York aufsuchen würde, und wenn doch, wäre ich wahrscheinlich nicht dort und würde weder seinen Brief noch ihn zu Gesicht bekommen. Also suchte ich in meinen Taschen nach einem Stück Papier, um ihm meinen Namen und meine Adresse in New York aufzuschreiben.

Ich fand einen meiner Blankoschecks, borgte mir einen Bleistift von einem der Kellner und kritzelte meinen Namen und meine Adresse auf die Rückseite des Schecks. Dann bekam der Fischer einen Anruf und lief zu dem Münztelefon, das neben der Tür an der Wand hing. Er sprach einige Minuten und winkte mir zu. »Frank, ich muss zurück zu meinem Boot«, rief er. »Kommen Sie doch morgen wieder vorbei, okay?« Ohne meine Antwort abzuwarten, verschwand er durch die Tür. Ich gab dem Kellner den Stift zurück und verlangte die Rechnung. »Sie brauchen einen stärkeren Bleistift«, erklärte ich ihm und deutete auf das, was ich auf die Rückseite des Schecks geschrieben hatte. Die Wörter waren kaum zu entziffern.

Ich steckte den Scheck wieder in meine Jackentasche, was sich im Nachhinein sowohl als dumm wie auch als glücklicher Zufall erwies. In meinem Motel angelangt legte ich ihn auf das geöffnete Heft mit den Blankoschecks, zog mich um und rief mein Mädchen an. Wir verbrachten einen angenehmen Abend in einem feinen Restaurant unter den riesigen Redwood-Bäumen außerhalb der Stadt.

Der Abend war so schön verlaufen, dass ich immer noch daran dachte, während ich am nächsten Morgen drei weitere Pan-Am-Schecks fälschte. Es gab nur noch drei Banken in Eureka und in der Umgebung, die noch keine meiner Kunstwerke bekommen hatten, und ich wollte keine von ihnen vernachlässigen. Mein neuer Plan ließ mich nicht mehr los. Die Angst vor einer Mannschaft von Polizisten, die mich jagten, war verflogen. Ich hatte auch den jungen Fischer vergessen, den ich am Nachmittag zuvor kennen gelernt hatte.

Als ich den ersten Scheck vollendet hatte, steckte ich ihn wie gewohnt in ein Kuvert. Knappe zwei Stunden

142

später hatte ich die restlichen zwei ausgefüllt und war bereit für meinen letzten Raubzug in Eureka, der ohne Schwierigkeiten ablief. Am späten Nachmittag war ich zurück im Motel und packte weitere 1500 Dollar in meinen gut bestückten Zweireiher.

An diesem Abend erklärte ich meinem Mädchen, dass ich am folgenden Tag die Stadt verlassen würde. »Ich werde entweder von Frisco oder von L. A. abfliegen. Genau weiß ich das noch nicht«, log ich ihr vor. »Auf jeden Fall werde ich oft zurückkommen. Dann miete ich einen kleinen Flieger und wir sehen uns die Redwoods von oben an.«

Sie glaubte mir. »Das klingt gut«, sagte sie und schlug vor, in ein Fischlokal am Hafen zu gehen. Sie schien eher hungrig als unglücklich zu sein, und das war mir nur recht. Während des Essens sah ich jedoch aus dem Fenster und entdeckte ein Fischerboot, das gerade einlief. Da fiel mir der junge Fischer wieder ein. Ich erinnerte mich daran, dass ich meinen Namen und meine New Yorker Adresse – zumindest die meines Vaters – auf die Rückseite eines der Blankoschecks geschrieben hatte. In meinen unteren Körperregionen zog sich etwas zusammen, als hätte mir jemand einen Tritt versetzt. Was zum Teufel hatte ich mit diesem Scheck getan? Ich versuchte, mich daran zu erinnern, während ich mich weiterhin angeregt mit meiner Begleiterin unterhielt. Das machte den letzten Abend mit diesem Mädchen weniger angenehm.

Sobald ich wieder in meinem Motelzimmer war, suchte ich den Blankoscheck – leider vergeblich. Ich hatte noch eine Menge dieser Formulare, aber sie waren alle noch in dem Hefter. Daraus schloss ich, dass ich diesen Scheck mit dem Pan-Am-Logo versehen und bei einer der drei Banken eingereicht hatte. Aber das konnte doch nicht sein. Ich musste die Schecks immer auf der Rückseite unterschreiben, und dabei hätte ich doch sicher gesehen, dass er beschriftet war. Oder etwa nicht? Ich erinnerte mich daran, dass der Stift so dünn war, dass meine Schrift kaum zu lesen war, selbst bei hellem Tageslicht am Nachmittag. Es konnte gut sein, dass ich beim Unterzeichnen mein Gekritzel übersehen hatte, vor allem bei der Methode, die ich in Eureka entwickelt hatte. Ich hatte festgestellt, dass ich meine gefälschten Schecks viel leichter und schneller loswurde, wenn ich die Konzentration der Kassiererin eher auf mich als auf den Scheck lenkte. Und wenn man eine Frau für sich interessieren will, muss man ihr seine Aufmerksamkeit widmen.

Ich setzte mich auf das Bett und zwang mich dazu, mir alle Einzelheiten ins Gedächtnis zu rufen. Schon bald wurde mir klar, was geschehen war. Ich hatte den losen Scheck auf das offene Scheckbuch gelegt und am nächsten Morgen das oberste Blatt verwendet, als ich die drei Schecks gefälscht hatte. Dabei hatte ich nicht mehr an die Begegnung mit dem Fischer gedacht. Danach hatte ich den Scheck sofort in das Kuvert gesteckt und ihn demzufolge auch als Ersten von den dreien eingelöst. Und ich erinnerte mich auch an die Kassiererin, der ich den Scheck gegeben hatte. Ich hatte ihr große Aufmerksamkeit geschenkt – offensichtlich zu viel.

Und nun hatte eine bestimmte Bank in Eureka einen gefälschten Scheck über die Spesen eines falschen Kopiloten der Pan Am, auf dessen Rückseite der Name Frank Abagnale jr. und die Adresse seines Vaters in der Bronx stand. Sobald man entdecken würde, dass der Scheck faul war, brauchte man keinen Sherlock Holmes, um eine Verbindung herzustellen und den Fall zu lösen.

Mir wurde mit einem Mal so heiß, als säße ich in einem Hochofen. Wieder dachte ich daran, das Land zu verlassen und über die Grenze nach Mexiko zu flüchten. Oder in noch südlichere Gefilde. Aber dieses Mal zögerte ich länger. In Eureka hatte ich Mittel und Wege gefunden, ein großartiges neues Konzept durchzuführen, das mehr einbrachte als ein Spiel mit getürkten Würfeln. Der Erfolg meines Systems war mir so zu Kopf gestiegen, dass ich meine Furcht, verfolgt zu werden, beiseite schob und mir einredete, ich sei cooler als eine Eisscholle in der Arktis. Ich hatte geplant, die Masche mit den gefälschten Schecks von Küste zu Küste und bis an alle Grenzen des Landes durchzuführen. Es ärgerte mich, dass ich nun meine Pläne aufgeben sollte, weil ich so dumm war und mich selbst enttarnt hatte.

Aber musste ich das Spiel wirklich aufgeben? Hatte ich meine Deckung tatsächlich verloren? Wenn ich das Gekritzel auf der Rückseite des Schecks nicht gesehen hatte, war es vielleicht auch sonst niemandem aufgefallen.

Außerdem war es durchaus möglich, dass der Scheck sich noch in der Bank befand. Ich hatte ihn am frühen Nachmittag eingelöst, und er würde vielleicht erst am folgenden Tag nach New York weitergeleitet. Möglicherweise konnte ich ihn mir zurückholen, wenn er sich noch im Besitz der Bank befand. Ich könnte sagen, dass Pan Am ihn versehentlich ausgestellt hatte und ich ihn nicht hätte einreichen dürfen, oder mir eine andere Geschichte ausdenken. Wenn der Scheck noch da war, würde mir sicher etwas einfallen. Bis ich einschlief, grübelte ich über plausible Begründungen nach.

Am nächsten Morgen packte ich, verstaute meine Sachen im Wagen und zahlte meine Rechnung im Motel, bevor ich bei der Bank anrief. Ich fragte nach der Chefkassiererin und wurde mit einer Frau verbunden, die sich mir kurz angebunden mit ›Stella Waring‹ vorstellte.

»Ich bin Pilot bei Pan Am, Mrs. Waring, und habe gestern einen Scheck in Ihrem Haus eingelöst«, sagte ich. »Könnten Sie mir bitte sagen …« Sie unterbrach mich, bevor ich weitersprechen konnte.

»Ja, einen falschen Scheck.« Sie klang verärgert und fragte mich weder nach meinem Namen noch nach dem Grund meines Anrufs.»Wir haben das FBI verständigt. Sie schicken uns einen ihrer Agenten, der den Scheck abholen wird.«

Das schreckte mich nicht ab. Ich reagierte spontan und fühlte mich angespornt, meine wahre Identität zu verbergen. »Ja, ich bin vom FBI«, erklärte ich. »Ich wollte Ihnen ankündigen, dass unser Agent in etwa fünfzehn Minuten bei Ihnen sein wird. Haben Sie den Scheck noch vorliegen, oder muss er sich an jemand anderen wenden?«

»Schicken Sie ihn zu mir. Ich habe den Scheck«, erwiderte Mrs. Waring. »Natürlich hätten wir gern eine Kopie für unsere Akten. Ist das in Ordnung?«

»Selbstverständlich«, versicherte ich ihr. »Ich werde Mr. Davis bitten, Ihnen eine Kopie zu hinterlassen.«

Fünf Minuten später traf ich vor der Bank ein. Ich trug einen blauen Anzug und sah mich unauffällig um, bevor ich hineinging. Die Kassiererin, die meinen Scheck eingelöst hatte, war nicht zu sehen.

Wäre sie da gewesen, hätte ich die Bank nicht betreten. Ich wusste nicht, ob sie gerade Kaffeepause machte und befürchtete, sie könne jeden Moment auftauchen. Doch dieses Risiko musste ich eingehen. Ich betrat die Empfangshalle, und die Rezeptionistin schickte mich zu Mrs. Warings Schreibtisch am anderen Ende des Raums. Sie war eine attraktive, gut gestylte Dame in den Dreißigern, mit der Kleidung und dem Verhalten einer Geschäftsfrau. Als ich vor ihrem Schreibtisch stehen blieb, sah sie auf.

»Mrs. Waring, ich bin Bill Davis vom FBI. Ich glaube, mein Chef hat Sie vorher angerufen.«

Sie nickte und verzog das Gesicht. »Ja, Mr. Davis. Ich habe den Scheck hier.« Sie bat mich nicht, mich auszuweisen und schien keinerlei Zweifel an meiner Identität zu haben. Aus einer Schublade holte sie den Scheck hervor und reichte ihn mir. Ich betrachtete ihn mit scheinbar geschultem Blick – das fiel mir nicht schwer, denn ich hatte ihn schließlich selbst angefertigt. Auf der Rückseite stand, beinahe unleserlich, mein Name und die Adresse meines Vaters.

»Das sieht recht dilettantisch aus«, meinte ich trocken. »Ich bin überrascht, dass jemand einen solchen Scheck einlöst.«

Mrs. Waring lächelte säuerlich. »Ja, bei uns arbeiten einige Mädchen, die sich von einem attraktiven Piloten oder einem anderen Mann, der romantische Gefühle in ihnen erweckt, blenden lassen. Dann verlieren sie die Fassung, weil sie dem Mann mehr Aufmerksamkeit schenken als dem Dokument, das sie in Empfang nehmen«, sagte sie missbilligend. »Miss Caster, das Mädchen, das den Scheck eingelöst hat, war so durcheinander, dass sie heute Morgen nicht zur Arbeit erschienen ist.«

Diese Information beruhigte mich und ich begann, meine Rolle als FBI-Agent zu genießen. »Wir werden uns noch mit ihr unterhalten müssen, aber das hat Zeit«, sagte ich. »Haben Sie bereits eine Kopie gemacht?«

»Nein, aber dort drüben in der Ecke steht ein Kopiergerät. Es dauert nur eine Minute.«

»Ich erledige das schon«, sagte ich und ging rasch zu der Maschine hinüber, bevor sie widersprechen konnte. Ich kopierte nur die Vorderseite des Schecks, und sie bemerkte das nicht, als ich ihr die Ablichtung auf den Tisch legte.

»Ich werde das datieren und unterzeichnen«, sagte ich und nahm einen Stift in die Hand. »Diese Kopie ist Ihre Quittung. Sie werden verstehen, dass wir das Original als Beweismittel brauchen. Der Staatsanwalt wird es in Verwahrung nehmen. Ich denke, das ist alles, was wir im Augenblick benötigen, Mrs. Waring. Wir wissen

Ihre Bereitschaft zur Zusammenarbeit zu schätzen.« Ich steckte das belastende Original in die Tasche und verließ die Bank.

Später erfuhr ich, dass knappe fünf Minuten später der richtige FBI-Agent – der Einzige in Eureka – eintraf. Und ich hörte auch, dass Mrs. Waring sehr erzürnt war, als sie begriff, dass ich sie reingelegt hatte. FBI-Agenten haben jedoch eine bestimmte romantische Ausstrahlung, und auch eine Frau, die nicht mehr ganz jung ist, kann von einem attraktiven Mann in ihren Bann gezogen werden.

Meine Rolle als FBI-Agent war nicht der klügste Schachzug in meiner kriminellen Karriere. FBI-Agenten sind im Allgemeinen höchst motivierte Beamte, doch sie handeln noch effizienter und entschlossener, wenn sich jemand als einer der ihren ausgibt. Eine Zeit lang war es mir gelungen zu verbergen, dass der angebliche Pilot Frank Williams in Wahrheit Frank Abagnale jr. war, aber unwissentlich hatte ich jetzt O'Riley eine neue Spur geliefert, und danach folgte eine Hetzjagd bis zum bitteren Ende.

Ich befand mich jedoch immer noch in einer Phase, in der ich als Fälscher noch einiges zu lernen hatte, auch wenn ich schon ein fortgeschrittener Student war. Ich neigte dazu, Risiken einzugehen, die einem erfahrenen Scheckbetrüger Schauder über den Rücken gejagt hätten, allerdings war ich ein unabhängiger Akteur, der seine Stücke selbst verfasste, produzierte und Regie führte. Ich kannte keine professionellen Verbrecher, suchte auch keinen Rat in diesen Kreisen und vermied alle Orte, die nach einem Schlupfwinkel für Kriminelle aussahen.

Die Leute, die mich bei meinen zweifelhaften Gaunereien unterstützten, waren alle ehrlich, angesehen und hielten sich an die Gesetze. Ich betrog sie und brachte sie dazu, mir zu helfen. Der wichtigste Aspekt meines

Erfolgs war meine absolute Selbstständigkeit. Die üblichen Quellen in der Unterwelt waren in meinem Fall für die Polizei bei der Suche nach mir völlig nutzlos. Dort wusste man nichts von mir. Obwohl meine wahre Identität bekannt wurde, nachdem ich die Hälfte meines Wegs zurückgelegt hatte, bekam die Polizei ihre Informationen immer erst nach meinen Aktionen. Wenn meine Missetaten aufkamen, war ich bereits seit einigen Tagen über alle Berge, und die Polizisten konnten meine Spur erst wieder aufnehmen, wenn ich wieder zuschlug – meist in einer Stadt, die weit entfernt war.

Nachdem ich mich auf die Fälschung von Schecks spezialisiert hatte, begriff ich, dass ich an einem Punkt angelangt war, von dem es kein Zurück mehr gab. Ich hatte Scheckbetrug zu meinem Beruf gemacht und lebte davon. Ich hatte mir diese ruchlose Tätigkeit ausgesucht und beschloss, meine Fähigkeiten zu perfektionieren. In den folgenden Wochen und Monaten beschäftigte ich mich so gründlich mit Scheckgeschäften und Transaktionen in Banken, wie ein Investor die verschiedenen Märkte studiert. Meine Hausaufgaben erledigte ich unauffällig. Ich traf mich mit Kassiererinnen und horchte sie aus, während ich sie streichelte. In Bibliotheken las ich sorgfältig Magazine von Banken, Journale und Handelsregister. Ich vertiefte mich in den Wirtschaftsteil der Zeitungen und nahm Kontakt zu Bankangestellten auf. Kurz gesagt, ich polierte meine ungesetzlichen Methoden mit rechtmäßigen Mitteln auf.

Wie jemand einmal sehr richtig bemerkte, gibt es natürlich keinen richtigen Weg, etwas Falsches zu tun, aber für die meisten erfolgreichen Scheckbetrüger gibt es drei Faktoren, die für sie arbeiten. Diese komprimierte Kombination zahlt sich manchmal ebenso aus wie drei gleiche Symbole in einem Spielautomaten.

In erster Linie geht es um die Persönlichkeit und ich betrachte gepflegtes Auftreten als einen Teil davon.

Großartige Hochstapler sind immer gut gekleidet und strahlen Vertrauen und Autorität aus, egal, ob sie faule Schecks unter die Leute bringen oder jemanden einen Mietvertrag andrehen. Sie sind normalerweise auch charmant, höflich und anscheinend so aufrichtig wie ein Politiker, der wieder gewählt werden möchte. Manchmal wirken sie jedoch auch so kühl und arrogant wie ein Industriemagnat.

Bei dem zweiten Punkt geht es um die Wahrnehmung. Man kann zwar lernen zu beobachten, aber ich bin mit dem Talent gesegnet (oder verflucht), Details wahrzunehmen, die einem Durchschnittsmenschen nicht auffallen. Wie ich später noch ausführlich beschreiben werde, ist diese Fähigkeit die einzige Notwendigkeit für einen erfolgreichen, innovativen Diebstahl. Ein Journalist, der einen Artikel über mich verfasste, meinte: »Ein guter Schwindler liest Spuren wie ein Indianer, und gegen Frank Abagnale würde der beste Späher der Pfadfinder sich ausmachen wie ein halb blinder Anfänger.«

Der dritte Faktor ist die gründliche Nachforschung. Hier unterscheiden sich die abgebrühten Kriminellen von den guten Betrügern. Ein Ganove, der einen Banküberfall plant, informiert sich vielleicht über die wichtigsten Umstände, ist aber im Endeffekt auf seine Waffe angewiesen. Ein Betrüger kämpft nur mit seinem Verstand. Wenn er beschließt, die gleiche Bank mit einem falschen Scheck oder einem anderen raffinierten Schwindel hereinzulegen, muss er vorher jeden Aspekt seines Coups genau überdenken. In meiner Blütezeit als Scheckbetrüger wusste ich ebenso viel über dieses Zahlungsmittel wie jeder Bankangestellte überall auf der Welt, und sogar mehr als die Mehrheit der Kassierer. Ich bin nicht sicher, ob es viele Bankiers mit meinem Wissen über Schecks gab.

Es gibt einige Beispiele für mein Wissen über Schecks,

wovon die meisten Kassierer keine Ahnung hatten. Diese Kleinigkeiten machten es mir möglich, die Banken zu schröpfen. Alle gesetzmäßigen Schecks sind in einer Ecke perforiert oder tragen eine Prägung. Stammt der Scheck aus einem Buch mit Inhaberschecks, handelt es sich dabei um die obere Ecke, bei einem Scheck von einer Firma sind zwei oder drei Seiten geprägt. Manche Gesellschaften, die sich damit auskennen, markieren sogar alle vier Seiten ihrer Schecks. Ein raffinierter Scheckbetrüger kann solche Vordrucke natürlich nachmachen, aber nur, wenn er mindestens 40 000 Dollar in eine Presse investiert. Täte er das, wäre er jedoch kaum genial zu nennen. So ein Ding kann man schlecht in einem Koffer herumschleppen.

Es gibt auch wertlose Schecks mit einer perforierten Kante, aber sie sind nicht gefälscht, sondern nur nicht gedeckt. Immer wenn ich einen Inhaberscheck einlöste, gab ich ein Papier weiter, das keine Deckung aufwies. Bevor ich meine Masche durchzog, eröffnete ich ein legales Konto, benützte dabei einen falschen Namen und bekam dann fünfzig bis hundert Schecks ausgehändigt. Und, wie bereits erwähnt, waren die ersten beiden gedeckt. Erst dann begann ich, ungedeckte Schecks auszustellen.

Ich sagte bereits, dass ein guter Scheckbetrüger mit Zahlen spielen muss. Alle Schecks, ob Inhaberschecks oder von Firmen ausgestellt, weisen ganz unten in der linken Ecke eine Reihe von Nummern auf. Nehmen wir einen Scheck, auf dem dort die Zahl 1130 0119 546 085 aufgedruckt ist. Während meiner Zeit als erfolgreicher Nepper achtete nicht einer von hundert Schalterbeamten oder Kassierern auf diese Zahlen, und ich bin davon überzeugt, dass nur wenige dieser Leute wissen, was sie bedeuten. Ich aber kann sie entschlüsseln.

Die Zahl Elf zeigt, dass der Scheck im elften Bezirk des Zentralbankrats gedruckt wurde. Davon gibt es nur zwölf in den Vereinigten Staaten. Der elfte Bezirk schließt Texas ein und dort wurde der Scheck hergestellt. Die Drei nach der Elf steht für Houston, denn das Büro des dritten Distrikts befindet sich in dieser Stadt. Die Null bedeutet, dass der Scheck unmittelbar eingelöst werden kann. Die Null in der Mitte kennzeichnet die Verrechnungsstelle (Houston), und die 119 ist die Kennzahl der Bank in dem jeweiligen Bezirk. 546 085 ist die Kontonummer des Kunden, die ihm von der Bank zugeteilt wurde.

Auf welche Weise dient dieses Wissen nun einem Scheckbetrüger? Indem er ein Bündel Schecks in seiner Tasche und einen gewissen Vorsprung hat. Ein solcher Mensch legt einem Bankangestellten einen Gehaltsscheck vor. Der Scheck wirkt echt, ist von einer großen und angesehenen Firma in Houston und auf eine Bank in Houston ausgestellt – so steht es zumindest auf dem Dokument. Die Zahlenreihe in der unteren linken Ecke beginnt jedoch mit Zwölf, aber der Kassierer bemerkt es nicht, oder hat keine Ahnung von der Bedeutung dieser Nummern.

Der Computer weiß allerdings Bescheid. Wenn der Scheck in der Verrechnungsstelle eintrifft – normalerweise noch in der gleichen Nacht –, spuckt der Computer ihn wieder aus, weil darauf steht, er sei in Houston einzulösen, die Nummer aber für San Francisco gilt. Computer in Banken richten sich ausschließlich nach Zahlen. Deshalb wird der Scheck in einem Stapel abgelegt, der, in diesem Fall, zur Einlösung nach San Francisco geschickt wird. In San Francisco nimmt ein weiterer Computer ihn nicht an, weil die Kennziffer der Bank nicht korrekt ist. Dann landet der Scheck schließlich in den Händen eines Beamten der Verrechnungsstelle. In den meisten Fällen sieht dieser sich nur die Vorderseite des Schecks an, bemerkt, dass er auf eine Bank in Houston ausgestellt ist und schickt ihn wieder zurück, in der

Annahme, dass es sich um einen Computerfehler handelt. So vergehen fünf bis sieben Tage, bis die Person, die den Scheck eingelöst hat, zur Kenntnis nehmen muss, dass man sie reingelegt hat, und der Scheckbetrüger hat sich mittlerweile längst aus dem Staub gemacht.

Meinen Reichtum verdankte ich der Ignoranz des Bankpersonals, was ihre eigenen Nummerncodes betraf, und dem Unwissen der Menschen, die meine Schecks einlösten. Nachdem ich aus Eureka geflüchtet war, verbrachte ich einige Wochen in San Francisco, fertigte mehrere Dutzend Pan-Am-Spesenschecks an und löste sie in den Banken der Stadt, am Flughafen oder den Geldinstituten und Hotels in der näheren Umgebung ein. Dabei kodierte ich die Schecks so, dass sie zu so weit entfernten Städten wie Boston, Philadelphia, Cleveland und Richmond weitergeleitet wurden. Kein Goldgräber räumte jemals mehr in den kalifornischen Bergen ab als ich. Mein selbst gebasteltes Kuvert war immer noch von unschätzbarem Wert beim Einlösen meiner ungedeckten Schecks, aber ich hatte es in dieser Gegend so oft verwendet, dass es allmählich sehr zerfleddert aussah. Ich brauchte ein neues.

Und warum kein echtes? San Francisco war ein Stützpunkt der Pan Am und ich war doch ein Pilot dieser Gesellschaft. Verdammt, natürlich war ich das nicht, aber wer in der Verwaltung sollte das wissen? Ich fuhr zum Flughafen und marschierte dreist in das Verwaltungsgebäude von Pan Am. »Können Sie mir sagen, wo ich hier Briefpapier und Kuverts bekomme? Ich bin nicht von hier«, erklärte ich einem Bordfunker, der ersten Person, die ich dort antraf.

Er streckte die Hand aus. »Im Lagerraum, dort um die Ecke. Bedienen Sie sich.«

Das tat ich dann auch. Ich war allein in dem Raum und griff rasch nach einem Stapel Kuverts und Briefpapier mit Pan-Am-Logo und stopfte sie in meine Aktentasche. Als ich das Zimmer verlassen wollte, fiel mein Blick auf einen weiteren Stapel von Formularen. GENEHMIGUNG FÜR SCHECKS, stand in Großbuchstaben auf dem Deckblatt. Ich hob einige Blätter auf und sah mir das oberste an. Die Formulare waren Anträge auf Spesen, die den Kassenverwalter der Gesellschaft dazu ermächtigten, einen Inhaberscheck einzulösen, wenn er von dem Manager in San Francisco unterschrieben war. Ich schob einige davon in meine Tasche. Niemand sprach mich an, als ich das Gebäude verließ, und ich glaube nicht, dass mir irgendjemand auch nur die geringste Beachtung schenkte.

Das Formular zur Genehmigung der Schecks war eine große Hilfe für mich. Ich faltete es über eines meiner ungesetzlichen Produkte, bevor ich den Scheck in ein echtes Kuvert von Pan Am steckte. Dann sorgte ich dafür, dass das ordnungsgemäß ausgefüllte, wenn auch gefälschte Formular und das Kuvert deutlich zu sehen waren, wenn ich eine meiner Kreationen vorlegte.

Eines Tages kam ich von einem meiner Raubzüge bei Berkeley's zurück und stellte fest, dass weder in meinem Koffer noch in meiner Reisetasche noch Platz war. Beide quollen über mit Geldscheinen. Ich klaute das Geld schneller, als ich es ausgeben konnte. Also brachte ich 25 000 Dollar zu einer Bank in San José, mietete ein Tresorfach unter dem Namen John Calcagne, zahlte die Miete für drei Jahre im Voraus und verstaute das Geld in der Box. Am folgenden Tag tat ich das Gleiche bei einer Bank in Oakland und benützte den Namen Peter Morelli.

Dann fuhr ich zurück nach San Francisco und verliebte mich.

Sie hieß Rosalie und arbeitete als Stewardess für American Airlines. Ihre fünf Mitbewohnerinnen, mit denen sie sich ein altes Haus teilte, waren ebenfalls Ste-

154

wardessen bei American. Ich lernte Rosalie im Bus bei der Rückfahrt vom Flughafen kennen. Die Mädchen waren aus beruflichen Gründen dort gewesen, und ich hatte einen kleinen Diebstahl begangen. Wir verabredeten uns noch für den gleichen Abend.

Rosalie war eine der bezauberndsten Frauen, die ich jemals getroffen habe. Dieser Meinung bin ich immer noch. Sie hatte blondes Haar, das aussah, als wäre es mit Reif überzogen. Wie ich rasch feststellte, war sie auch in anderer Beziehung frostig. Mit vierundzwanzig war sie immer noch Jungfrau, und sie erklärte mir bei unserem zweiten Treffen, dass sie es sich bis zu ihrer Hochzeit aufsparen wolle. Ich sagte ihr, ich bewundere ihre Einstellung. Das meinte ich ehrlich, aber trotzdem versuchte ich jedes Mal, wenn wir allein waren, sie auszuziehen.

Ich genoss Rosalies Gesellschaft. Wir hatten die gleichen Interessen: Musik, gute Bücher, den Ozean, Skifahren, Theater, Reisen und andere Hobbys. Rosalie war katholisch, wie ich, und sehr religiös, drängte mich jedoch nie dazu, mit ihr die Messe zu besuchen.

»Warum ermahnst du mich nicht wegen meiner Sünden?«, neckte ich sie eines Tages, als ich sie von der Kirche abholte.

Sie lachte. »Ich denke nicht, dass du ein Sünder bist, Frank«, erwiderte sie. »Mir sind keine schlechten Angewohnheiten an dir aufgefallen. Ich mag dich so, wie du bist.«

Ich fühlte mich immer stärker zu Rosalie hingezogen. Sie hatte so viele gute Eigenschaften. Für mich war sie der Inbegriff einer Ehefrau, von der die meisten Junggesellen träumen; sie war zuverlässig, anständig, intelligent, ausgeglichen, rücksichtsvoll, hübsch und rauchte und trank nicht. Sie war wie ein Apfelkuchen, wie die amerikanische Flagge, Mutter und Schwester zugleich, wie der Frühling im Gewand einer Pfadfinderin.

»Rosalie, ich liebe dich«, gestand ich ihr eines Abends.

Sie nickte. »Ich dich auch, Frank«, erwiderte sie leise. »Wir sollten zu meinen Eltern fahren und es ihnen sagen.«

Ihre Familie lebte in Downey, südlich von Los Angeles. Die Fahrt war lang, also legten wir in der Nähe von Pismo Beach eine Pause ein und mieteten uns dort ein Zimmer. Wir verbrachten einen wunderschönen Abend, und als wir unsere Reise am nächsten Morgen fortsetzten, war Rosalie keine Jungfrau mehr. Ich fühlte mich schlecht, denn ich fand, ich hätte mehr Rücksicht auf ihre Tugendhaftigkeit nehmen sollen, die ihr, wie ich wusste, so wichtig gewesen war. Sie hatte darauf bestanden, dass wir mit ihrem Wagen fuhren, und als wir uns auf der Küstenstraße befanden, entschuldigte ich mich mehrmals bei ihr.

Rosalie schmiegte sich an mich und lächelte. »Hör auf, dich zu entschuldigen, Frank. Ich wollte es tun. Wir tun einfach so, als wäre es in unserer Hochzeitsnacht geschehen.«

Ihre Eltern waren sehr nett. Sie begrüßten mich herzlich, und als Rosalie ihnen sagte, dass wir heiraten wollten, waren sie begeistert und gratulierten uns. Zwei Tage lang drehten sich die Gespräche nur um die Pläne für die Hochzeit, obwohl ich Rosalie noch nicht einmal einen Antrag gemacht hatte. Sie schienen das jedoch als gegeben vorauszusetzen und offensichtlich mit Rosalies Wahl einverstanden zu sein.

Aber konnte ich sie wirklich heiraten? Sie hielt mich für Frank Williams, einen Kopiloten der Pan Am mit einer viel versprechenden Zukunft. Ich wusste, ich konnte diese Scharade nicht aufrechterhalten, wenn wir verheiratet waren. Es war nur eine Frage der Zeit, bis sie erfuhr, dass ich in Wahrheit Frank Abagnale hieß und ein betrügerischer Teenager mit einer falschen Identität und einer schmutzigen Vergangenheit war. Das konnte ich Rosalie nicht antun.

Oder doch? Ich besaß 80 000 oder 90 000 Dollar in bar, ein gutes Startkapital für eine Ehe. Vielleicht würde Rosalie mir glauben, wenn ich ihr sagte, ich wolle nicht mehr fliegen, weil ich mir eigentlich schon immer gewünscht hätte, einen Schreibwarenladen aufzumachen. Das stimmte natürlich nicht, aber das war der einzige ehrliche Berufszweig, in dem ich mich auskannte. Doch dann verwarf ich diese Idee. Ich wäre trotzdem immer noch Frank Williams, ein gesuchter Verbrecher.

Was als angenehmer Besuch begonnen hatte, wurde für mich zur Tortur.

Ich liebte Rosalie und wollte sie heiraten, konnte mir aber nicht vorstellen, wie das unter diesen Umständen klappen sollte.

Rosalie war jedoch davon überzeugt, dass wir bald in den Stand der Ehe treten würden. Und ihre Eltern dachte das auch. Sie waren glücklich, legten einen Termin im kommenden Monat fest, stellten eine Gästeliste auf, planten den Empfang und taten all die Dinge, die Eltern und ihre Tochter tun, wenn das Mädchen heiraten wird. Ich beteiligte mich an den Gesprächen, gab mich nach außen hin glücklich vor Vorfreude und war innerlich von Schuldgefühlen geplagt, beschämt und zutiefst unglücklich. Ich hatte Rosalie und ihren Eltern weisgemacht, dass meine Eltern sich auf einer Urlaubsreise in Europa befänden und erst in zehn Tagen zurückkämen, also erklärten sie sich damit einverstanden, mit den endgültigen Entscheidungen noch zu warten.

»Ich bin sicher, dass deine Mutter sich auch daran beteiligen möchte, Frank«, meinte Rosalies Mutter.

»Das denke ich auch«, log ich. Mir war klar, dass meine Mutter eher daran interessiert war, mich in ihre Finger zu bekommen.

Ich wusste nicht mehr, was ich tun sollte. Die Nächte verbrachte ich im Gästezimmer von Rosalies Eltern und hörte ihre Stimmen im Gang. Sie sprachen darüber, dass ihre Tochter bald einen so netten jungen Mann heiraten würde, und ich fühlte mich hundsmiserabel dabei.

Eines Nachmittags machten wir einen Ausflug mit dem Fahrrad und legten in einem Park eine Pause ein. Wir setzten uns in den Schatten eines riesigen Baums, und Rosalie sprach, wie üblich, über unsere Zukunft – wo wir leben würden, wie viele Kinder wir haben würden und so weiter. Ich beobachtete sie und wusste mit einem Mal, dass sie es begreifen würde. Sie liebte mich so sehr, dass sie mich nicht nur verstehen, sondern mir sogar verzeihen würde. Einer ihrer Charakterzüge, die ich am meisten zu schätzen wusste, war ihr Mitgefühl.

Ich legte meine Hand zärtlich auf ihren Mund. »Rosalie«, begann ich und war überrascht, wie ruhig und gefasst meine Stimme klang. »Ich muss dir etwas sagen, und ich möchte, dass du versuchst, mich zu verstehen. Würde ich dich nicht so sehr lieben, würde ich dir das nicht erzählen. Ich habe noch nie mit jemandem darüber gesprochen, und ich sage es dir jetzt nur deshalb, weil ich dich liebe und dich heiraten möchte, Rosalie.

Ich bin nicht Pilot bei Pan American. Und ich bin auch nicht achtundzwanzig, sondern erst neunzehn. Mein Name ist Frank Abagnale und nicht Frank Williams. Ich bin ein Schwindler, ein Hochstapler und Scheckbetrüger, und die Polizei sucht im ganzen Land nach mir.«

Sie sah mich entsetzt an. »Ist das dein Ernst?«, fragte sie schließlich. »Aber ich habe dich doch am Flughafen kennen gelernt. Du hast eine Pilotenlizenz, das habe ich gesehen! Und du besitzt einen Ausweis der Pan Am. Du hast eine Uniform getragen, Frank! Warum sagst du solche Sachen? Was ist los mit dir?« Sie lachte nervös. »Du nimmst mich auf den Arm, Frank!«

Ich schüttelte den Kopf. »Nein, das tue ich nicht, Rosalie. Alles, was ich dir gesagt habe, entspricht der Wahrheit.« Ich erzählte ihr meine Geschichte von der

Bronx bis nach Downey. Eine Stunde lang redete ich und beobachtete dabei ihr Gesicht. Ich sah Entsetzen, Ungläubigkeit, Schmerz, Verzweiflung und Mitleid in ihren Augen, bis sie ihren Gefühlen schließlich mit strömenden Tränen freien Lauf ließ.

Sie vergrub ihr Gesicht in den Händen und weinte hemmungslos so lange, dass es mir wie eine Ewigkeit vorkam. Dann wischte sie sich mit meinem Taschentuch die Augen und die Wangen ab und stand auf. »Lass uns nach Hause gehen, Frank«, sagte sie leise.

»Geh schon vor, Rosalie«, erwiderte ich. »Ich komme bald nach, aber zuerst muss ich eine Weile allein sein. Und sag niemandem etwas darüber, bevor ich da bin. Deine Eltern sollen es von mir erfahren. Versprich mir das, Rosalie.«

Sie nickte. »Versprochen. Bis später, Frank.«

Auf ihrem Fahrrad wirkte dieses hübsche Mädchen nun unglücklich und verloren. Ich fuhr durch die Gegend und dachte nach. Rosalie hatte sich kaum dazu geäußert. Zumindest hatte sie mir nicht gesagt, dass alles gut werden würde, sie mir vergab und wir trotzdem heiraten würden. Ich hatte keine Ahnung, was sie jetzt dachte, und wie sie reagieren würde, wenn ich in ihr Elternhaus zurückkehren würde. Sollte ich überhaupt dorthin fahren? Ich hatte nur meine Sportkleidung, zwei Anzüge, Unterwäsche und mein Rasierzeug mitgebracht. Meine Uniform befand sich in meinem Motelzimmer in San Francisco und meinen gefälschten Ausweis und die Pilotenlizenz trug ich in meiner Jackentasche. Ich hatte Rosalie nie gesagt, wo ich wohnte; ich hatte sie immer angerufen oder war bei ihr gewesen. Als sie mich einmal danach fragte, erklärte ich ihr, ich lebte mit einigen verrückten Piloten in Alameda zusammen, und sie seien so verschroben, dass sie weder ein Telefon noch einen Fernseher in der Wohnung haben wollten.

Damit schien sie sich zufrieden zu geben. Sie war

nicht neugierig und akzeptierte Menschen so, wie sie sich gaben. Das war einer der Gründe, warum ich ihre Gesellschaft so sehr genoss und mich öfter mit ihr getroffen hatte, als ich es üblicherweise tat. Bei ihr fühlte ich mich sicher.

Doch im Augenblick war das nicht der Fall, und ich fing an zu zweifeln, ob mein Geständnis aus dem Stegreif ein weiser Entschluss gewesen war. Ich zwang mich dazu, meine Befürchtungen beiseite zu schieben und redete mir ein, dass Rosalie trotz allem, was sie jetzt wusste, mich niemals verraten würde.

Zuerst dachte ich daran, sie anzurufen, um herauszufinden, was sie jetzt empfand, doch dann beschloss ich, ihr persönlich gegenüberzutreten und eine Entscheidung zu fordern. Ich näherte mich ihrem Elternhaus von einer Seitenstraße her. Kurz vor der Kreuzung blieb ich stehen, legte das Fahrrad auf den Boden und ging an der Hecke des Nachbargrundstücks entlang, bis ich durch das Blätterwerk einen Blick auf das Haus werfen konnte.

In der Auffahrt parkte ein schwarz-weißer Wagen mit der Aufschrift L. A. und ein zweiter, der zwar keinen Schriftzug trug, bei dem es sich aber ganz offensichtlich ebenfalls um ein Polizeiauto handelte. In dem Streifenwagen saß ein uniformierter Polizist und beobachtete die Straße.

Meine bezaubernde Rosalie hatte mich verpfiffen.

Ich ging zurück zu dem Fahrrad und fuhr in die entgegengesetzte Richtung. Als ich die Innenstadt erreicht hatte, ließ ich das Rad stehen und nahm ein Taxi zum Flughafen von Los Angeles. Dreißig Minuten später befand ich mich bereits in der Luft auf dem Rückweg nach San Francisco. Während des Flugs plagte mich ein Gefühl, das ich nicht einordnen konnte. Diese verschwommene Empfindung hielt immer noch an, als ich packte, meine Rechnung bezahlte und wieder zum Flughafen fuhr. Ich kaufte ein Ticket nach Las Vegas unter dem Namen James Franklin und ließ den Barracuda mit den Schlüsseln im Zündschloss auf dem Parkplatz des Flughafens stehen. Das war das erste von vielen Autos, die ich kaufte und später irgendwo abstellte.

Die merkwürdige Gefühlsregung beschäftigte mich auch auf dem Flug nach Las Vegas. Es war nicht Zorn, nicht Trauer und auch nicht Schuldbewusstsein. Erst als ich in Nevada aus dem Flugzeug ausstieg, erkannte ich, was ich empfand.

Es war Erleichterung. Ich war froh, dass Rosalie mein Leben nicht mehr teilte! Diese Erkenntnis erstaunte mich, denn noch sechs Stunden zuvor hatte ich verzweifelt einen Weg gesucht, sie heiraten zu können. Trotz meiner Verwunderung atmete ich auf.

Ich war zum ersten Mal in Las Vegas und die Stadt übertraf meine Erwartungen. Hier herrschte eine hektische, scheinbar elektrisch aufgeladene Atmosphäre, und sowohl die Touristen wie auch die Einwohner der Stadt schienen alle unter Strom zu stehen. Im Vergleich dazu wirkte New York ruhig und gemächlich.

»Spielfieber«, meinte der Taxifahrer, als ich ihn auf diese dynamische Stimmung ansprach.

»Alle packt es. Jeder ist unterwegs, um einen großen Gewinn zu machen. Vor allem die Kerle. Sie kommen in Jets hier angeflogen oder fahren dicke Wagen, und wenn sie die Stadt verlassen, sind sie pleite. Die Gewinner in dieser Stadt sind einzig und allein die Spielhöllen. Hören Sie auf meinen Rat – wenn Sie spielen wollen, halten Sie sich an die Mädchen. Viele von Ihnen sind hungrig.«

Ich nahm mir ein Zimmer in einem Motel und zahlte für zwei Wochen im Voraus. Der Angestellte an der Rezeption war überhaupt nicht beeindruckt, als ich die Summe von einem dicken Päckchen 100-Dollar-Scheine abzählte. Ich stellte schnell fest, dass ein Bündel Geldscheine in Las Vegas nicht mehr bedeutet als Wechsel-geld in Peoria.

Ich betrachtete Las Vegas nur als Zwischenstation und folgte dem Rat des Taxifahrers. Es stimmte, was er über die Mädchen gesagt hatte. Die meisten waren hungrig – im wahrsten Sinne des Wortes. Eigentlich waren sie schon am Verhungern. Nachdem ich eine Woche mit einigen besonders ausgehungerten Bräuten verbracht hatte, fühlte ich mich wie Moses bei der Speisung seines Volkes.

Schon in der Bibel steht geschrieben: Wer die Armen speist, wird keine Not leiden.

Also kümmerte ich mich um eine sehr hungrige Spielerin, die sich drei Tage lang von den kostenlosen Häppchen in den Casinos ernährt hatte. Sie versuchte, ihren Bruder in Phoenix zu erreichen, damit er ihr Geld für eine Busfahrkarte schickte. »Ich habe alles verspielt«, erklärte sie beschämt, während sie ein riesiges Steak mit sämtlichen Beilagen verschlang. »Das Geld, das ich mitgebracht habe, meine Ersparnisse und alles, was ich für meinen Schmuck bekommen konnte. Ich habe sogar mein Rückflugticket verkauft. Nur gut, dass ich mein Zimmer im Voraus bezahlt habe, sonst müsste ich jetzt auf einem der Sofas in der Lobby schlafen.«

Sie grinste fröhlich. »Geschieht mir recht. Ich habe vorher noch nie gespielt und hatte es auch nicht vor, als ich hierher kam. Aber diese verdammte Stadt macht dich fertig.«

Sie sah mich neugierig an. »Ich hoffe, du hast mir das Abendessen nur spendiert, weil du ein netter Mensch bist. Ich weiß, auf welche Weise ein Mädchen in dieser Stadt zu etwas kommen kann, aber das ist nicht mein Stil.«

Ich lachte. »Entspann dich. Mir gefällt deine Art. Hast du einen Job in Phoenix?«

Sie nickte. »Ja, wenn ich Bud erreichen kann. Wenn

ich am Montag nicht zurück bin, habe ich möglicherweise keinen mehr.«

»Was machst du?«, fragte ich. Sie sah aus wie eine Sekretärin.

»Ich bin Designerin in einer Firma, die Schecks entwirft und druckt«, antwortete sie. »Eigentlich bin ich Werbegrafikerin. Es ist nur ein kleiner Betrieb, aber wir arbeiten für einige große Banken und viele Unternehmen.«

Ich war verblüfft. »Na so was! Das finde ich interessant«, sagte ich. »Was genau tust du, wenn du einen Scheck entwirfst und druckst?«

»Oh, das kommt darauf an, ob wir einen einfachen Scheck herstellen oder einen ausgefallenen, wie zum Beispiel mit Bildern von Landschaften in verschiedenen Farben. Bei einfachen Schecks ist die Sache ganz leicht. Ich mache das Layout auf einem großen Pappkarton, so wie der Kunde es wünscht, dann wird ein Foto mit einer I-Tek-Kamera gemacht und auf die richtige Größe gebracht. Mit der Kamera kann man eine Gravur anbringen, die wir in eine kleine Offsetpresse geben. Anschließend wird der Scheck auf Blöcke oder Papierbogen gedruckt. Mit ein wenig Übung könnte das jeder machen.«

Ihr Name war Pixie. Ich beugte mich vor und küsste sie auf die Stirn. »Was hältst du davon, heute Abend nach Hause zu fliegen, Pixie?«

»Machst du Scherze?« Sie sah mich misstrauisch an.

»Nein«, versicherte ich ihr. »Ich bin Pilot bei der Pan Am. Wir fliegen zwar nicht von hier ab, aber ich habe ein Anrecht auf Freiflüge. Ich kann dir einen Platz nach Phoenix bei jeder Fluggesellschaft besorgen, die Vegas anfliegt. Das kostet uns nur eine kleine Notlüge. Ich werde dich als meine Schwester ausgeben. Keine weiteren Bedingungen, okay?«

»Toll!«, rief sie begeistert und umarmte und drückte mich.

Während sie packte, kaufte ich ihr ein Ticket und bezahlte es bar. Ich brachte sie zum Flughafen und drückte ihr einen 100-Dollar-Schein in die Hand, bevor sie sich an Bord begab. »Keine Widerrede«, sagte ich. »Das ist ein Darlehen. Irgendwann komme ich vorbei und du zahlst es mir zurück.«

Ich kam später einmal nach Phoenix, versuchte aber nicht, sie ausfindig zu machen. Hätte ich das getan, dann nicht, um die 100 Dollar zurückzufordern, sondern eher, um ihr etwas zu bezahlen – Pixie hatte es mir ermöglicht, ein Heidengeld abzusahnen.

Am folgenden Tag ging ich zu einer Firma, die Schreibwaren und Drucksachen vertrieb. »Ich plane, einen kleinen Laden für Schreibwaren und Kopien aufzumachen«, erklärte ich dem Verkäufer. »Man hat mir gesagt, eine I-Tek-Kamera und eine kleine Offsetpresse würden zunächst ausreichen, und aus wirtschaftlichen Gründen sei es besser, vorerst gebrauchte Gegenstände zu kaufen.«

»Das ist richtig.« Der Verkäufer nickte. »Das Problem ist allerdings, dass man sehr schwer an gebrauchte I-Tek-Kameras herankommt. Wir haben keine vorrätig. Eine gute, kaum benützte Offsetpresse kann ich Ihnen anbieten, und wenn Sie eine neue I-Tek dazu nehmen, mache ich Ihnen einen guten Preis. Ich gebe Ihnen beides für 8000 Dollar.«

Der Preis überraschte mich, aber als er mir die Maschinen zeigte und mir die Funktionen vorführte, gelangte ich zu der Überzeugung, dass 8000 Dollar eine schäbige Summe für solche Prachtstücke war. Eine I-Tek-Kamera ist einfach eine fotoelektrische Graviermaschine. Sie stellt eine Gravur des Originals her, die dann reproduziert werden kann. Die leichte, biegsame Platte wird dann über den Zylinder einer Offsetpresse gelegt. So wird das Bild direkt auf die Unterlage in der Presse gedruckt und kann dann auf jedes Papier, das man benützt, übertragen werden. Wie Pixie gesagt hatte, konnte das jeder mit ein wenig Übung machen, und ich ließ mich gleich an Ort und Stelle einweisen.

Die I-Tek-Kamera und die kleine Presse waren zwar nicht schwer, aber groß und sperrig – also keine Gegenstände, die man unauffällig im Gepäck verstauen konnte, wenn man quer durch das Land fuhr. Ich hatte jedoch ohnehin vor, die Maschinen nur begrenzte Zeit zu behalten.

Ich machte ein Lagerhaus ausfindig und mietete dort einen kleinen, gut beleuchteten Raum. Die Miete zahlte ich für einen Monat im Voraus. Dann verschaffte ich mir einen Bankscheck über 8000 Dollar, bezahlte die I-Tek-Kamera und die Presse und ließ sie in das Lager liefern. Noch am gleichen Tag ging ich in einige Schreibwarenläden und besorgte mir alles, was ich brauchte: ein Zeichenbrett, Kugelschreiber und Bleistifte, Lineale, eine Papierschneidemaschine, aufdruckbare Buchstaben und Zahlen, eine große Menge des grünen und blauen Kartonpapiers, das für echte Schecks zur Spesenabrechnung und andere Dinge verwendet wurde.

Am nächsten Tag zog ich mich in meine behelfsmäßige Werkstatt zurück und stellte mithilfe der verschiedenen Materialien eine 40 mal 60 Zentimeter große Kopie des gefälschten Schecks von Pan Am her, den ich von Hand angefertigt hatte. Dann legte ich mein Kunstwerk unter die Kamera, reduzierte die Gravur auf eine Größe von 9 mal 19 Zentimeter und drückte auf den Knopf. Wenige Minuten später legte ich die Auflage auf die Trommel der Presse und druckte Musterbeispiele aus.

Ich war angenehm überrascht. Die Verkleinerung mit der Kamera hatte alle Knicke und Unregelmäßigkeiten der Linien und Buchstaben ausgeglichen – zumindest soweit man das mit bloßem Auge erkennen konnte. Mit der Papierschneidemaschine schnitt ich ein Exemplar aus dem Bogen des Kartonpapiers aus und sah es mir genau an. Die vier Ecken waren noch zu glatt, aber ansonsten hätte ich tatsächlich einen echten Scheck in Händen halten können! Ich machte fünfhundert Kopien, bevor ich die beiden Maschinen verpackte und in mein Hotelzimmer zurückging. Mit meiner Uniform und einem Stapel Schecks in der Manteltasche stürzte ich mich in die Höhle des Löwen.

Für mich war der Löwe allerdings eher ein Schmusekätzchen. Ich rollte wie eine Dampfwalze durch Vegas. An diesem Nachmittag und Abend besuchte ich an die hundert Kasinos, Bars, Hotels, Motels, Nachtclubs und andere Spielhöllen, und in Las Vegas ist überall etwas geboten. Selbst in den Lebensmittelläden gibt es Spielautomaten. Keiner der Kassierer zögerte, wenn ich einen meiner gefälschten Schecks einlöste. »Würden Sie mir dafür Chips für 50 Dollar geben?«, fragte ich und erhielt prompt die Münzen und den Rest in bar. Um den Schein zu wahren, hielt ich mich meistens zwanzig oder dreißig Minuten in dem jeweiligen Kasino auf und spielte, bevor ich weiterzog. Es amüsierte mich, dass ich auf diesem Weg auch noch die Kasinos erleichterte.

An den Spielautomaten gewann ich 300 Dollar, beim Black Jack 1600 Dollar. Obwohl ich nicht die geringste Ahnung von Roulette hatte, sahnte ich auch dabei 900 Dollar ab und strich 2100 Dollar beim Würfeln ein. Alles in allem machte ich in Vegas 39 000 Dollar! Ich verließ Nevada in einem gemieteten Cadillac, obwohl ich dafür 1000 Dollar Kaution hinterlassen musste, als ich der Leasingfirma erklärte, ich würde den Wagen wahrscheinlich einige Wochen brauchen.

Ich fuhr ihn dann auch tatsächlich drei Monate lang und machte eine gemächliche Reise kreuz und quer durch den Nordwesten und den Mittleren Westen. Dabei gab ich mich wieder als Pilot aus, der beurlaubt war, und gebrauchte abwechselnd die Namen Frank Williams und Frank Adams. Da ich den Jagdhunden keine Spur hinterlassen wollte, die sie leicht aufnehmen hätten können, warf ich meine Fälschungen nicht wie Konfetti in die Menge. Hier und da schlug ich jedoch zu. In Salt Lake City holte ich mir 5000 Dollar, in Billings 2000, in Cheyenne 4000, und die Banken in Kansas City erleichterte ich um 18 000 Dollar. Dann fuhr ich nach Chicago, parkte den Cadillac und ließ ihn einfach stehen.

Ich beschloss, für eine Weile in Chicago unterzutauchen und mir ernsthaft Gedanken über meine Zukunft zu machen – zumindest darüber, wo ich einen Großteil davon verbringen wollte. Wieder überlegte ich, das Land zu verlassen. Ich machte mir keine großen Sorgen um meine unmittelbare Sicherheit, wusste jedoch, dass es nur eine Frage der Zeit war, bis man mich schnappen würde, wenn ich weiterhin mein Unwesen in den Vereinigten Staaten trieb. Mein größtes Problem bei der Ausreise war natürlich, dass ich keinen Pass besaß. Auf meinen eigenen Namen konnte ich keinen beantragen, da ich Rosalie alles gebeichtet hatte, und mittlerweile hatten wohl die Behörden eine Verbindung zwischen Frank Williams, Frank Adams und Frank Abagnale jr. hergestellt. Ich grübelte über meine Situation nach, während ich mich in Chicago niederließ, hatte jedoch bald, so wie die Dinge sich entwickelten, nicht mehr viel Zeit zum Nachdenken.

Unter dem Namen Frank Williams mietete ich mir eine hübsche Wohnung am Lakeshore Drive. Das tat ich vor allem deshalb, weil ich keine Inhaberschecks mehr hatte, aber immer Wert auf einen gewissen Vorrat legte. Aus Erfahrung wusste ich, dass viele Motels keinen Scheck einer Firma einlösten, jedoch Inhaberschecks bis zur Höhe von 100 Dollar akzeptierten. Eigentlich hatte ich damit aufgehört, Inhaberschecks für meine Betrügereien zu benützen, aber, wenn es notwendig war, griff ich noch auf sie zurück, um Miete zu bezahlen. Ich hatte keine Lust, Bargeld auf den Tisch zu legen, wenn ich stattdessen einen meiner gefälschten Schecks verwenden konnte.

Daher ging ich eine Woche nach meiner Ankunft in Chicago in eine Bank und eröffnete mit 500 Dollar ein Girokonto. Ich wies mich als Pilot der Pan Am aus und gab als Adresse für die Schecks ein Postfach in New York an, das ich mir kurz zuvor besorgt hatte, um damit meine Spur zu verwischen. »Ich bitte Sie jedoch, mir die Schecks und die monatlichen Kontoauszüge zu dieser Adresse zu schicken«, sagte ich zu dem Bankangestellten und gab ihm die Anschrift meiner Wohnung am Lakeshore Drive.

»Ich möchte das Konto hier eröffnen, weil ich aus beruflichen Gründen immer wieder nach Chicago komme, und da ist es viel angenehmer, eine Bankverbindung vor Ort zu haben.«

Der Bankangestellte stimmte mir zu. »Sie werden Ihre üblichen Schecks in etwa einer Woche erhalten, Mr. Williams. Inzwischen können Sie diese hier vorübergehend verwenden.«

Beobachtungsgabe ist, wie ich bereits sagte, ein großer Vorteil für einen Betrüger. Als ich die Bank betreten hatte, war mir eine bezaubernde Kassiererin aufgefallen. Noch Tage später hatte ich ihr Bild vor Augen, also beschloss ich, mich mit ihr zu verabreden. So ging ich ein paar Tage später wieder in die Bank unter dem Vorwand, eine Einzahlung machen zu wollen. Ich füllte das Formular dafür aus, das ich mir von einem Schalter in der Mitte des Raums geholt hatte, als ich durch meine Beobachtungsgabe noch eine viel bessere Eingebung bekam.

Unten links auf den Einzahlungsbelegen gab es ein rechteckiges Kästchen, das für die Kontonummer des Einzahlers bestimmt war. Ich füllte dieses nie aus, da ich wusste, dass es nicht erforderlich war. Wenn ein

Kassierer einen solchen Beleg entgegennahm und in die kleine Maschine in seinem Schalter legte, damit der Kunde eine Quittung bekam, wurde automatisch zuerst die Kontonummer gelesen. War sie vorhanden, wurde der Betrag sofort dem Kontoinhaber gutgeschrieben. Stand keine Nummer auf dem Formular, wurden Name und Adresse abgelesen, und somit war die Kontonummer nicht mehr nötig.

Neben mir stand ein Mann, der ebenfalls einen Einzahlungsbeleg ausfüllte. Ich bemerkte, dass er seine Kontonummer nicht eintrug. Etwa eine Stunde lang hielt ich mich dann in der Bank auf und beobachtete die Leute, die hereinkamen, um Bargeld einzuzahlen oder Schecks auf ihr Konto überweisen zu lassen. Ich beobachtete mindestens zwanzig Kunden, und jeder von ihnen ignorierte die Spalte, die für seine Kontonummer vorgesehen war.

Das Mädchen hatte ich jetzt vergessen. Ich steckte mir verstohlen einen Stapel der Einzahlungsbelege in die Tasche, ging zurück in meine Wohnung und klebte Zahlen darauf, die mit dem Schriftbild der Bank übereinstimmten. Dann trug ich in jedes Formular meine Kontonummer ein.

Am nächsten Morgen kehrte ich zu dieser Bank zurück und legte die Einzahlungsbelege heimlich auf einen Stapel der übrigen. Ich wusste nicht, ob mein Trick funktionieren würde, aber ich riskierte es, ihn auszuprobieren. Vier Tage später ging ich wieder zur Bank und zahlte 250 Dollar ein. »Ach, ja, könnten Sie mir bitte noch meinen Kontostand sagen?«, fragte ich die Kassiererin. »Ich habe vergessen, mir einige Schecks zu notieren, die ich in dieser Woche ausgestellt habe.«

Die entgegenkommende Kassiererin rief in der Buchhaltung an. »Einschließlich dieser Einzahlung beträgt Ihr Kontostand 42 876,45 Dollar, Mr. Williams«, sagte sie dann.

Kurz bevor die Bank schloss, ließ ich mir einen Scheck über 40 000 Dollar ausstellen mit der Erklärung, ich wolle mir ein Haus kaufen. Das tat ich natürlich nicht, aber ich brachte meine Schäfchen ins Trockene. Am nächsten Morgen löste ich den Scheck in einer anderen Bank ein und am Nachmittag flog ich nach Honolulu, wo eine hübsche Hawaiianerin mich mit einem Kuss begrüßte und mir einen Blütenkranz um den Hals legte.

Wenn es darum ging, mich erkenntlich zu zeigen, war ich ein Schuft. Während der nächsten zwei Wochen stellte ich gefälschte Schecks im Wert von 38 000 Dollar aus, verbrachte drei Tage auf den Inseln Oahu, Hawaii, Maui und Kauai, wo ich sie Banken und Hotels unterschob, und flog dann nach New York zurück.

Zum ersten Mal, seit ich als Scheckbetrüger aufgeflogen war, befand ich mich wieder in dieser Stadt, und ich fühlte mich versucht, Mom und Dad anzurufen und sie vielleicht sogar zu besuchen. Ich entschloss mich jedoch dagegen, weil ich mich schämte. Zwar wäre ich in einer finanziellen Lage heimgekehrt, die wohl weder Mom noch Dad begriffen hätten, aber beide hätten diese Art von Erfolg weder akzeptiert noch gutgeheißen.

Also blieb ich nur so lange in New York, um ein neues Gaunerstück auszuhecken. Ich eröffnete ein Konto in einer Filiale von Chase Manhattan und erhielt dann meine Inhaberschecks auf den Namen Frank Adams unter der Adresse in East Side, wo ich mir eine Wohnung gemietet hatte. Damit flog ich nach Philadelphia und sah mich dort in den Banken der Stadt um. Schließlich suchte ich mir eine aus, die auf der Vorderseite ganz mit Glas verkleidet war. So konnten potenzielle Anleger das Geschehen in der Bank von außen beobachten, und die Bankangestellten, die hinter der Glaswand aufgereiht saßen, hatten einen Überblick über den möglichen Kapitalzustrom.

170

Ich wollte einen guten Eindruck machen, also erschien ich am folgenden Morgen in einem von einem Chauffeur gesteuerten Rolls-Royce, den ich mir für diesen Auftritt gemietet hatte.

Als der Chauffeur mir die Tür öffnete, sah ich, dass einer der Bankangestellten tatsächlich Notiz von meiner Ankunft genommen hatte. Ich betrat die Bank und steuerte direkt auf ihn zu. Ich hatte mich so gekleidet, wie es sich für einen Mann schickte, der von einem Chauffeur in einem Rolls-Royce vorgefahren wurde – ich trug einen maßgefertigten Dreiteiler in Perlgrau, einen Homburg für 100 Dollar und Krokodillederschuhe. Der Ausdruck in den Augen des jungen Bankangestellten verriet mir, dass er meine gepflegte Erscheinung als weiteres Zeichen des Wohlstands und der Macht auslegte.

»Guten Morgen«, sagte ich energisch und setzte mich auf einen Stuhl vor seinem Schreibtisch. »Mein Name ist Frank Adams von der Adams Construction Company in New York. Wir werden hier in diesem Jahr drei Bauprojekte durchführen, deshalb möchte ich von meiner New Yorker Bank einige Mittel hierher überweisen. Ich würde also gern ein Konto eröffnen.«

»Ja, Sir!«, rief er begeistert aus und holte einige Formulare hervor. »Möchten Sie Ihr gesamtes Kapital an uns überweisen, Mr. Adams?«

»Ja, soweit es meinen persönlichen Besitz betrifft«, erklärte ich. »Über die Gelder der Firma bin ich mir noch nicht im Klaren. Dazu muss ich die Projekte noch genauer prüfen. Auf alle Fälle wollen wir hier einen größeren Betrag anlegen.«

»Nun, was Ihr persönliches Konto betrifft, müssen Sie mir nur einen Scheck ausstellen und den zu verbleibenden Betrag auf Ihrem Konto in New York nennen. Diese Summe bleibt dann bei Ihrem Konto bei uns unberücksichtigt.«

»Das ist alles?« Ich täuschte Überraschung vor. »Ich

wusste nicht, dass das so einfach geht.« Ich zog mein Scheckbuch aus der Tasche, hielt es so in der Hand, dass er es sehen konnte, und ließ murmelnd meinen Finger über eine imaginäre Zahlenreihe wandern. Dann sah ich ihn an. »Kann ich Ihren Rechner benützen? Ich habe gestern einige Schecks ausgestellt und sie hier noch nicht eingetragen. Im Kopfrechnen bin ich nicht sehr gut.«

»Selbstverständlich«, erwiderte er und schob mir seine Rechenmaschine zu. Ich tippte ein paar Zahlen ein und nickte dann.

»Mein Kontostand dürfte 17 876,28 Dollar betragen. Ich bin sicher, dass das stimmt«, erklärte ich. »Aber ich möchte dieses Konto nur für 17 000 Dollar eröffnen, da ich mich hin und wieder in New York aufhalte und dort einen kleinen Betrag zur Verfügung haben möchte.«

Ich schrieb ihm einen Scheck über 17 000 Dollar aus und gab ihm die nötigen Informationen, um ein Konto zu eröffnen. Als Adresse nannte ich ihm das Hotel, in dem ich mich eingemietet hatte. »Ich bleibe dort, bis ich eine geeignete Wohnung oder ein Haus finde, das ich mieten kann«, sagte ich.

Der junge Mann nickte. »Sie wissen sicher, dass Sie erst Schecks ausstellen können, wenn Ihr Scheck in New York angenommen wurde, Mr. Adams«, sagte er. »Das dürfte allerdings nicht länger als vier oder fünf Tage dauern, und sollten Sie in der Zwischenzeit Geld benötigen, dann kommen Sie zu mir – ich werde mich dann darum kümmern. Hier sind schon einmal einige Schecks zur Überbrückung.«

Ich schüttelte den Kopf. »Das ist freundlich von Ihnen, aber mit einer Verzögerung habe ich gerechnet. Ich habe ausreichende Mittel zur Verfügung.«

Ich schüttelte ihm die Hand und ging. Am Abend flog ich nach Miami und am folgenden Nachmittag fuhr ich – dieses Mal selbst hinter dem Steuer – wieder bei einer Bank mit Glasfront vor. Ich trug lässige, aber teure Kleidung. Als ich die Lobby betrat, sah ich auf meine Armbanduhr. Die Bank in Philadelphia hatte noch etwa dreißig Minuten geöffnet. Eine sehr hübsche und äußerst elegant gekleidete Frau, die meine Ankunft bemerkt hatte, begrüßte mich.

»Was kann ich für Sie tun, Sir?«, fragte sie lächelnd. Bei näherem Hinsehen wirkte sie älter, als ich zuerst vermutet hatte, aber sie war trotzdem sehr anziehend.

Ich erwiderte ihr Lächeln und sagte: »Ich denke, ich sollte besser mit dem Manager dieser Bank sprechen.«

Ein schelmischer Ausdruck trat in ihre Augen. »Ich bin der Manager«, erklärte sie lachend. »Also, um welches Problem handelt es sich? Es scheint nicht so, als würden Sie einen Kredit brauchen.«

Ich hob die Hände und gab mich scheinbar geschlagen. »Nein, nein, darum handelt es sich nicht. Mein Name ist Frank Adams. Ich komme aus Philadelphia und suche seit Jahren hier in Miami eine geeignete Ferienwohnung. Nun, heute habe ich etwas Fantastisches entdeckt – ein Hausboot in der Nähe der Biscayne Bay. Der Besitzer will allerdings Bargeld und erwartet eine Anzahlung von 15 000 Dollar bis spätestens heute um fünf Uhr. Er will keinen Inhaberscheck annehmen und ich besitze hier kein Bankkonto. Könnten Sie mir einen Barscheck ausstellen, wenn ich Ihnen einen Scheck gebe, der bei meiner Bank in Philadelphia einzulösen ist? Ich weiß, dass Sie vorab meine Bank anrufen müssen, um abzuklären, dass dieser Betrag dort auf meinem Konto ist, und ich komme gern für die Kosten des Telefonats auf. Ich will dieses Haus haben. Für mich würde das bedeuten, dass ich die Hälfte des Jahres hier verbringen könnte.« Ich hielt inne und sah sie bittend an.

Sie schürzte auf eine hübsche Art ihre Lippen. »Bei welcher Bank in Philadelphia sind Sie Kunde und wie lautet Ihre Kontonummer?«, wollte sie wissen. Ich nannte ihr den Namen der Bank, die Telefonnummer und meine Kontoverbindung. Sie ging zu einem der Schreibtische, hob den Hörer ab und rief in Philadelphia an.

»Die Buchhaltung, bitte«, sagte sie, als die Verbindung zustande gekommen war. »Ich habe hier einen Scheck über 15 000 Dollar, ausgestellt auf das Konto 505-602. Der Kontoinhaber ist Mr. Frank Adams. Könnten Sie mir bitte die Gültigkeit bestätigen?«

Ich hielt den Atem an und wurde mir plötzlich der Gegenwart des stämmigen Sicherheitsbeamten in einer Ecke der Lobby bewusst. Allerdings wusste ich aus Erfahrung, dass Angestellte in der Buchhaltungsabteilung einer Bank eigentlich immer nur einen Blick auf den Kontostand warfen, wenn sie gebeten wurden, einen Scheck zu verifizieren.

Nur selten überprüften sie das Konto genauer. Ich hoffte, dass es sich auch hier so verhielt. Wenn nicht, konnte ich nur darauf bauen, dass der Sicherheitsbeamte in der Bank nicht gut schießen konnte.

»In Ordnung, danke«, hörte ich sie sagen. Sie legte den Hörer auf und sah mich nachdenklich an. »Hören Sie, Frank Adams«, meinte sie dann und schenkte mir ein reizendes Lächeln. »Ich nehme Ihren Scheck an, wenn Sie heute Abend auf meine Party kommen. Mir fehlen noch ein paar attraktive, charmante Männer. Na, wie sieht's aus?«

»Gemacht.« Ich grinste und schrieb ihr einen Scheck auf die Bank in Philadelphia über 15 000 Dollar aus. Dafür erhielt ich einen Barscheck über die gleiche Summe.

Ich ging zu dieser Party und amüsierte mich großartig. Diese Frau war allerdings auch fantastisch – und das nicht nur in einer Beziehung.

Am nächsten Morgen löste ich den Scheck ein, gab den Rolls-Royce zurück und flog nach San Diego. Während des Flugs dachte ich immer wieder über diese Frau und ihre Party nach und hätte beinahe laut gelacht, als mir ein bestimmter Gedanke kam.

Ich fragte mich, wie ihre Reaktion wohl sein würde, wenn sie herausfand, dass sie mich an einem Tag zu zwei Partys eingeladen hatte, und die eine mir ein Vermögen eingebracht hatte.

7
Wie man als Verbrecher Europa an einem Tag bereist

Für jede Situation dachte ich mir einen neuen Trick aus, und manchmal verzichtete ich sogar darauf, eine Gelegenheit zu nützen. Ich machte mir das amerikanische System der Banken zunutze und saugte Geld aus den Tresoren, wie ein Waschbär ein Ei ausschlürft. Als ich Ende 1967 die Grenze nach Mexiko überschritt, hatte ich illegal ein Vermögen von knapp 500 000 Dollar angehäuft, und einige Dutzend Bankangestellte liefen mit geröteten Hinterteilen durch die Gegend.

Eigentlich spielte ich nur mit Zahlen – es war, statistisch gesehen, wie das Spiel mit den Nussschalen, und ich hatte dabei immer die Erbse in der Tasche. Sehen Sie sich doch einmal einen Ihrer eigenen Inhaberschecks an. Oben rechts befindet sich eine Schecknummer, nicht wahr? Das ist wahrscheinlich die einzige Ziffer, die Sie beachten, und das auch nur, wenn Sie genau Buch über Ihre Schecks führen. Die meisten Leute kennen nicht einmal ihre Kontonummer, und auch wenn eine große Anzahl der Bankangestellten die Codenummern ihrer Bank am unteren Rand der Schecks zu deuten wissen, können nur sehr wenige einen Scheck wirklich genau untersuchen.

In den Sechzigerjahren wurden die Sicherheitsbestimmungen in den Banken recht locker gehandhabt – zumindest war das meine persönliche Erfahrung. Ich fand heraus, dass ein Inhaberscheck, der zum Beispiel von einer Bank in Miami auf ein anderes Geldinstitut in der gleichen Stadt ausgestellt war, von dem Kassierer nur flüchtig angesehen wurde. Seine Vorsichtsmaßnahme bestand lediglich aus einem Blick auf die Nummer in der oberen rechten Ecke. Je höher die Ziffer, umso bereitwilliger wurde der Scheck akzeptiert. Es schien so, als würde der jeweilige Kassierer beziehungsweise die Kassiererin sich denken: »Aha, Schecknummer 2876 – dieser Kerl muss also schon lange bei dieser Bank Kunde sein. Der Scheck ist in Ordnung.«

Eröffne ich zum Beispiel an der Ostküste in Boston in der Bean State Bank ein Konto, zahle unter dem Namen Jason Parker 200 Dollar ein und gebe die Adresse einer Pension an, bekomme ich innerhalb weniger Tage 200 Inhaberschecks. Sie sind von 1 – 200 durchnummeriert, tragen links meinen Namen und meine Adresse und ganz unten links natürlich diese klein gedruckte Serie von Ziffern, die mit der Zahl 01 beginnen, da Boston sich im ersten Bezirk der Bundesbank befindet.

Früher waren die erfolgreichsten Viehdiebe diejenigen, die es beherrschten, ein Brandzeichen zu löschen und zu ändern. Ich war ein Experte, wenn es darum ging, Nummern mithilfe von Klebeetiketten zu überschreiben und mit Magnetziffern zu erneuern.

Den Scheck mit der Ziffer 1 ändere ich beispielsweise in 3100 um, und die Seriennummer links unten beginnt mit 12, als ich mit meiner Arbeit fertig bin. Ansonsten sieht der Scheck aus wie zuvor.

Dann marschiere ich zur Old Settlers Farm and Home Savings Association, die nur eine Meile von der Bean State Bank entfernt liegt. »Ich möchte ein Sparkonto eröffnen«, erkläre ich dem Bankangestellten, der mich begrüßt. »Meine Frau findet, wir haben zu viel Geld auf dem Girokonto.«

»In Ordnung, Sir. Welchen Betrag möchten Sie einzahlen?«, fragt der Angestellte. Gehen wir einmal davon aus, es handelt sich um einen Mann. Es gibt bei beiden Geschlechtern gleich viele Dummköpfe in diesem Bereich.

»Ich dachte an 6500 Dollar«, erwidere ich und schreibe einen Scheck für die OSFHSA aus. Der Kassierer nimmt den Scheck entgegen, wirft einen flüchtigen Blick auf die Nummer oben rechts und stellt fest, dass er auf die Bean State Bank ausgestellt ist. Er lächelt. »Gut, Mr. Parker. Es dauert drei Tage, bevor Sie eine Abhebung vornehmen können. Wir müssen den Scheck erst einreichen, aber da es sich um eine Bank dieser Stadt handelt, dürfte das in drei Tagen erledigt sein.«

»Verstehe«, erwidere ich wahrheitsgemäß. Ich habe bereits vorher nachgeprüft, dass das der übliche Zeitraum bei Geschäften zwischen den Banken in dieser Stadt ist.

Ich warte sechs Tage und gehe dann am Morgen wieder zu Old Settlers. Ganz bewusst suche ich mir einen anderen Angestellten aus und reiche ihm mein Sparbuch. »Ich möchte 5500 Dollar abheben«, sage ich. Sollte der Kassierer wegen der Höhe des Betrags nachfragen, würde ich erklären, ich wolle ein Haus kaufen oder mir einen anderen plausiblen Grund einfallen lassen. Doch nur wenige Sparkassenangestellten mischen sich in die Privatangelegenheiten ihrer Kunden.

Auch dieser tat das nicht. Er überprüfte den Kontostand. Nach sechs Tagen musste der Scheck wohl eingelöst worden sein, also gab er mir mein Sparbuch zurück und stellte mir einen Bankscheck aus.

Nachdem ich diesen am nächsten Tag in der Bean State Bank eingelöst hatte, verließ ich die Stadt – noch bevor mein Scheck über 6500 Dollar aus Los Angeles zurückkam, weil der dortige Computer ihn weitergeleitet hatte.

Ich investierte das Geld in eine weitere I-Tek-Kamera und eine Druckerpresse und fälschte wieder Pan-Am-Schecks. Ich entwarf mehrere Muster für verschiedene Teile des Landes, obwohl alle Schecks angeblich bei der Chase Manhattan Bank in New York einzureichen waren.

178

New York ist der zweite Bezirk der Bundesbank. Gedeckte Schecks, die auf Banken in New York ausgestellt werden, haben alle eine Seriennummer, die mit der Ziffer 02 beginnt. Meine gefälschten Schecks, die ich an der Ostküste, in den nordöstlichen und südöstlichen Staaten unter die Leute brachte, wurden jedoch zuerst nach San Francisco oder Los Angeles weitergereicht. Die anderen, die ich im Südwesten, im Nordwesten oder an der Westküste einlöste, gingen nach Philadelphia, Boston oder eine andere Stadt am anderen Ende des Kontinents.

Mein Spiel mit den Zahlen war das perfekte System für Hinhaltemanöver. Ich hatte immer eine Woche Zeit, bevor die Jagdhunde die Spur aufnahmen. Später erfuhr ich, dass ich der erste Scheckbetrüger war, der mit diesem Trick mit den gefälschten Nummern arbeitete. Damit trieb ich die Banker zur Weißglut. Sie wussten einfach nicht, was hier vor sich ging. Inzwischen sind sie darüber im Bilde, und das verdanken sie mir.

Ich trieb mein Unwesen im ganzen Land, bis ich beschloss, dass mir der Boden unter den Füßen zu heiß wurde. Ich musste das Land verlassen. Und ich beschloss, dass ich mir in Mexiko ebenso gut Sorgen um einen Pass machen konnte wie in Richmond oder Seattle. Für Mexiko brauchte ich nur ein Visa, und das erhielt ich vom mexikanischen Konsulat in San Antonio. Ich gab mich als Frank Williams, Pilot der Pan Am, aus und besorgte mir einen Freiflug nach Mexiko City in einem Jet der Aero-Mexico.

Ich nahm nicht alles von meinen Raubzügen mit. Wie ein Hund, der Zugang zu den Knochen in einem Metzgerladen und zu einem Grundstück von 160 Quadratmetern mit lockerer Erde hatte, vergrub ich meine Beute überall in den Vereinigten Staaten. Von einer Küste zur anderen und vom Rio Grande bis zur kanadischen Grenze hinterlegte ich stapelweise Bargeld in verschiedenen Tresorfächern.

Ungefähr 50 000 Dollar nahm ich mit nach Mexiko. Ich versteckte sie, in flache Bündel abgepackt, in dem Futter meiner Koffer und meiner Jacketts. Ein guter Zollbeamter hätte das Bargeld rasch finden können, doch ich wurde nicht kontrolliert. Da ich meine Pan-Am-Uniform trug, winkte man mich gemeinsam mit der Crew von Aero-Mexico durch den Zoll.

Eine Woche lang blieb ich in Mexiko City. Dann lernte ich eine Stewardess von Pan Am kennen, verbrachte mit ihr einen fünftägigen Urlaub in Mexiko und nahm ihr Angebot an, mit ihr anschließend ein Wochenende in Acapulco zu verbringen. Wir hatten gerade abgehoben, als sie plötzlich stöhnte und einen Fluch ausstieß.

»Was ist los?«, fragte ich, erstaunt ein solches Wort aus ihrem hübschen Mund zu hören.

»Ich wollte meinen Gehaltsscheck im Flughafen einlösen«, erklärte sie. »Jetzt habe ich gerade mal drei Pesos in meinem Geldbeutel. Na ja, ich hoffe, das Hotel wird ihn einlösen.«

»Das kann ich tun, wenn der Betrag nicht zu hoch ist«, meinte ich. »Ich schicke meinen Gehaltsscheck heute Abend ab und lasse ihn von meiner Bank einlösen. Um wie viel handelt es sich?«

Der Betrag war mir vollkommen egal. Ein echter Pan-Am-Scheck! Den musste ich haben! Ich bekam ihn für 288,15 Dollar und bewahrte ihn sorgfältig auf. Obwohl ich ihn nie einlöste, brachte er mir ein Vermögen ein.

Acapulco gefiel mir. Es wimmelte von schönen Menschen. Die meisten waren reich oder berühmt oder dabei, es zu etwas zu bringen. Manchmal trafen auch alle drei Kriterien zu. Wir kamen in einem Hotel unter, in dem Crewmitglieder einiger Fluggesellschaften wohnten. Ich fühlte mich jedoch nie in Gefahr – Acapulco ist kein Ort, an dem man sich über seine Arbeit unterhalten will.

Ich blieb noch dort, nachdem die Stewardess zu ihrer

Basis in Miami zurückgekehrt war. Der Manager des Hotels freundete sich mit mir an. Wir verstanden uns so gut, dass ich beschloss, ihm von meinem Dilemma zu erzählen.

Eines Abends setzte er sich beim Essen zu mir, und da er in besonders guter Stimmung zu sein schien, entschied ich, es hier und jetzt zu versuchen.

»Pete, ich stecke in großen Schwierigkeiten«, begann ich.

»Verdammt, tatsächlich?«, rief er besorgt aus.

»Ja«, bestätigte ich. »Mein Chef in New York hat mich gerade angerufen. Ich soll morgen Nachmittag von Mexiko City nach London fliegen und dort für einen kranken Kollegen einspringen.«

Pete grinste. »Und das nennst du Schwierigkeiten? Deine Probleme möchte ich haben.«

Ich schüttelte den Kopf. »Ich habe meinen Pass nicht bei mir – ich habe ihn in New York gelassen, aber eigentlich bin ich verpflichtet, ihn ständig bei mir zu tragen. Ich schaffe es nicht, nach New York zu fliegen, mir dort meinen Ausweis zu holen und rechtzeitig in London einzutreffen. Und wenn mein Boss erfährt, dass ich ohne Pass hier bin, feuert er mich. Was zum Teufel soll ich tun, Pete?«

Er stieß einen Pfiff aus. »Du sitzt tatsächlich in der Klemme.« Nachdenklich sah er mich an und nickte dann. »Ich weiß nicht, ob es funktioniert … Hast du schon einmal von einer Frau namens Kitty Corbett gehört?«

Ich verneinte.

»Nun, sie ist eine ältere Dame und schreibt über alles, was in Mexiko vor sich geht. Sie ist schon seit zwanzig oder dreißig Jahren hier, und man bringt ihr großen Respekt entgegen. Man sagt, sie hat Beziehungen zum Palast des Präsidenten in Mexiko und sogar zum Weißen Haus in Washington, D. C. – und das glaube ich auch.« Er grinste. »Da drüben am Fenster sitzt sie. Ich weiß, dass sie jeden Amerikaner bemuttert, dem es schlecht geht, und der ihr ein wenig schöntut. Sie liebt es, jemandem einen Gefallen zu tun, wenn sie darum gebeten wird. Ich nehme an, sie fühlt sich dabei wie die Königinmutter. Also lass uns zu ihr hinübergehen. Wir laden sie auf einen Drink ein, schmeicheln ihr und weinen ihr dann etwas vor. Vielleicht hat sie eine Lösung parat.«

Kitty Corbett war eine elegante alte Dame – und klug. Nach einigen Minuten lächelte sie Pete zu. »Okay, Mr. Manager, was ist los? Sie setzen sich immer nur zu mir, wenn Sie etwas von mir wollen. Worum geht es dieses Mal?«

Pete hob lachend die Hände. »Ehrlich, ich will gar nichts! Aber Frank hat ein Problem. Erzähl ihr davon, Frank.«

Ich trug meine Geschichte in der gleichen Form vor wie Pete, nur dass ich sie ein wenig dramatischer klingen ließ. Sie betrachtete mich, als ich geendet hatte. »Ich würde sagen, Sie brauchen ganz dringend einen Pass«, meinte sie. »Das Problem besteht allerdings darin, dass Sie bereits einen besitzen. Nur befindet er sich am falschen Ort. Sie können aber nicht zwei Stück haben, wissen Sie. Das ist illegal.«

»Das ist mir klar.« Ich verzog das Gesicht. »Das beunruhigt mich auch. Aber ich kann es mir nicht leisten, diesen Job zu verlieren. Es könnte Jahre dauern, bis mich eine andere Fluggesellschaft einstellt – wenn überhaupt. Ich war drei Jahre lang auf der Warteliste von Pan Am.« Ich hielt kurz inne und rief dann aus: »Jets zu fliegen ist das Einzige, was ich immer tun wollte!«

Kitty Corbett nickte verständnisvoll und schien ganz in Gedanken versunken. Dann spitzte sie die Lippen. »Pete, bringen Sie mir das Telefon.«

Pete machte dem Kellner ein Zeichen, und dieser

brachte einen Apparat an den Tisch und steckte das Kabel in eine Buchse an der nächstgelegenen Wand. Kitty nahm den Hörer ab und sprach auf Spanisch mit der Telefonistin. Es dauerte einige Minuten, doch dann wurde sie zu demjenigen durchgestellt, mit dem sie sprechen wollte.

»Sonja? Kitty Corbett hier«, meldete sie sich. »Hör zu, ich möchte dich um einen Gefallen bitten ...« Sie fuhr fort, erklärte meine Zwangslage und lauschte dann auf die Antwort am anderen Ende der Leitung.

»Das weiß ich alles, Sonja«, sagte sie. »Und ich habe mir schon etwas ausgedacht. Stelle ihm einfach einen vorläufigen Pass aus, so als wäre seiner verloren gegangen oder gestohlen. Wenn er dann wieder in New York ist, kann er ihn zerreißen oder den alten vernichten und sich einen neuen besorgen.«

Wieder hörte sie eine Minute zu, hielt dann ihre Hand über die Muschel und sah mich an. »Haben Sie zufällig Ihre Geburtsurkunde bei sich?«

»Ja, habe ich«, erwiderte ich. »Sie ist in meiner Brieftasche, schon ein wenig verknickt, aber noch leserlich.«

Kitty Corbett nickte und sprach wieder in den Hörer. »Ja, Sonja, er hat eine Geburtsurkunde ... Glaubst du, das du das machen kannst? Großartig! Du bist ein Schatz. Jetzt schulde ich dir einen Gefallen. Bis nächste Woche.«

Sie legte auf und lächelte. »Nun, Frank, wenn Sie morgen gegen zehn Uhr im amerikanischen Konsulat in Mexiko City erscheinen, wird Ihnen Sonja Gundersen, die Assistentin des Konsuls, einen vorläufigen Pass ausstellen. Ihren haben Sie verloren, ist das klar? Und wenn Sie irgendjemandem davon erzählen, bringe ich Sie um.«

Ich küsste sie, bestellte eine Flasche des besten Champagners und trank sogar selbst ein Glas mit. Dann rief ich den Flughafen an und erfuhr, dass eine Stunde später ein Flug nach Mexiko City ging. Ich reservierte mir einen Platz und wandte mich an Pete. »Hör zu, ich muss einen Großteil meiner Sachen hier lassen – ich habe keine Zeit mehr zu packen. Kannst du jemanden bitten, mein Gepäck in dein Büro zu bringen und es dort aufbewahren? Ich versuche, auf dem Rückweg vorbeizukommen und es mir dann in zwei Wochen, möglicherweise sogar eher, abzuholen.«

In einen meiner Koffer stopfte ich meine Uniform, einen Anzug und mein Geld. Pete hatte bereits ein Taxi geholt, als ich in die Lobby hinunterging. Ich konnte den Kerl wirklich gut leiden und wünschte, es gäbe einen Weg, ihm zu danken.

Dann fiel mir etwas ein – ich hinterließ ihm einen meiner gefälschten Pan-Am-Schecks. Zumindest dem Hotel, in dem er Manager war.

Einen weiteren Scheck löste ich im Flughafen ein, bevor ich in die Maschine nach Mexiko City stieg. Dort angekommen verstaute ich meine Tasche in einem Schließfach, nachdem ich meine Pan-Am-Uniform angezogen hatte. Dann ging ich in Miss Gundersens Büro.

Sonja Gundersen war eine spröde Blondine, die keine Zeit verlor. »Ihre Geburtsurkunde, bitte.«

Ich holte sie aus meiner Brieftasche und reichte sie ihr. Miss Gundersen betrachtete sie genau und sah mich dann an. »Kitty sagte doch, Ihr Name sei Frank Williams. Hier lautet Ihr Name Frank W. Abagnale, jr.«

Ich lächelte. »Das stimmt, ich bin Frank William Abagnale, jr. Sie kennen ja Kitty. Sie genehmigte sich gestern Abend ein wenig zu viel Champagner und stellte mich all ihren Freunden als Frank Williams vor. Ich denke aber schon, dass sie Ihnen meinen vollen Namen nannte.«

»Mag sein«, stimmte Miss Gundersen zu. »Ich hatte Schwierigkeiten, alles zu verstehen, was sie sagte. Diese Telefone in Mexiko taugen nichts. Da Sie jedoch ganz offensichtlich Pilot bei der Pan Am sind, und Frank William ein Teil Ihres Namens ist, müssen Sie wohl derjenige sein, um den es sich handelt.«

Wie besprochen hatte ich unterwegs zwei Passbilder machen lassen. Ich reichte sie Miss Gundersen und verließ fünfzehn Minuten später das Konsulatsgebäude mit einem vorläufigen Pass in meiner Tasche. Zurück im Flughafen zog ich meinen Anzug an und kaufte mir am Schalter der British Overseas Airways ein Ticket nach London, das ich bar bezahlte.

Man sagte mir, der Start würde sich verzögern. Die Maschine würde erst um sieben Uhr abends abheben.

Also zog ich noch einmal meine Pilotenuniform an und pflasterte Mexiko City sechs Stunden lang mit meinen dekorativen ungedeckten Schecks. Als ich nach London flog, war ich um 6500 Dollar reicher, und die mexikanischen *federales* schlossen sich dem Polizeiaufgebot an, das mir auf den Fersen war.

In London nahm ich mir ein Zimmer im Royal Gardens Hotel in Kensington unter dem Namen F. W. Adams und gab mich als Pilot der TWA auf Urlaub aus. Ich benützte diesen Decknamen, weil ich davon ausging, dass die Polizei in London schon bald Nachfragen über Frank W. Abagnale, jr., auch bekannt als Frank Williams, vormals Pilot der Pan Am, erhalten würde.

Ich blieb nur wenige Tage in London. Allmählich lastete wieder ein Druck auf mir. Ich spürte die gleiche Unbehaglichkeit, die mich schon in den Staaten geplagt hatte, und begriff, dass meine Flucht aus den Vereinigten Staaten nach London meine Probleme nicht gelöst hatte. Die mexikanische Polizei und die Beamten des Scotland Yard beschäftigten sich mit der gleichen Angelegenheit wie die Cops in New York oder Los Angeles – sie waren auf der Suche nach Betrügern. Und ich war ein Schwindler.

Mit dieser Erkenntnis und dem kleinen Barvermögen, das ich an verschiedenen Orten versteckt hatte, wäre es vernünftig gewesen, mich so unauffällig und diskret wie möglich zu verhalten und mich unter einem anderen Namen an einen Zufluchtsort im Ausland zu begeben. Ich begriff zwar die Vorteile eines solchen Wegs, aber Weisheit war wohl eine Eigenschaft, die ich nicht besaß.

Mittlerweile ist mir klar, dass ich sogar unfähig war, die Lage richtig einzuschätzen. Noch immer wurde ich von diesem unwiderstehlichen Drang getrieben, über den ich keine Kontrolle besaß. Ich stellte eine scheinbar rationale These auf: Ich war der Gejagte, die Polizisten die Jäger, also die Bösen. Ich musste stehlen, um zu überleben und meine ständige Flucht vor den Bösewichtern finanzieren zu können. Demzufolge gab es eine Rechtfertigung für meine illegalen Methoden. Nach einer knappen Woche in England hinterließ ich am Piccadilly überall meine gefälschten Schecks und flog nach Paris. Selbstgefällig entschuldigte ich mich vor mir selbst mit der irrationalen Annahme, dass ich meine Betrügereien nicht lassen konnte, wollte ich überleben.

Ein Psychiater würde mein Verhalten anders auslegen – er würde sagen, ich wolle geschnappt werden. Mittlerweile hatte auch die englische Polizei eine Akte über mich angelegt.

Möglicherweise wollte ich wirklich erwischt werden. Vielleicht suchte ich unbewusst Hilfe, und mein Unterbewusstsein sagte mir, dass ich von den Behörden Beistand erhoffen konnte. Bewusst waren mir solche Gedanken zu jenem Zeitpunkt allerdings nicht.

Mir war klar, dass ich mich auf einem verrückten Karussell befand, das sich unkontrolliert im Kreis drehte. Ich schien unfähig zu sein abzusteigen, doch ich wollte natürlich auch nicht, dass die Polizei mich aus diesem Strudel zog.

Ich war erst knappe drei Stunden in Paris, als ich

Monique Lavalier kennen lernte und eine Beziehung anfing, die nicht nur meine Aussichten auf weitere Betrügereien erweiterte, sondern letztendlich dazu führte, dass mein Bienenkorb zerstört wurde. Rückblickend schulde ich Monique Dank. Ebenso Pan Am, auch wenn einige der leitenden Angestellten der Firma das bezweifeln würden.

Monique war Stewardess bei der Air France. Ich traf sie in der Bar des Windsor Hotels, wo sie und einige Dutzend anderer Crew-Mitglieder eine Party für einen Captain gaben, der in den Ruhestand ging. Falls mir der Ehrengast schon einmal begegnet war, konnte ich mich nicht daran erinnern – ich war fasziniert von Monique. Sie war berauschend und spritzig wie der Champagner, der serviert wurde. Einer der Ersten Offiziere der Air France sah mich in meiner Pan-Am-Uniform, als ich eincheckte, und lud mich zu der Party ein. Er kam sofort auf mich zu und schob mich in die Bar. Meine Proteste erstickten im Keim, als er mir Monique vorstellte.

Sie war ebenso charmant und besaß die gleichen guten Eigenschaften wie Rosalie, allerdings nicht deren Hemmungen. Offensichtlich machte ich auf sie den gleichen Eindruck wie sie auf mich. Während der Zeit, die ich in Paris verbrachte, und den darauf folgenden Besuchen wurden wir unzertrennlich. Sollte sie jemals mit dem Gedanken an Heirat gespielt haben, erwähnte sie das nie. Allerdings nahm sie mich drei Tage, nachdem wir uns kennen gelernt hatten, mit nach Hause und stellte mich ihrer Familie vor. Die Lavaliers waren entzückende Leute; vor allem Papa Lavalier hatte es mir angetan.

Er war Drucker von Beruf und führte eine kleine Druckerei am Rand von Paris. Mir kam sofort eine Idee, wie ich meine Scheckbetrügereien mit den Formularen der Pan Am verbessern konnte.

»Ich habe gute Verbindungen zu den Büros der Pan

Am«, erwähnte ich beiläufig während des Mittagessens. »Vielleicht kann ich Ihnen einige Aufträge für Drucksachen beschaffen.«

Papa Lavalier strahlte. »Ja, ja!«, rief er aus. »Für alles, was benötigt wird, werden wir unser Bestes geben. Wir wären sehr dankbar, Monsieur.« Monique fungierte als Dolmetscherin, denn keines der Familienmitglieder sprach auch nur ein Wort Englisch. Am Nachmittag führte mich ihr Vater durch die Firma, die er gemeinsam mit zwei von Moniques Brüdern führte. Außerdem hatte er noch einen Angestellten, einen jungen Mann, der, wie auch Monique, gebrochen Englisch sprach. Papa Lavalier versicherte mir jedoch, dass er und seine Söhne sich persönlich um alle Aufträge kümmern würden, die ich der kleinen Druckerei beschaffen könne. »Mein Vater und meine Brüder können auch englischsprachige Formulare jeglicher Art drucken«, erklärte Monique stolz. »Sie sind die besten Drucker in ganz Frankreich.«

Ich besaß immer noch den originalen Gehaltsscheck, den ich für die Stewardess in Mexiko eingelöst hatte. Bei genauer Betrachtung stellte ich den Unterschied zu meiner fantasiereichen Version eines Pan-Am-Schecks fest. Meine Imitationen waren sicher beeindruckend, sonst hätte ich nicht so viele davon unter die Leute bringen können, doch wenn man eine davon direkt neben den echten Scheck legte, schien sie beinahe zu schreien: »Fälschung!« Offensichtlich hatten die Kassierer, die mir die falschen Schecks eingelöst hatten, noch nie einen echten Pan-Am-Scheck in Händen gehalten.

Allerdings rechnete ich damit, dass Pan-Am-Schecks europäischen Bankangestellten sehr vertraut waren, da die Fluggesellschaft ihre Geschäfte hauptsächlich außerhalb der Vereinigten Staaten erledigte. Diesen Gedanken hatte ich bereits in London gehabt, als der Kassierer einer der Banken, die ich geprellt hatte, mein Kunstwerk sehr sorgfältig studierte.

»Das ist ein Scheck für Reisespesen«, hatte ich erklärt und auf die fett gedruckten schwarzen Buchstaben gedeutet.

»Ach ja, natürlich«, hatte er erwidert und mit leichtem Zögern den Scheck eingelöst.

Nun hatte ich eine andere Idee. Vielleicht hatte Pan Am Schecks in anderen Schriftarten und Farben für verschiedene Kontinente. Bevor ich meine Pläne weiterentwickelte, wollte ich diese Theorie besser nachprüfen. Am nächsten Morgen rief ich im Pariser Büro von Pan Am an und bat, mit jemandem von der Buchhaltung verbunden zu werden. Man stellte mich zu einem Mann durch, der sich sehr jung und unerfahren anhörte und Letzteres auch war, wie sich herausstellte. Allmählich war ich davon überzeugt, dass es sich bei den Telefonistinnen immer um meine persönlichen Glücksfeen handelte.

»Hier spricht Jack Rogers von Daigle Freight Forwarding«, stellte ich mich vor. »Ich habe einen Scheck vorliegen und glaube, dass Ihre Firma ihn uns versehentlich geschickt hat.«

»Wie kommen Sie darauf, Mr. Rogers?«, fragte er.

»Weil ich einen Scheck über 1900 Dollar von Ihrem Haus in New York hier habe, dazu aber keine passende Rechnung entdecken kann«, erwiderte ich. »Ich kann in meinen Unterlagen nichts darüber finden, einen Auftrag diesbezüglich erledigt zu haben. Haben Sie einen Ahnung, wofür dieser Scheck ist?«

»Im Moment nicht, Mr. Rogers. Sind Sie sicher, dass dieser Scheck von uns ist?«

»Scheint so. Es ist ein normaler grüner Scheck mit der großen Überschrift Pan American und er ist über 1900 Dollar auf uns ausgestellt.«

»Mr. Rogers, das klingt nicht nach einem unserer Schecks«, erklärte der junge Mann. »Unsere Schecks sind blau und überall in blasser Schrift mit den Worten

›Pan Am – Pan Am – Pan Am‹ bedruckt. Außerdem ist ein Globus abgebildet. Ist das bei Ihrem auch so?«

Ich hielt den Scheck der Stewardess in der Hand. Er hatte ihn perfekt beschrieben, aber das sagte ich ihm nicht. »Haben Sie einen Pan-Am-Scheck vorliegen?«, fragte ich in dem Tonfall eines Mannes, der seine Zweifel ausgeräumt haben möchte.

»Ja, schon, aber …«

Ich schnitt ihm das Wort ab. »Von wem ist er unterzeichnet? Wie lautet der Name des Rechnungsprüfers?«, fragte ich.

Er gab mir den gleichen Namen an, der auf dem Scheck in meiner Hand zu lesen war.

»Und die kleine Zahlenreihe ganz unten?« Ich ließ nicht locker.

»Nun, 02 …« Er las mir rasch die Nummer vor. Sie war identisch mit der auf dem Scheck der Stewardess.

»Nein, das ist nicht der Name auf diesem Scheck, und die Zahlen stimmen auch nicht«, log ich. »Aber Sie arbeiten doch mit Chase Manhattan zusammen, nicht wahr?«

»Das schon, aber das tun viele andere Firmen auch. Sie könnten einen Scheck von einer Firma bekommen haben, die unter dem Namen Pan American arbeitet. Ich glaube nicht, dass Sie einen von unseren Schecks haben, Mr. Rogers. Sie sollten ihn mit einem entsprechenden Schreiben zurückschicken«, schlug er hilfsbereit vor.

»Ja, das werde ich tun. Danke.«

Monique flog zwei Tage lang die Route Berlin-Stockholm-Kopenhagen für Air France und hatte dann weitere zwei Tage Dienst. Kaum war sie wieder in der Luft, stand ich schon bei ihrem Vater im Laden. Er war erfreut mich zu sehen, und mit der Hilfe meiner Französischkenntnisse, die ich von meiner Mutter hatte, und dem Englisch des jungen Druckers hatten wir keine Schwierigkeiten, uns zu verständigen.

190

Ich zeigte ihm den Scheck von der Pan-Am-Stewardess, bei dem ich ihren Namen und den Betrag abgedeckt hatte. »Ich habe mit unserem Büro gesprochen«, erklärte ich. »Im Augenblick lassen wir die Schecks in Amerika herstellen, eine recht kostspielige Angelegenheit. Ich sagte unseren Leuten, Sie könnten das auch erledigen, und wir hätten beträchtliche Einsparungen. Glauben Sie, Sie können diesen Scheck vervielfältigen und in die Form eines Scheckbuchs für Gehaltsschecks bringen?

Wenn ja, bin ich berechtigt, Ihnen einen Probeauftrag über zehntausend Stück zu erteilen, vorausgesetzt, Sie können den New Yorker Preis unterbieten.«

Er untersuchte den Scheck. »Und wie viel verlangt Ihre Druckerei in New York dafür, Monsieur?«, fragte er.

Ich hatte nicht die geringste Ahnung, aber ich nannte ihm einen Betrag, von dem ich hoffte, dass er keine Beleidigung für Drucker in New York darstellte. »350 Dollar für tausend Stück«, sagte ich.

Er nickte. »Ich kann Ihrer Firma dieses Produkt in der gleichen Qualität herstellen, und das zu 200 Dollar per tausend Stück«, sagte er eifrig. »Ich bin sicher, Sie werden mit unserer Arbeit zufrieden sein.«

Dann zögerte er peinlich berührt. »Monsieur, ich weiß, Sie und meine Tochter sind gut befreundet, und ich vertraue Ihnen ganz und gar, aber es ist so üblich, dass wir einen Vorschuss von fünfzig Prozent erhalten«, sagte er entschuldigend.

Ich lachte. »Ich werde Ihnen den Vorschuss noch heute Nachmittag besorgen«, erwiderte ich.

Dann ging ich in meiner Pan-Am-Uniform zu einer Pariser Bank und legte einem der Bankangestellten 1000 Dollar auf den Schalter. »Ich möchte einen Barscheck über diesen Betrag, bitte. Der Aussteller ist Pan American World Airways und der Empfänger Maurice Lavalier und Söhne, Druckerei.«

Am Nachmittag lieferte ich den Scheck ab und Papa Lavalier hatte ein Muster am nächsten Tag fertig. Ich untersuchte die Arbeit und hätte am liebsten laut gejubelt. Die Schecks waren wundervoll. Nein, einfach prachtvoll. Echte Pan-Am-Schecks, vier auf einer Seite, fünfundzwanzig Seiten in einem Buch, perforiert und aus dickem Papier. Ich fühlte mich, als hätte ich einen Berggipfel bezwungen – auf alle Fälle war das der Höhepunkt eines Scheckbetrügers.

Papa Lavalier erledigte den gesamten Auftrag innerhalb einer Woche, und ich gab ihm einen weiteren echten Barscheck, der den Eindruck erweckte, als sei er von Pan Am ausgestellt.

Papa Lavalier überreichte mir seine Rechnungen und Quittungen und war erfreut, dass ich zufrieden war. Er hatte noch nie mit Amerikanern Geschäfte gemacht, deshalb kam ihm wohl nie der Verdacht, dass unsere Transaktion ein wenig seltsam war. Seine Tochter verbürgte sich für mich und die von der Pan Am ausgestellten Schecks waren gültig.

»Ich hoffe, wir können noch mehr für Ihre Firma tun, mein Freund«, sagte er.

»Das werden Sie«, versicherte ich ihm. »Ihre Arbeit gefällt uns so gut, dass wir sogar möglicherweise andere Firmen an Sie verweisen werden.«

Und es gab weitere Aufträge, alle erfunden und von mir persönlich erteilt. Papa Lavalier stellte niemals etwas in Zweifel, worum ich ihn bat. Nachdem er mir die 10 000 Pan-Am-Schecks geliefert hatte, war er mein Drucker für jegliche Fälschungen, die ich brauchte oder haben wollte, ein unschuldiger Leichtgläubiger, der mir dankbar dafür war, dass ich ihm die Tür zum ›amerikanischen Markt‹ geöffnet hatte.

Natürlich hatte ich keine Verwendung für 10 000 Pan-Am-Schecks. Die Größe der Bestellung sollte nur von jeglichem Verdacht ablenken. Selbst Papa Lavalier

wusste, dass Pan Am zu den Riesen in der Luftfahrt gehörte. Eine kleinere Lieferung hätte ihn misstrauisch
machen können.

Ich behielt tausend Stück und fütterte mit dem Rest
die Verbrennungsanlagen in Paris. Dann kaufte ich mir
eine elektrische IBM-Schreibmaschine, stellte mir selbst
einen Scheck für 781,45 Dollar aus und reichte ihn in
meiner Verkleidung als Pilot bei der nächsten Bank ein.

Es war eine kleine Bank. »Monsieur, ich bin sicher,
dass dieser Scheck gedeckt ist, aber wir müssen ihn bestätigen lassen, bevor wir ihn einlösen«, sagte der Bankangestellte mit einem schiefen Lächeln. »Wir sind nicht
berechtigt, auf Kosten der Bank Auslandsgespräche zu
führen. Wenn Sie für das Telefonat zahlen würden …«
Er sah mich fragend an.

Ich zuckte mit den Schultern. »Natürlich. Ich werde
die Kosten übernehmen.«

Solche Vorsichtsmaßnahmen hatte ich nicht erwartet,
aber ich war nicht beunruhigt. Und ich hatte unabsicht-
lich eine Zeit gewählt, zu der es möglich war, den Wert
meiner Fälschung zu überprüfen. In Paris war es drei
Uhr fünfzehn. Die Banken in New York hatten seit fünfzehn Minuten geöffnet. Und es dauerte in etwa so lange, bis der Kassierer mit der Buchhaltung der Chase
Manhattan Bank verbunden war. Der Franzose sprach
fließend Englisch, wenn auch mit Akzent. »Ich habe hier
einen Scheck, vorgelegt von einem Pan-American-Pilo-
ten, ausgestellt auf Ihr Haus. Der Betrag lautet 781,45
Dollar«, sagte er und gab die Kontonummer am unteren linken Rand des falschen Schecks durch.

»Ich verstehe, ja, vielen Dank … Oh, das Wetter ist
herrlich hier, danke.« Lächelnd legte er auf. »Immer
wenn ich mit Amerika telefoniere, wollen sie wissen,
wie das Wetter ist.« Er reichte mir den Scheck zur Unterschrift und begann, die Summe, abzüglich der Tele-
fonkosten, abzuzählen. Unter Berücksichtigung der

Umstände war das ein annehmbarer Betrag für diese Dienstleistung.

Ich überschwemmte Paris und die Vororte mit meinen gefälschten Schecks und mietete mir ein Tresorfach, das ich für fünf Jahre im Voraus bezahlte. Darin verstaute ich meine Beute. Nur sehr selten wurde ein Scheck überprüft, und wenn, dann ging es immer nur um die Verifikation. Hatten die Banken in New York geschlossen, kehrte ich zu den Öffnungszeiten wieder zurück. Nur ein einziges Mal erlebte ich eine brenzlige Situation. Anstatt sich mit Chase Manhattan in Verbindung zu setzen, rief der Kassierer Pan Ams Buchhaltungsabteilung in New York an! Mein Name wurde zwar nicht erwähnt, aber ich hörte, wie der Kassierer den Namen der Bank, die Kontonummer und den Namen des Pan-Am-Prüfers durchgab.

Pan Am musste diesen Scheck verifiziert haben, denn ich bekam das Geld.

Ich war erstaunt, wie leicht und glatt meine neue Operation ablief. Meine Güte, jetzt wurden meine gefälschten Schecks über Telefon direkt von Pan Am verifiziert! Ich mietete einen Wagen, und wenn Monique Dienst hatte, fuhr ich durch Frankreich und löste die Schecks in allen kleinen Banken auf dem Land sowie auch in den großen Filialen der Städte ein, die mir ins Auge fielen. Mein Verdacht hat sich nie wirklich bestätigt, aber in späteren Monaten und Jahren dachte ich oft, dass ich mit diesen besonderen Pan-Am-Schecks deshalb so erfolgreich war, weil Pan Am sie tatsächlich bezahlte!

Papa Lavalier erhielt eine Menge Aufträge von mir. Ich ließ von ihm einen neuen Pan-Am-Ausweis anfertigen, der viel eindrucksvoller aussah als meine eigene Fälschung. Ein echter Pan-Am-Pilot hatte seinen Ausweis leichtsinnigerweise in einer Bar im Windsor liegen lassen. »Ich gebe ihn ihm zurück«, erklärte ich dem Barkeeper. Ich schickte ihn dann auch an das Büro der Pan Am in New York, allerdings erst, nachdem Papa Lavalier mir eine Kopie mit meinem falschen Namen, angeblichem Rang und einem Foto von mir angefertigt hatte.

Ich hatte Lavalier vorgemacht, dass ich als Repräsentant der Pan Am in Paris für Public Relations zuständig war. Einen Monat, nachdem ich Monique kennen gelernt hatte, sagte ich ihr, ich müsse wieder als Stand-by-Pilot fliegen und nahm eine Maschine nach New York. Ich kam an einem Dienstag kurz vor Mittag an, ging sofort zu der nächstgelegenen Filiale der Chase Manhattan Bank und kaufte einen Barscheck über 1200 Dollar. Als Aussteller gab ich Roger D. Williams an, und Frank W. Williams als Empfänger.

Noch am selben Tag flog ich nach Paris zurück, nahm mir dieses Mal ein Zimmer im King George V. und änderte dort die Nummer des Distrikts der Bundesbank auf dem Scheck, sodass er nach der Einlösung nach San Francisco oder Los Angeles wandern würde.

Dann brachte ich den Scheck zu Papa Lavalier. »Ich brauche dreihundert Stück davon«, sagte ich.

Ich rechnete damit, dass er eine Vervielfältigung infrage stellen würde, da es sich offensichtlich um eine Zahlungsanweisung handelte. Später erfuhr ich, dass er nie wirklich gewusst hatte, was er für mich druckte; er erledigte meine Aufträge in blindem Vertrauen in meine Integrität.

Nachdem ich die dreihundert Kopien bekommen hatte, alle ein exaktes Abbild des Originals, flog ich nach New York. Allein in der Innenstadt befinden sich hundertzwölf Filialen der Chase Manhattan Bank. Innerhalb der nächsten drei Tage ging ich zu sechzig davon und legte einen meiner Ausfertigungen vor. Nur einmal in diesen sechzig Fällen kam es zu mehr als einem flüchtigen Gespräch.

»Sir, ich weiß, dies ist ein Scheck der Chase, aber er

wurde nicht in dieser Filiale ausgestellt«, sagte die Angestellte entschuldigend. »Ich muss die zuständige Bank anrufen. Können Sie einen Augenblick warten?«

»Natürlich, nur zu«, erwiderte ich leichthin.

Sie erledigte das Telefonat in meiner Hörweite. Kein Punkt dieser Unterhaltung überraschte mich. »Ja, hier ist Janice in Queens. Barscheck 023685. Können Sie mir sagen, auf wen und wann er ausgestellt wurde, und den Betrag und den Status des Schecks nennen?« Sie wartete und wiederholte dann offensichtlich, was sie erfahren hatte. »Frank W. Williams, 1200 Dollar, 5. Januar, derzeit ausstehend. Ja, den habe ich hier. Vielen Dank.«

»Es tut mir Leid, Sir.« Sie lächelte mich an und reichte mir das Bargeld.

»Schon in Ordnung«, erwiderte ich. »Und Sie sollten sich niemals dafür entschuldigen, dass Sie Ihre Arbeit korrekt erledigen.« Das war meine ehrliche Meinung. Dieses Mädchen hatte sich zwar hereinlegen lassen, aber sie gehörte trotzdem zu der Art von Angestellten, die Banken einstellen sollten. Und durch sie sparte Chase eine Menge Geld. Eigentlich hatte ich vorgehabt, in mindestens hundert Filialen gut abzuräumen, doch nachdem sie das Telefonat geführt hatte, beließ ich es bei dieser Gaunerei.

Ich fand, ich konnte mir keinen weiteren Anruf bei der Bank leisten, die den Originalscheck ausgestellt hatte. Ich wusste, dass ich das Glück auf meiner Seite hatte, aber ich konnte nicht riskieren, dass derselbe Angestellte in der Buchhaltung den Anruf entgegennahm, falls noch einmal ein Kassierer beschloss, einen meiner Schecks zu überprüfen.

New York machte mich nervös. Ich hatte das Gefühl, ein Klimawechsel wäre wieder einmal angebracht, konnte mich jedoch nicht entscheiden, ob ich nach Paris und zu Monique zurückkehren oder an einen anderen neuen und aufregenden Ort reisen sollte.

Während ich noch darüber nachdachte, flog ich erst einmal nach Boston, wo ich schließlich im Gefängnis landete und eine Bank ausraubte. Ersteres war ein Schock, wie eine nicht geplante Schwangerschaft, Letzteres das Ergebnis eines unwiderstehlichen Drangs.

Nach Boston flog ich nur, um aus New York herauszukommen. Ich hielt die Stadt für eine Weiterreise für ebenso gut wie jeden anderen Ort an der Ostküste. Außerdem gab es dort eine Menge Banken. Nach meiner Ankunft verstaute ich mein Gepäck in einem Schließfach am Flughafen, legte den Schlüssel dafür in mein Mäppchen mit meinem Ausweis und besuchte einige Banken. Ich tauschte meine gefälschten Schecks gegen Bargeld und fuhr am frühen Abend zurück zum Flughafen, in der Absicht, so bald als möglich einen Überseeflug zu bekommen. Auf meinem Raubzug durch Bean Town hatte ich 5000 Dollar erschlichen. Davon steckte ich 4800 Dollar in eine meiner Reisetaschen, bevor ich nachsah, welche Flüge ins Ausland noch an diesem Abend verfügbar waren.

Ich konnte mir allerdings erst am späten Abend einen Überblick verschaffen. Als ich mich vor dem Schließfach umdrehte, traf ich auf eine hübsche Stewardess von Allegheny Airlines, die ich aus der Zeit kannte, in der mein Pilotendasein ohne Geschäftsbereich noch in den Kinderschuhen steckte.

»Frank! Was für eine nette Überraschung!«, rief sie. Natürlich mussten wir unser Wiedersehen feiern. Ich traf erst nach dreiundzwanzig Uhr wieder auf dem Flughafen ein. Mittlerweile hatte ich beschlossen, nach Miami zu fliegen und von dort aus einen Anschlussflug nach Übersee zu nehmen.

Ich ging zum Schalter der Allegheny Airlines. »Wann geht der nächste Flug nach Miami?«, fragte ich den Angestellten im Dienst. Ich trug jetzt wieder meine Uniform.

»Den haben Sie gerade verpasst.« Der Mann verzog das Gesicht.

»Und wer fliegt als Nächster ab? National? American?«

»Niemand«, antwortete er. »Flüge nach Miami haben wir erst morgen wieder. Nach Mitternacht geht hier gar nichts mehr. Wir haben jetzt Vorschriften zur Lärmkontrolle und nach Mitternacht darf keine Maschine mehr starten. Kein Flugzeug, egal von welcher Fluggesellschaft, darf vor sechs Uhr dreißig morgens abheben, und der erste Flug nach Miami geht um zehn Uhr fünfzehn mit National.«

»Aber es ist erst zwanzig Minuten vor zwölf«, wandte ich ein.

Er grinste. »Okay. Wollen Sie nach Burlington, Vermont? Das ist der letzte Flug für heute.«

Unter Berücksichtung der Umstände lehnte ich ab. Ich setzte mich in der Lobby auf einen Stuhl und grübelte über die Situation nach. Die Lobby, wie die meisten großen Flughafenhallen, war von Geschenkeläden, Cafés, Bars und verschiedenen anderen Geschäften umgeben. Während ich nachdachte, bemerkte ich, dass die meisten Läden gerade schlossen. Mein Interesse erwachte, als mir auffiel, dass viele der Inhaber an dem Nachttresor einer großen Bostoner Bank vorbeigingen, die in der Nähe eines Ausgangs in der Mitte lag. Sie schoben kleine Taschen oder dicke Kuverts durch den stählernen Schlitz – offensichtlich ihre Tageseinnahmen.

Ich wurde in meiner Beobachtung unterbrochen, als mich jemand in eisigem Ton ansprach.

»Frank Abagnale?«

Ich sah auf und versuchte, die aufsteigende Panik zu unterdrücken. Vor mir standen, mit grimmigem Gesichtsausdruck, zwei hoch gewachsene Beamte der Staatspolizei Massachusetts.

»Sie sind doch Frank Abagnale, nicht wahr?«, herrschte mich der eine an.

»Mein Name ist Frank, allerdings Frank Williams«, sagte ich und war überrascht, wie ruhig und gelassen meine Antwort klang.

»Können wir bitte Ihren Ausweis sehen?«, fragte der andere. Seine Stimme klang höflich, doch der Ausdruck in seinen Augen verriet, dass er mich an den Fußknöcheln packen und mir den Ausweis aus den Taschen schütteln würde, sollte ich dieser Aufforderung nicht prompt nachkommen.

Ich reichte ihm meinen Ausweis und meine gefälschte Pilotenlizenz der FAA. »Ich weiß nicht, was das alles soll, aber hier scheint es sich um einen gewaltigen Irrtum zu handeln«, sagte ich und deutete auf die Dokumente. »Ich fliege für Pan American und diese Papiere sollten ein ausreichender Beweis dafür sein.«

Der eine sah sich den Ausweis und die Lizenz genau an und gab sie dann an seinen Kollegen weiter. »Warum hören Sie nicht mit diesem Mist auf, Junge? Sie sind doch Frank Abagnale, nicht wahr?«, sagte der Zweite beinahe freundlich.

»Frank wer?«, fragte ich in gespieltem Protest und Zorn, um meine zunehmende Nervosität zu verbergen. »Zum Teufel, ich habe keine Ahnung, hinter wem Sie her sind, aber ich bin es nicht!«

Der eine runzelte die Stirn. »Wir haben nicht vor, hier herumzustehen und uns mit Ihnen zu streiten«, knurrte er. »Kommen Sie, wir nehmen Sie mit.«

Sie fragten mich nicht, wo ich mein Gepäck hätte, und freiwillig verriet ich es ihnen natürlich nicht. Sie führten mich hinaus, setzten mich in ihren Streifenwagen und fuhren mich direkt zum Revier der Staatspolizei. Dort wurde ich in das Büro eines abgehetzt wirkenden Lieutenants geführt, der, wie ich annahm, der Leiter dieser Schicht war.

»Was zum Teufel ist los?«, fragte er aufgebracht.

»Nun, wir glauben, dass das Frank Abagnale ist, Lieutenant«, sagte der eine Polizist. »Er behauptet, er sei Pilot bei der Pan Am.«

Der Lieutenant nahm mich in Augenschein. »Sie wirken noch nicht alt genug, um Pilot zu sein«, sagte er. »Warum sagen Sie uns nicht die Wahrheit? Sie sind Frank Abagnale. Wir suchen schon sehr lange nach ihm. Auch er ist angeblich Pilot. Sie passen genau zu seiner Beschreibung.«

»Ich bin dreißig Jahre alt, mein Name ist Frank Williams und ich fliege für Pan Am. Und nun will ich mit meinem Anwalt sprechen«, brüllte ich.

Der Lieutenant seufzte. »Noch werden Sie nicht angeklagt«, sagte er. »Bringt ihn wegen Landstreicherei ins Gefängnis der Stadt und lasst ihn einen Anwalt anrufen. Und gebt dem FBI Bescheid. Er ist ihr Fall. Sollen Sie sich damit beschäftigen.«

»Landstreicherei!«, protestierte ich. »Ich bin kein Landstreicher. Ich habe an die 200 Dollar bei mir.«

Der Lieutenant nickte. »Schön, aber Sie haben noch nicht nachgewiesen, dass Sie ein geregeltes Einkommen beziehen«, sagte er müde. »Bringt ihn hier raus.«

Man brachte mich in das Staatsgefängnis im Geschäftsviertel von Boston. Das Gebäude sah so aus, als hätte es schon vor langem für unbewohnbar erklärt werden sollen, oder als wäre das schon geschehen. Man übergab mich einem Sergeant in der Aufnahme.

»Zum Teufel, was hat der denn angestellt?«, fragte er neugierig und musterte mich.

»Sperr ihn wegen Landstreicherei ein. Er wird am Morgen abgeholt«, sagte der eine Polizist.

»Ein Landstreicher!«, brüllte der Sergeant. »Verdammt, wenn das ein Landstreicher sein soll, dann hoffe ich nur, ihr Jungs bringt mir niemals richtige Tippelbrüder hierher.«

»Nimm ihn einfach auf«, brummte der eine Polizist und verließ mit seinem Partner den Raum.

»Leer deine Taschen aus, Junge«, befahl der Sergeant barsch und holte ein Formular in dreifacher Ausfertigung aus einer Schublade. »Ich gebe dir eine Quittung für deine Sachen.«

Ich begann, meine Wertsachen auszupacken und ihm vorzulegen. »Kann ich meinen Ausweis und meine Pilotenlizenz behalten?«, fragte ich. »Die Firma schreibt vor, dass ich sie jederzeit bei mir haben muss. Ich bin zwar nicht sicher, ob das auch gilt, wenn man verhaftet wird, aber wenn es Ihnen nichts ausmacht, würde ich sie gern behalten.«

Der Sergeant untersuchte die Karte und die Lizenz und schob sie mir zu. »Na klar«, erwiderte er freundlich. »Ich würde sagen, hier handelt es sich um ein Missverständnis, Junge. Ich bin froh, dass ich nichts damit zu tun habe.«

Ein Gefängniswärter führte mich die Treppe hinauf und in eine schmutzige, verrostete Zelle neben dem Wassertank. »Ruf, wenn du irgendetwas brauchst«, sagte er teilnahmsvoll.

Ich nickte wortlos und ließ mich auf die Pritsche fallen. Mit einem Mal fühlte ich mich deprimiert und elend und ich hatte Angst. Ich musste mir eingestehen, dass das Spiel wohl vorbei war. Das FBI würde mich am Morgen abholen, das war mir klar. Danach würde ich wohl von einem Gerichtssaal in den anderen wandern. Ich sah mich in der Zelle und hoffte, dass andere Gefängnisse weniger verrottet waren. Meine Güte, das war ein richtiges Rattenloch. Und ich hatte keine Hoffnung, hier herauszukommen. Doch Hoffnung fehlte wohl jedem Mann, der den Gott der Betrüger anbetete, dachte ich reumütig.

Doch selbst der Gott der Betrüger verfügt über eine Schar von Engeln. Und einer davon erschien mir nun.

Er stieß ein dünnes, zittriges Pfeifen aus, wie ein Kind, das versucht sich auf einem Friedhof Mut zu machen. Die Erscheinung, die an der Zellentür stehen blieb, trug einen scheußlichen grünkarierten Anzug und hatte ein Gesicht wie ein Hummer frisch aus dem Topf. Zwischen seinen fragend verzogenen Lippen steckte eine stinkende Zigarre, und er betrachtete mich wie ein Wiesel eine Maus.

»Was zum Teufel tun Sie denn hier?«, fragte er, auf seiner Zigarre kauend.

Ich hatte keine Ahnung, wer das war. Er sah nicht so aus, als könne er mir in irgendeiner Weise helfen. »Landstreicherei«, antwortete ich knapp.

»Landstreicherei!«, rief er und musterte mich mit scharfem Blick. »Sie sind Pilot bei der Pan Am, oder? Wie können Sie dann ein Landstreicher sein? Hat jemand alle Ihre Flugzeuge gestohlen?«

»Wer sind Sie?«, wollte ich wissen.

Er fasste in seine Jackentasche und schob eine Karte durch das Gitter. »Aloyius James ›Bailout‹ Bailey, mein hoch fliegender Freund«, sagte er. »Experte für die Entlassung auf Kaution von Untersuchungsgefangenen. Die Cops bringen sie rein, ich hol sie wieder raus. Im Augenblick befinden Sie sich auf deren Grund und Boden, mein Junge. Ich kann Sie auf meinen bringen – die Straße.«

Hoffnung überschwemmte mich nicht gerade wie eine gewaltige Woge, regte sich aber leicht in meiner Brust.

»Ich werde Ihnen die Wahrheit sagen«, begann ich vorsichtig. »Da war dieser Kerl am Flughafen, der ein Mädchen belästigt hat. Ich verprügelte ihn und wir wurden beide wegen dieser Rauferei eingeliefert. Ich hätte mich raushalten sollen. Wahrscheinlich verliere ich meinen Job, wenn der Kapitän erfährt, dass ich im Knast sitze.«

Er starrte mich ungläubig an. »Was zum Teufel sagen Sie da? Sie haben niemanden, der die Kaution für Sie stellt? Um Himmels willen, rufen Sie einen Ihrer Freunde an.«

Ich zuckte mit den Schultern. »Ich habe hier keine Freunde. Ich habe eine Chartermaschine mit Fracht geflogen. Stationiert bin ich in Los Angeles.«

»Und was ist mit dem Rest Ihrer Crew?«, wollte er wissen. »Rufen Sie einen von denen an.«

»Sie sind nach Istanbul geflogen«, log ich. »Ich habe mir frei genommen und wollte nach Miami, um dort ein Mädchen zu treffen.«

»Verdammt! Da sitzen Sie aber wirklich ganz schön in der Scheiße«, stellte Aloyius James ›Bailout‹ Bailey fest. Dann lächelte er und seine Gesichtszüge nahmen den Charme eines lustigen Kobolds an. »Nun, mein Kampfpilot und Kumpel, dann wollen wir mal sehen, ob wir Ihren Hintern aus dieser Bostoner Bastille herausbekommen.«

Er verließ mich und war für quälend lange zehn Minuten verschwunden. Dann kam er wieder zu meiner Zelle geschlurft. »Verdammt, die haben Ihre Kaution auf 5000 Dollar festgesetzt«, erklärte er überrascht. »Der Sarge sagt, Sie hätten den Polizisten ganz schön die Hölle heiß gemacht. Wie viel Geld haben Sie bei sich?«

Meine Hoffnungen sanken beträchtlich. »Nur 200 Dollar, wenn überhaupt«, seufzte ich.

Er kniff die Augen zusammen und dachte über meine Antwort nach. »Können Sie sich ausweisen?«

»Natürlich.« Ich reichte ihm meinen Ausweis und die Pilotenlizenz durch die Gitterstäbe. »Da können Sie sehen, wie lange ich schon Pilot bin. Seit sieben Jahren arbeite ich für Pan Am.«

Er gab mir die Dokumente zurück. »Haben Sie einen Inhaberscheck?«, fragte er.

»Ja, das heißt, der Sergeant unten hat ihn«, erklärte ich. »Warum?«

»Weil ich ihn an mich nehmen werde, Jet-Jockey«, sagte er grinsend. »Sie können ihn ausstellen, wenn der Sarge Sie rauslässt.«

Fünfunddreißig Minuten später ließ der Sarge mich frei. Ich schrieb Bailey einen Scheck über die üblichen zehn Prozent aus, also über 500 Dollar, und reichte ihm einen 100-Dollar-Schein. »Das ist ein Bonus, anstelle eines Kusses«, sagte ich und lachte begeistert. »Ich würde Sie auch küssen, wäre da nicht diese verdammte Zigarre!«

Er fuhr mich zum Flughafen, nachdem ich ihm gesagt hatte, ich würde den ersten Flug nach Miami nehmen.

Was später geschah, erfuhr ich aus zuverlässiger Quelle, wie die Reporter des Weißen Hauses sich gern ausdrücken. Begeistert und in Hochstimmung tauchte O'Riley im Gefängnis auf. »Bringt mir sofort Abagnale, oder wie immer sein Name auch lauten mag, unter dem ihr ihn aufgenommen habt«, gluckste er vernügt.

»Er ist heute Morgen um drei Uhr gegen Kaution freigelassen worden«, erklärte einer der Wärter. Der Sergeant war bereits nach Hause gegangen.

O'Riley war einem Herzinfarkt nahe. »Kaution! Kaution! Wer zum Teufel hat ihm die Kaution besorgt?«, brachte er schließlich erstickt hervor.

»Bailey ›Bailout‹ Bailey, wer sonst?«, erwiderte der Aufseher.

O'Riley kochte vor Wut und suchte Bailey auf. »Hast du heute Morgen die Kaution für einen Frank Williams in die Wege geleitet?«, fragte er.

Bailey sah ihn verwundert an. »Für den Piloten? Natürlich, das war ich. Warum auch nicht?«

»Wie hat er dich bezahlt? Wie viel?«, stieß O'Riley zwischen den Zähnen hervor.

»Na, den üblichen Betrag – 500 Dollar. Hier ist sein Scheck.« Er zeigte den Schein vor.

O'Riley sah sich den Scheck an und warf ihn auf Baileys Schreibtisch. »Geschieht dir recht«, knurrte er und wandte sich zur Tür.

»Was meinen Sie damit?«, fragte Bailey, als der FBI-Agent die Hand auf die Klinke legte.

O'Riley grinste schadenfroh. »Geh damit zu deiner Bank, du Dummkopf, dann wirst du schon sehen, was ich meine.«

Draußen wandte sich ein Detective aus Massachusetts an O'Riley. »Wir können eine Fahndung einleiten.«

O'Riley schüttelte den Kopf. »Vergessen Sie es. Dieser Bastard ist bereits fünfhundert Meilen entfernt von hier. Kein Cop in Boston kann ihn schnappen.«

Ein kluger Mann wäre auch fünfhundert Meilen weit weg gewesen. Ich war jedoch nicht klug. Wenn man einmal heiß auf etwas war, kühlte man nur schwer ab. Und ich war so heiß wie ein brünstiger Ziegenbock.

Kaum hatte Bailey mich am Flughafen abgesetzt und war verschwunden, stieg ich in ein Taxi und ließ mich zu einem nahe gelegenen Motel fahren.

Am nächsten Morgen rief ich die Bank an, die eine Filiale am Flughafen hatte. »Sicherheitsabteilung, bitte«, sagte ich, als die Telefonistin sich meldete.

»Sicherheitsabteilung.«

»Hier spricht Connors, der neue Wachmann. Ich habe keine Uniform für die heutige Nachtschicht. Meine ist bei einem verdammten Unfall zerrissen worden. Wo kann ich einen Ersatz dafür bekommen, Lady?«, fragte ich scheinbar wütend.

»Wir besorgen unsere Uniformen bei Beke Brothers«, erwiderte die Frau beschwichtigend. »Gehen Sie einfach dorthin, Mr. Connors. Sie werden Ihnen einen Ersatz beschaffen.«

Zuerst ging ich zu Beke Brothers. Niemand zweifelte

meinen Status an. Innerhalb einer Viertelstunde verließ ich das Geschäft mit der kompletten Ausstattung eines Wachmanns: ein Hemd, eine Krawatte, eine Hose und eine Mütze. Der Name der Bank zierte die Brusttasche und die rechte Schulter des Hemds. Dann hielt ich bei einer Firma, die die Polizei belieferte und kaufte mir einen Sam-Browne-Gürtel mit Halfter. Ich ging in einen Waffenladen und holte mir dort eine Imitation einer .38-Polizeispezialanfertigung. Sie war harmlos, aber nur ein Idiot hätte sie ignoriert, wenn man sie auf ihn richtete. Anschließend mietete ich einen Kombiwagen, und als ich mein Motel verließ, befand sich an jeder Tür ein Schild mit der Aufschrift ›SICHERHEITSABTEILUNG – BEAN STATE NATIONAL BANK‹.

Fünfzehn Minuten nach elf Uhr abends stand ich aufmerksam vor dem Nachttresor der Filiale der Bean State National Bank am Flughafen. Auf einem ordentlich geschriebenen Schild an dem Safe hieß es: ›NACHTTRESOR AUSSER BETRIEB. BITTE ÜBERGEBEN SIE IHRE DEPOSITEN UNSEREM SICHERHEITSBEAMTEN.‹

Vor dem Tresor stand ein Transportwagen mit einem großen, geöffneten Postsack.

Mindestens fünfunddreißig Leute warfen ihre Taschen oder Kuverts in den Container.

Kein Einziger sagte mehr als ›Guten Abend‹ oder ›Gute Nacht‹.

Als das letzte Geschäft geschlossen hatte, nahm ich den Sack aus Segeltuch und begann, meine Beute zu dem Kombiwagen zu schleifen. An der Dichtungsleiste beim Ausgang blieb ich hängen. Egal, wie sehr ich mich auch abmühte, es gelang mir nicht, das verdammte Ding über die kleine Schwelle zu zerren. Es war einfach zu schwer.

»Was ist los, Kumpel?«

Ich wandte mich um und hätte mich beinahe nass gemacht. Es waren zwar nicht dieselben, aber einen guten Meter von mir entfernt standen wieder zwei Polizisten.

»Der Tresor ist kaputt und der Lastwagen hatte eine Panne. Ich habe den Kombiwagen der Bank draußen stehen und das Ding hat keinen hydraulischen Lifter. Und ich bin nicht gerade Samson«, sagte ich mit einem verlegenen Lächeln.

Der Ältere der beiden, ein Rothaariger mit gerötetem Gesicht, lachte. »Na, dann wollen wir Ihnen mal behilflich sein.« Er kam herüber und packte den Griff des Transportwagens. Zu dritt gelang es uns ohne Schwierigkeiten, den Wagen über die Schwelle zu ziehen. Sie halfen mir, den Behälter zu dem Kombi zu schleifen und meine sperrige, unhandliche Fracht auf die Ladefläche des Fahrzeugs zu hieven. Ich schlug die Heckklappe zu und drehte mich zu den Beamten um.

»Ich weiß das zu schätzen, Jungs«, sagte ich lächelnd. »Ich würde euch gern einen Kaffee ausgeben, aber ich muss dieses kleine Vermögen zur Bank bringen.«

Sie lachten und der eine von ihnen hob die Hand. »Kein Problem. Nächstes Mal, okay?«

Eine knappe Stunde später hatte ich meine Beute in mein Motelzimmer gebracht und sortierte das Bargeld aus. Nur Scheine. Das Kleingeld, die Belege für Zahlungen mit Kreditkarten und die Schecks warf ich in die Badewanne.

Ich hatte 62 800 Dollar eingenommen. Nachdem ich mir einen Freizeitanzug angezogen hatte, wickelte ich meinen Fang in ein Hemd und fuhr zum Flughafen. Dort holte ich mein Gepäck und eine Stunde später befand ich mich auf einem Flug nach Miami. Ich hatte eine halbe Stunde Aufenthalt in New York und nützte die Zeit, um den Manager des Bostoner Flughafens anzurufen. Ihn erreichte ich nicht, aber seine Sekretärin. »Hören Sie, sagen Sie den Leuten von der Bean State Bank, Sie können den Großteil der Beute aus dem gestrigen

Überfall auf den Nachttresor in der Badewanne des Zimmers 208 im Rest Haven Motel abholen«, erklärte ich und legte auf.

Am nächsten Tag flog ich von Miami weiter nach Istanbul.

In Tel Aviv hatte ich eine Stunde Aufenthalt.

Ich nützte sie dazu, meinen Ehrenkodex aufrechtzuerhalten. Während meiner gesamten Karriere hatte ich niemals einen anständigen Kerl als Mensch betrogen.

Ich suchte mir die Filiale einer amerikanischen Bank und legte ein Bündel Scheine vor einen Kassierer auf den Schalter.

»Ich möchte einen Barscheck über 5000 Dollar«, sagte ich.

»Ja, Sir. Und Ihr Name?«

»Frank Abagnale, jr.«, gab ich an.

»In Ordnung Mr. Abagnale. Soll dieser Scheck auf Sie ausgestellt werden?«

Ich schüttelte den Kopf. »Nein«, sagte ich. »Er ist zahlbar an Aloyius James ›Bailout‹ Bailey in Boston, Massachusetts.«

8
Eine kleine Crew genügt –
es ist ja nur ein Papierflieger

Von manchen Leuten erwartet man einfach, dass sie mit Gefolge auftreten. Vom Präsidenten zum Beispiel. Von Königin Elizabeth. Von Muhammad Ali. Eigentlich von den meisten Prominenten.

Auch von Flugzeugpiloten.

»Und wo ist Ihre Crew, Sir?«, erkundigte sich der Mann am Empfang des Hotels in Istanbul. Diese Frage hatte man mir schon öfter gestellt.

»Ich habe keine Crew bei mir«, erwiderte ich. »Ich bin gerade erst angekommen, um für einen erkrankten Piloten einzuspringen.« Das war meine Standardantwort bei solchen Gelegenheiten, die sich in Europa und im Nahen Osten häufiger ergaben als in den Vereinigten Staaten. Offenbar waren Hotels außerhalb der USA eher daran gewöhnt, die ganze Flugzeugbesatzung auf einmal zu beherbergen. Ein einsamer Pilot erweckte Neugier.

Und aus Neugier erwächst nicht selten Argwohn.

Also brauchte ich eine Crew, dachte ich mir an diesem Abend beim Essen in einem türkischen Restaurant. Ich hatte die Uniform ausgezogen. Inzwischen trug ich sie nur noch zu besonderen Anlässen, zum Ein- und Auschecken im Hotel und wenn ich einen Scheck einlösen oder kostenlos reisen wollte.

Die Sache mit der Crew hatte ich mir schon öfter überlegt. Sie fiel mir immer dann ein, wenn ich einen Chefpiloten im Kreise seiner Besatzung sah. Er wirkte nicht nur glaubwürdiger als ich, sondern schien sich auch besser zu amüsieren. Ich hatte nämlich beobachtet, dass Stewardessen den Piloten normalerweise von vorne bis hinten bedienten. Hingegen war mein Dasein als falsches Fliegerass mehr oder weniger einsam. Allerdings ist ein Mann auf der Flucht für gewöhnlich ein Einsiedler. Es ist schwer, den Gesellschaftslöwen zu mimen, wenn man wie eine scheue Katze umherschleicht. Deshalb waren meine Flirts eher mit den Liebesabenteuern von Kaninchen zu vergleichen und in etwa ebenso befriedigend.

Selbstverständlich träumte ich nicht nur von einer eigenen Crew, weil ich mich nach Gesellschaft sehnte. Mit einer Besatzung – in diesem Zusammenhang dachte ich immer nur an Stewardessen – würde ich meine Rolle als Pilot um einiges glaubhafter spielen können. Ich hatte die Erfahrung gemacht, dass man einen allein reisenden Piloten meist gründlich unter die Lupe nahm, während einer, der eine Kohorte reizender Stewardessen mit sich führte, fast immer über jeden Verdacht erhaben war. Mit einem Schwarm hübscher Flugbegleiterinnen im Schlepptau konnte ich mit wertlosen Schecks um mich werfen wie mit Konfetti; sie würden ankommen wie Reis auf einer Hochzeit – so hoffte ich wenigstens. Das hieß jedoch nicht, dass ich Schwierigkeiten gehabt hätte, meine Schecks an den Mann zu bringen. Doch ich konnte immer nur einen auf einmal einlösen. Mit einer Crew hinter mir würde ich die gefälschten Schecks scharenweise in Umlauf bringen.

Eine Woche später verließ ich Istanbul und flog nach Athen. »Haben Sie keine Crew bei sich?«, fragte der Mann am Empfang des Hotels. Ich gab ihm die übliche Antwort und fühlte mich bedrängt.

Am folgenden Tag flog ich nach Paris, um die Lavaliers zu besuchen. »Schade, dass du nicht für die Air France fliegst, dann könnte ich zu deiner Besatzung gehören«, meinte Monique irgendwann während meines Aufenthalts. Ihre Bemerkung überzeugte mich davon, dass ich unbedingt eine Crew brauchte.

Doch wie kam ein Pilot ohne Referenzen und ohne Flugkenntnisse an eine Besatzung? Schließlich konnte ich schlecht irgendwelche Mädchen zusammentrommeln und ihnen vorschlagen: »Passt mal auf, Kinder, wollt ihr nach Europa? Ich habe da eine tolle Idee, wie man ungedeckte Schecks einlösen kann …« Und da ich weder in Amerika noch in Europa über die geringsten Kontakte zur Unterwelt verfügte, konnte ich mich an niemanden wenden.

Ich hielt mich gerade in Westberlin auf, als ich eine Lösung fand. Der Plan war zwar ziemlich kompliziert, bedeutete aber gleichzeitig eine Herausforderung. Aus den Bienenkörben der Pan Am war bislang der meiste Honig für mich geflossen. Auch wenn die Fluggesellschaft nicht mein Mutterhaus war, konnte ich mich in gewisser Hinsicht als ihr uneheliches Kind betrachten. Und nun wollte ich die Erfüllung der elterlichen Pflichten einfordern.

Ich würde mir meine Crew bei der Pan Am besorgen.

Also flog ich nach New York und rief gleich nach meiner Ankunft die Personalabteilung der Pan Am an. Ich stellte mich als Berufsberater eines kleinen Colleges an der Westküste vor, des Prescott Presbyterian Normal. »Ich weiß, dass Ihr Unternehmen Personalanwerber an verschiedene Colleges und Universitäten schickt, und ich würde gern wissen, ob Sie in diesem Jahr vielleicht auch unser Institut auf Ihrer Liste haben«, sagte ich.

»Tut mir Leid, haben wir nicht«, erwiderte der Personalsachbearbeiter, der meinen Anruf entgegennahm. »Allerdings werden einige unserer Mitarbeiter in den letzten beiden Oktoberwochen die Universität von Arizona besuchen und mit verschiedenen Studenten Einstellungsgespräche führen. Bestimmt werden Sie sich gerne mit denjenigen Ihrer Studenten unterhalten, die sich für eine Position bei der Pan Am interessieren.

Wenn Sie möchten, schicken wir Ihnen ein paar Broschüren zu.«

»Das wäre nett«, entgegnete ich und gab ihm die erfundene Adresse meines nicht existierenden Colleges.

Mein Plan erforderte die Kühnheit eines Extremkletterers. Ich zog meine Uniform an und ging zum Hangar 14 der Pan Am im Kennedy Airport. Da an meiner Brusttasche ein gefälschter Ausweis baumelte, konnte ich mir ohne Schwierigkeiten Zutritt verschaffen, und bummelte eine halbe Stunde lang gemütlich durch die Materialausgabe, bis ich die benötigten Utensilien beisammen hatte: Briefumschläge, große braune Versandtaschen und Briefpapier, alles mit dem Logo der Pan Am versehen, dazu einen Block Bewerbungsformulare und einen Stapel bunter Broschüren.

In meinem Hotelzimmer setzte ich mich hin und verfasste einen Brief an den Berufsberater der Universität von Arizona. Die Pan Am, so schrieb ich, habe sich in diesem Jahr für eine neue Anwerbemethode entschieden. Ich schrieb in meinem Brief, dass außer den Mitarbeitern der Personalabteilung, die im Oktober die Universität besuchen sollten, die Pan Am nun auch Piloten und Stewardessen losschicke, um mit den zukünftigen Besatzungsmitgliedern zu sprechen. Schließlich wüssten die Mitarbeiter an vorderster Front am besten, welche Anforderung eine Stelle im Flugbetrieb der Pan Am mit sich bringe, und könnten die Bewerber deshalb auch kompetenter einschätzen. »Ein Pilot wird am Montag, dem 9. September, an Ihrem College vorsprechen und drei Tage lang Bewerberinnen für eine Stelle als Stewardess befragen«, hieß es in dem gefälschten Schreiben. »Mit separater Post schicken wir Ihnen einige Broschüren und Bewerbungsformulare, die Sie, wenn Sie möchten, an interessierte Studentinnen verteilen können.«

Ich unterschrieb mit dem Namen des Personalchefs der Pan Am und steckte den Brief in einen Pan-Am-

Umschlag. Dann verstaute ich die Broschüren und die Bewerbungsformulare in einer der Versandtaschen, ging in die Postzentrale im Pan-Am-Gebäude und überreichte die Unterlagen einer jungen Angestellten, und zwar mit dem knappen Befehl, sie per Luftpost auf den Weg zu bringen.

Ich dachte mir, dass die Frankierungsbanderole der Pan Am mit ihrem hübschen Slogan »Die erfahrenste Fluggesellschaft der Welt« meinem gefälschten Brief ein wenig Stil verleihen würde.

Das Schreiben und die übrigen Materialien hatte ich am 18. August abgeschickt. Am 28. August rief ich in der Universität von Arizona an und ließ mich mit John Henderson, dem Leiter der Abteilung Berufsberatung, verbinden.

»Mr. Henderson, hier spricht Frank Williams, Kopilot bei Pan American World Airways«, sagte ich. »Ich soll in ein paar Wochen Ihre Universität besuchen und rufe an, um nachzufragen, ob Sie unsere Unterlagen erhalten haben und ob Ihnen der Termin passt.«

»Oh, ja, Mr. Williams«, antwortete Henderson begeistert. »Wir haben die Unterlagen erhalten und freuen uns auf Ihren Besuch. Wir haben die Broschüren überall auf dem Unigelände ausgehängt und es haben sich bereits einige Bewerberinnen gemeldet.«

»Tja, ich weiß nicht, was genau in dem Brief stand«, log ich. »Aber mein Vorgesetzter hat mich angewiesen, nur mit Studentinnen in den letzten beiden Studienjahren zu sprechen.«

»Das ist uns klar, Mr. Williams«, erwiderte Henderson. »Und in der Tat haben sich bis jetzt nur Studierende im ersten und im letzten Jahr an uns gewendet.« Er bot mir eine Unterkunft auf dem Universitätsgelände an, doch ich lehnte ab und meinte, ich habe bereits ein Zimmer in dem von meiner Gesellschaft bevorzugten Hotel reserviert.

Am Montag, dem 9. September, traf ich um acht Uhr morgens an der Universität von Arizona ein. Henderson begrüßte mich herzlich. Natürlich trug ich Uniform. Henderson stellte mir für die Dauer meines Aufenthalts einen kleinen Raum zur Verfügung. »Bis jetzt haben wir dreißig Bewerberinnen. Ich habe pro Tag zehn von ihnen zum Vorstellungsgespräch eingeteilt«, sagte er. »Natürlich weiß ich, dass Sie jede von ihnen einzeln sehen wollen. Und wenn Sie möchten, können Sie Ihren Zeitplan selbst bestimmen. Doch die ersten zehn erscheinen um neun Uhr.«

»Nun, ich denke, ich unterhalte mich zuerst in der Gruppe mit ihnen und führe danach Einzelgespräche«, entgegnete ich.

Die erste Mädchengruppe war – sowohl einzeln als auch zusammengenommen – einfach reizend. Als ich sie betrachtete, stand mein Entschluss, dass ich unbedingt eine eigene Crew brauchte, mehr denn je fest. Die zehn starrten mich an, als wäre ich Elvis Presley und im Begriff, gleich loszurocken.

Ich bemühte mich um einen geschäftsmäßigen Ton. »Zuerst sollten Sie wissen, meine Damen, dass das alles für mich genauso neu ist wie für Sie. Ich kenne mich im Cockpit besser aus als im Klassenzimmer, doch mein Unternehmen hat mir diese Aufgabe übertragen, und ich hoffe, sie erfolgreich ausführen zu können. Mit Ihrer Hilfe und Ihrem Verständnis werde ich es sicherlich schaffen.

›Verständnis‹ sage ich deshalb, weil die endgültige Entscheidung darüber, wer eingestellt wird und wer nicht, nicht bei mir liegt. Mein Job ist nur, die Mädchen auszuwählen, die sich meiner Ansicht nach am besten als Flugbegleiterinnen eignen, und eine dementsprechende Empfehlung abzugeben. Der Personalchef ist jedoch berechtigt, sämtliche von mir vorgeschlagenen Bewerberinnen abzulehnen. Allerdings darf ich hinzufügen, dass Sie auch allein auf meinen Rat hin eingestellt werden könnten, ohne ein weiteres Bewerbungsgespräch führen zu müssen.

Die Sache ist die – es ist unwahrscheinlich, dass die Pan Am eine von Ihnen vor dem Studienabschluss beschäftigt. Doch wenn Sie als zukünftige Stewardessen ausgewählt werden, ist es bei uns üblich, Sie während ihres letzten Studienjahrs zu unterstützen, damit sie nicht in Versuchung geraten, eine andere Stelle anzunehmen. Habe ich mich klar genug ausgedrückt?«

Das hatte ich, wie mir die Mädchen bestätigten. Dann schickte ich sie alle hinaus und begann, eine nach der anderen einzeln zu befragen. Ich war nicht ganz sicher, welche Sorte von Mädchen ich in meiner ›Crew‹ haben wollte. Jedenfalls keine, die in Ohnmacht fallen würde, wenn sie erfuhr, dass sie unwissentlich an einem ausgeklügelten Betrugskomplott beteiligt war.

Ausgesprochen naive und eindeutig prüde Kandidatinnen wurden sofort von der Liste gestrichen. Mädchen, die sympathisch und hübsch, aber ehrliche Seelen waren (also wie sie sich eine Fluggesellschaft als Stewardess wünscht), bekamen ein Fragezeichen. Ein Häkchen malte ich hinter die Namen derjenigen Mädchen, die mir locker, ein wenig leichtgläubig, ein bisschen verwegen oder gar ausgeflippt und sehr unvoreingenommen erschienen und offenbar in der Lage waren, auch in Krisensituationen einen kühlen Kopf zu bewahren. Ich dachte, dass sich Mädchen mit diesen Eigenschaften am besten für meine fiktive Flugzeugbesatzung eigneten.

Henderson wohnte der morgendlichen Sitzung bei, doch während der Mittagspause brachte er mich zu einem Aktenlager hinter seinem Büro und zeigte mir einen Eingang in der Nähe des Raums, in dem ich die Mädchen befragte. Dann reichte er mir den Türschlüssel. »Hier arbeitet fast nie jemand, da die Verwaltung unserer Studentendaten inzwischen komplett auf Computer umgestellt wurde«, sagte er. »Also werden Sie diesen Schlüssel brauchen. Ich habe die Akten aller Bewerberinnen herausgesucht und sie hier auf diesen Schreibtisch gelegt, sofern Sie sich die Unterlagen von einem der Mädchen gesondert ansehen wollen. So können Sie sich selbst auf die Gespräche vorbereiten. Selbstverständlich stehen wir Ihnen zur Verfügung, falls Sie Hilfe brauchen sollten.«

Das Ablagesystem faszinierte mich, und Henderson erklärte mir bereitwillig, wie es funktionierte, bevor er mich zum Mittagessen einlud.

Am frühen Nachmittag war ich mit den ersten zehn Bewerberinnen fertig. Am nächsten Morgen traf ich mich mit der zweiten Gruppe. Ich sagte dasselbe Sprüchlein auf wie am Vortag, und die Damen waren wie die ersten zehn gerne bereit, auf meine Bedingungen einzugehen. Auch die letzte Gruppe bekam mein Lügenmärchen aufgetischt und am Nachmittag des dritten Tages hatte ich den Kreis auf zwölf Kandidatinnen eingeengt.

Ein paar Stunden verbrachte ich damit, die Unterlagen der zwölf eine nach der anderen zu studieren. Ich ließ die Gespräche mit ihnen und den Eindruck, den sie bei mir hinterlassen hatten, Revue passieren und entschied mich schließlich für acht. Ich wollte den Aktenraum schon verlassen, doch da hatte ich einen lustigen Einfall, den in die Tat umzusetzen nur eine knappe halbe Stunde dauerte. Als ich ging, war den Akten zu entnehmen, dass Frank Abagnale junior, geboren in Bronxville, das Studium der Sozialpädagogik erfolgreich abgeschlossen hatte.

Am nächsten Morgen trug ich meine ›Ergebnisse‹ den acht Finalistinnen vor; sie waren die Lämmer, die mir ein Leben im Schafspelz ermöglichen würden.

Die Mädchen waren aufgeregt, als ich sie zusammenrief, und deshalb in genau der richtigen Stimmung für das Spiel, das ich mit ihnen treiben wollte. »Beruhigen Sie sich, bitte, beruhigen Sie sich«, ermahnte ich sie. »Sie sind noch nicht als Stewardessen eingestellt. Das dürfen Sie nicht vergessen.«

Diese Worte lösten den erwünschten Kollektivschock aus. Eine Weile herrschte Totenstille. Dann grinste ich sie an und schwindelte munter weiter. »Der Grund ist, dass Sie alle im vorletzten Studienjahr sind, und wir wollen, dass Sie Ihr Studium beenden, bevor Sie bei der Pan Am anfangen«, sagte ich.

»Wie ich sicher bereits erwähnt habe, ist mein Unternehmen gewillt, zukünftige Stewardessen bis zum Abschluss zu unterstützen. Ich bin befugt, Ihnen acht ein Angebot zu machen, das Sie gewiss interessieren wird.

Man hat mich davon in Kenntnis gesetzt, dass mein Unternehmen einige Mädchen im nächsten Jahr während der Sommerferien als Praktikantinnen einstellen möchte. Diese Mädchen werden gruppenweise nach Europa geschickt und als Werbedamen und für PR-Maßnahmen eingesetzt. Das heißt, sie werden für die Anzeigen Modell stehen, die die Pan Am in verschiedenen internationalen Publikationen schaltet. Gewiss kennen Sie derartige Annoncen. Einige von Ihnen werden in Schulen, Bürgerversammlungen, Geschäftsseminaren und bei ähnlichen Gelegenheiten Vorträge halten und als Botschafterinnen unseres Unternehmens fungieren, eine Aufgabe, für die wir normalerweise echte Stewardessen oder Profimodells in der Uniform einer Flugbegleiterin einsetzen.

Im nächsten Sommer jedoch werden wir damit Mädchen beauftragen, die sich als Stewardessen bei uns beworben haben, damit sie vor dem Einstieg in die Ausbildung praktische Erfahrungen sammeln können. Ich persönlich halte das aus verschiedenen Gründen für eine gute Idee. Erstens kann unsere Werbeabteilung auf diese Weise Fotos unserer eigenen Mitarbeiterinnen in den Städten aufnehmen lassen, die wir anfliegen. Und zweitens brauchen wir keine Stewardessen dafür aus dem Dienstplan zu nehmen. In der Vergangenheit hat sich nämlich gezeigt, dass den anderen Stewardessen auf diese Weise Mehrarbeit entsteht. Im Sommer ist das Passagieraufkommen am höchsten, und wenn wir Stewardessen abziehen, müssen ihre Kolleginnen für sie einspringen.

Falls eine oder Sie alle gern bei unserem Sommerprogramm mitmachen würden, bin ich befugt, Sie einzustellen. So kommen Sie zu einer kostenlosen Europareise. Sie erhalten das volle Gehalt einer Anfangsstewardess, Sie kleiden sich wie eine Stewardess, aber Sie sind noch keine. Die Uniformen stellen wir Ihnen zur Verfügung. Außerdem erhalten Sie einen Arbeitsvertrag, was in diesem Fall sehr wichtig ist. Denn es bedeutet, dass sich diejenigen unter Ihnen, die nach ihrem Abschluss Stewardess werden wollen, als ehemalige Mitarbeiterinnen der Pan Am bewerben und anderen Kandidatinnen vorgezogen werden.

Ist jemand interessiert?«

Sie meldeten sich alle. »Okay«, sagte ich schmunzelnd. »Jetzt brauchen Sie alle zuerst einmal einen Reisepass. Dafür sind Sie selbst zuständig. Außerdem hätte ich gern Ihre Adressen, damit sich mein Unternehmen mit Ihnen in Verbindung setzen kann. Sicher erhalten Sie innerhalb eines Monats Ihre Arbeitsverträge. Das war's meine Damen. Es war wirklich nett, Sie kennen zu lernen. Und ich hoffe, dass einige von Ihnen, wenn oder falls Sie Stewardessen werden, eines Tages zu meiner Crew gehören.«

Ich erläuterte Henderson das Angebot, das ich den Mädchen gemacht hatte, und er freute sich genauso wie sie. An diesem Abend luden mich Henderson, seine Frau und die acht Mädchen zu einem sehr angenehm verlaufenden Essen am Swimmingpool im Garten der Hendersons ein.

Ich flog zurück nach New York und mietete ein Postfach mit Nachsende-Auftrag bei einer Firma an, die ihr Büro im Pan-Am-Gebäude hatte, eine ausgezeichnete Tarnung, weil ich so die Adresse der Fluggesellschaft bei meinem zukünftigen Briefwechsel mit den Mädchen angeben konnte. Ihre Antworten hingegen würden in meinem Postfach beim Briefdienst landen.

Nach etwa einer Woche schickte ich jeder von ihnen einen ›Arbeitsvertrag‹ und ein Anschreiben, unterzeichnet von mir persönlich (Frank Williams), in dem ich ihnen mitteilte, ich sei – Überraschung! – von der Pan Am zum Leiter des Europaprojekts ernannt worden. Also würden sie wirklich meine ›Crew‹ sein. Außerdem legte ich ein gefälschtes kleines Formular bei, in dem sie ihre sämtlichen Maße angeben mussten, damit ihre Uniformen angefertigt werden konnten. Jede von ihnen erhielt die Anweisung, weitere Fragen und Mitteilungen direkt an meine Postfachadresse zu richten.

Dann bereitete ich mich selbst auf die Reise vor. Mein Pass war nur ein provisorischer und lautete außerdem auf meinen wirklichen Namen. Ich kam zu dem Schluss, dass ich einen richtigen Pass unter dem Namen Frank Williams brauchte, und entschied, mein Glück beim Passamt in New York zu versuchen. Dort war man sicherlich viel zu beschäftigt, um in meinem Leben herumzuschnüffeln.

Eines Morgens betrat ich die Behörde, gab meinen provisorischen Pass ab und erhielt zehn Tage später einen regulären. Ich freute mich zwar über das Dokument, doch es war immer noch auf Frank W. Abagnale ausgestellt. Der erste Offizier bei der Pan Am, Frank W. Williams, konnte mit so einem Pass im Notfall nichts anfangen. Also sah ich mich um und fand das Gesuchte auf dem Einwohnermeldeamt einer großen Stadt an der

Ostküste. Es war der Totenschein eines Francis W. Williams, zwanzig Monate alt, der am 22. November 1939 in diesem zarten Alter verstorben war. Das Archiv verriet mir, dass das Baby am 12. März 1938 in einem örtlichen Krankenhaus geboren worden war. Für eine Gebühr von drei Dollar besorgte ich mir eine beglaubigte Kopie der Geburtsurkunde, indem ich mich beim Sachbearbeiter als eben dieser Francis W. Williams vorstellte. Gewiss würde es jeder verstehen, dass jemand, der auf den Namen ›Francis‹ getauft war, sich lieber mit ›Frank‹ anreden ließ.

Mit der Kopie der Geburtsurkunde und den nötigen Fotos ging ich ins Passamt von Philadelphia und hatte zwei Wochen später einen zweiten Pass, und zwar einen, der zu meiner Pan-Am-Uniform passte. Nun war ich bereit, meine Crew zusammenzurufen, falls in den nächsten Monaten nichts geschah, das mein Lügengebäude in Arizona zum Einsturz brachte.

In diesen Monaten reiste ich durchs Land, hielt mich meistens bedeckt und löste nur hin und wieder ein paar gefälschte Pan-Am-Schecks oder Barschecks ein.

Eines Tages hielt ich mich in Miami auf. Ich wohnte in der Penthouse-Suite eines Hotels in Miami Beach, dem Fontainebleau, und gab mich als Börsenmakler aus Kalifornien aus. Meine Tarnung wurde durch einen Aktenkoffer voller Zwanziger, Fünfziger und Hunderter und einen gemieteten Rolls-Royce abgerundet, den ich mir in Los Angeles besorgt hatte und mit dem ich nach Florida gefahren war.

All das gehörte zu einem großartigen Plan, den ich gerade ausbrütete. Ich wollte ein paar wirklich dicke gefälschte Barschecks bei einigen Banken in Miami und in den teuren Hotels unterbringen, nachdem ich mich als seriöser Bürger eingeführt hatte. Diesen Anstrich der Seriosität verdankte ich hauptsächlich dem Zufall. Ich hatte mir angewöhnt, mich mit den leitenden Angestellten des Hotels anzufreunden. Einer von ihnen sprach mich irgendwann in der Hotelhalle an und stellte mich einem Börsenmakler aus Florida vor, von dessen Finanzgenie selbst ich schon gehört hatte.

Als eingefleischter Floridianer legte er eine kaum verhohlene Verachtung für Kalifornien an den Tag, und ich schloss aus den meisten seiner Bemerkungen während unserer zufälligen Begegnung, dass er auch nicht sonderlich gut auf kalifornische Börsenmakler zu sprechen war. Er verhielt sich derart schroff und unhöflich, dass es dem leitenden Hotelmitarbeiter sichtlich peinlich war. Nach ein paar Minuten entschuldigte ich mich, er war einfach zu unfreundlich. Doch als ich gehen wollte, packte er mich am Arm.

»Wie schätzen Sie das Angebot von Saturn Electronics ein?«, fragte er mit einem herablassenden Grinsen. Ich hatte noch nie von dieser Firma gehört und wusste nicht einmal, dass es sie gab. Aber ich musterte ihn nur kühl und ließ dann ein Augenlid sinken. »Kaufen Sie auf, was Sie kriegen können«, erwiderte ich und schlenderte davon.

Einige Tage später traf ich den Mann wieder, als wir beide darauf warteten, dass unsere Wagen zum Haupteingang gebracht wurden. Zu meinem Erstaunen begrüßte er mich mit widerstrebendem Respekt. »Ich hätte, was die Saturn-Aktie angeht, auf Sie hören sollen«, sagte er. »Woher zum Teufel wussten Sie, dass Galaxy Communications das Unternehmen übernimmt?«

Ich schmunzelte nur und zwinkerte ihm zu. Später erfuhr ich, dass der Wert von Saturn Electronics nach der Übernahme durch Galaxy an jedem der vorangegangenen vier Tage zwischen fünf und acht Punkten gestiegen war.

An diesem Abend wurde ich im Aufzug von einem gut gekleideten Herrn Mitte dreißig angesprochen, der sich als wichtiges Mitglied des Stadtrates vorstellte.

»Rick Jones von der Hoteldirektion hat mir von Ihnen erzählt, Mr. Williams«, meinte er. »Er sagte, Sie würden hier vielleicht ein Büro eröffnen und einen Teil des Jahres in Miami verbringen.«

Ich nickte. »Ich denke ernsthaft darüber nach«, erwiderte ich lächelnd. »Wahrscheinlich entscheide ich es in den nächsten Wochen.«

»Tja, möglicherweise kann ich Ihnen helfen«, fuhr er fort. »Meine Frau und ich veranstalten heute Abend eine Party, zu der einige der bedeutendsten Persönlichkeiten aus Politik und Wirtschaft in diesem Bundesstaat eingeladen sind. Der Bürgermeister und einige Mitarbeiter des Gouverneurs werden ebenfalls erwartet. Ich würde mich freuen, wenn Sie auch kämen. Sie werden sich sicher amüsieren und vielleicht ein paar Leute kennen lernen, die Ihnen bei Ihrer Entscheidung helfen können.«

Ich nahm die Einladung an, denn er hatte in gewisser Weise Recht. Es war durchaus möglich, dass einige seiner Gäste mir eine Hilfe sein würden – indem sie sich von mir ausnehmen ließen.

Es herrschte Frackzwang. Doch es war kein Problem, einen Kostümverleih zu finden, der geöffnet war und mich so kurzfristig ausstatten konnte. Außerdem hatte ich keine Schwierigkeiten, das Haus des Stadtvaters zu finden, das unangenehm nah am Anwesen einer gewissen Bankerin lag. Ich hoffte, dass sie nicht eingeladen war. Aber ich bat den Parkwächter, meinen Wagen so abzustellen, dass ich im Notfall rasch fliehen konnte.

Sie war nicht da, dafür jedoch die atemberaubendste und schönste Blondine, die mir in meinem Leben je begegnet ist. Kurz nachdem ich mich unter die Gäste gemischt hatte, bemerkte ich sie, und ich konnte den ganzen Abend den Blick nicht mehr von ihr abwenden. Seltsamerweise schien sie mit keinem der Männer zusammen zu sein, die sie umschwärmten, obwohl sie pausenlos von Bewunderern umringt wurde. Mein Gastgeber bestätigte meine Vermutung.

»Das ist Cheryl«, sagte er. »Sie gehört bei derartigen Partys zum Inventar. Sie ist Model und war schon auf verschiedenen Titelseiten zu sehen. Wir haben mit ihr eine Abmachung getroffen. Sie gibt unseren Partys das gewisse Flair, und wir sorgen dafür, dass die Gesellschaftsspalten über sie berichten. Kommen Sie, ich mache Sie miteinander bekannt.«

Sie ließ mich sofort wissen, dass ich ebenfalls ihre Neugier geweckt hatte. »Ich habe Sie ankommen sehen«, sagte sie und hielt mir die Hand hin. »Das ist ein schöner Rolls-Royce. Ist das Ihrer oder haben Sie ihn für diese Gelegenheit gemietet?«

»Nein, es ist einer von meinen«, entgegnete ich.

Sie zog die Augenbrauen hoch. »Einer von Ihren? Besitzen Sie etwa mehr als einen Rollys-Royce?«

»Ich habe einige«, erwiderte ich. »Ich sammle sie.« Am Funkeln in ihren Augen erkannte ich, dass ich eine gute Freundin gewonnen hatte. Offenbar konnte man sie mit Reichtum und irdischen Gütern beeindrucken. Den restlichen Abend war ich immer wieder erstaunt darüber, dass sich hinter einem derart wunderschönen Äußeren so viel Verkommenheit und Habgier verbergen konnten. Allerdings interessierte mich weniger ihre mangelnde Tugendhaftigkeit als ihre offensichtlichen Laster. Sie war raffsüchtig, aber äußerst begehrenswert. Wir verbrachten nicht den ganzen Abend zusammen. Hin und wieder trennten wir uns und pirschten allein herum wie zwei Leoparden, die im selben Dschungel nach Beute suchen. Ich hatte bald meine Opfer ausgemacht: einige fette, gut gespickte und saftige Banktauben. Und auch sie hatte ein lohnendes Objekt erspäht: mich.

Etwa um halb drei Uhr morgens nahm ich sie beiseite. »Hör zu, die Party ist sowieso gleich vorbei«, meinte ich. »Warum kommst du nicht mit in mein Penthouse, damit wir zusammen frühstücken können?«

Ihre Antwort war ein Schlag für mein Selbstbewusstsein. »Wie viel wäre es dir denn wert, dass ich dich in dein Hotel begleite?«, fragte sie und musterte mich herausfordernd.

»Ich dachte, du wärst Model«, stammelte ich verdattert.

Sie lächelte. »Es gibt verschiedene Formen des Models. Und einige kosten eben mehr als andere«, erwiderte sie.

Ich hatte noch nie ein Mädchen dafür bezahlt, mit mir ins Bett zu gehen. Die Welt des berufsmäßigen Sex war mir völlig fremd. Soweit ich wusste, war ich niemals einer Nutte oder einem Callgirl begegnet. Aber ich begehrte sie trotzdem, und nachdem ich erfahren hatte, was ihr wahrer Beruf war, versuchte ich, einen Preis auszuhandeln. Schließlich hatte ich genug Geld. »Äh, dreihundert?«, erkundigte ich mich.

Sie verzog auf eine reizende Art ihr Gesicht und schüttelte den Kopf. »Nein, ich fürchte, dreihundert reichen nicht«, antwortete sie.

Ich war verblüfft. Offenbar hatte ich jahrelang dem Luxus gefrönt, ohne den Wert der Ware, die ich da genoss, auch nur zu ahnen. »Oh, schon gut, dann verdoppeln wir eben auf sechshundert«, sagte ich.

Sie warf mir einen kühlen, fragenden Blick zu. »Das kommt der Sache schon näher«, entgegnete sie. »Doch bei einem Mann, der so viel Vermögen hat wie du, sollte der Preis schon ein wenig höher sein.«

Ich sah sie an und ärgerte mich. Seit ich Berufsverbrecher war, hatte ich mir einen gewissen kriminellen Moralkodex zurechtgelegt, an den ich mich auch hielt. Unter anderem betrog ich nie Privatpersonen. Zum Beispiel bezahlte ich meine Kleider oder andere persönliche Dinge nie mit einem heißen Scheck. Zu viele Kaufhäuser und ähnliche Firmen machten ihre Mitarbeiter für geplatzte Schecks verantwortlich. Wenn ein Verkäufer sich einen Anzug mit einem ungedeckten Scheck bezahlen ließ, wurde ihm der Preis dieses Anzugs vom Gehalt abgezogen. Deshalb suchte ich mir immer große Unternehmen als Opfer – Banken, Fluggesellschaften, Hotels, Motels oder andere Etablissements, die gegen Verluste versichert waren. Bevor ich mir eine neue Garderobe oder sonst etwas für den persönlichen Bedarf gönnte, holte ich mir das nötige Bargeld stets bei einer Bank oder in einem Hotel.

Doch plötzlich kam ich zu dem Schluss, dass Cheryl eine wunderbare Ausnahme von dieser Regel sein würde. »Hör zu, wir könnten die ganze Nacht hier rumstehen und über den Preis verhandeln«, sagte ich. »Ich rede nicht gern um den heißen Brei herum. Warum gehen wir nicht zu mir, sondern zu dir, so für ein Stündchen, und ich gebe dir einen Tausender.«

Sie griff nach ihrer Handtasche. »Fahren wir«, stimmte sie zu. »Allerdings habe ich zurzeit keine Wohnung. Mein Vermieter hat mir gekündigt, und ich wohne in einem Hotel in Miami Beach.« Sie nannte den Namen des Hotels, das ganz in der Nähe von meinem lag. Die Fahrt dauerte eine halbe Stunde.

Sie steckte gerade den Schlüssel ins Schloss ihrer Suite, als ich mich umdrehte und sagte: »Ich bin gleich zurück.«

Sie packte mich am Arm. »Hey, wo willst du hin?«, fragte sie ein wenig ärgerlich. »Du machst doch nicht etwa einen Rückzieher?«

Ich nahm ihre Hand von meinem Arm. »Hör zu, du glaubst doch nicht, dass ich tausend Dollar in der Tasche mit mir herumtrage, oder?«, meinte ich. »Ich gehe runter, um einen Scheck einzulösen.«

»Um halb vier Uhr morgens!«, rief sie aus. »Um diese Uhrzeit wechselt dir niemand einen Scheck über diese

Summe ein. Du würdest nicht mal einen Hunderter kriegen.«

Ich lächelte herablassend. »Ich glaube schon, denn ich kenne die Besitzer dieses Hotels. Außerdem ist es ein bestätigter Barscheck von der Chase Manhattan Bank in New York. Die sind hier so viel wert wie Gold. Ich löse sie ständig ein.«

»Zeig her«, sagte sie. Ich griff in die Tasche und holte einen der gefälschten Schecks der Chase Manhattan Bank heraus, die ich mir vor meiner Abreise nach Miami besorgt hatte. Er lautete auf 1400 Dollar. Sie musterte den Scheck und nickte. »Der ist wirklich Gold wert«, stimmte sie zu. »Warum trägst du nicht mich als Empfängerin ein?«

»O nein«, lehnte ich ab. »Dieser Scheck hat einen Wert von eintausendvierhundert, und wir haben uns auf tausend geeinigt. 400 Dollar sind zwar nicht die Welt, aber die Abmachung gilt.«

»Du hast Recht«, sagte sie. »Also überschreibst du ihn mir, und ich gebe dir die 400 Dollar.« Sie wühlte in ihrer Tasche und holte ein Bündel Hunderter heraus, nahm vier und reichte sie mir. Nachdem ich sie als Empfängerin eingetragen hatte, gab ich ihr den Scheck.

Den Rest der Geschichte kenne ich aus ›zuverlässiger Quelle‹, wie Reporter es nennen. Als die Bank ihr einige Tage später mitteilte, dass der Barscheck eine Fälschung war, rief sie erbost beim Sheriff von Dade County an. O'Riley setzte sich mit ihr in Verbindung.

»Warum hat er Ihnen den Scheck gegeben?«, fragte O'Riley.

»Das spielt keine Rolle«, zischte sie. »Er hat ihn mir gegeben und jetzt ist er geplatzt. Ich will, dass Sie diesen Dreckskerl schnappen.«

»Ich weiß«, erwiderte O'Riley. »Aber dazu muss ich wissen, wie dieser Mann denkt. Ihrer Beschreibung nach könnte es Frank Abagnale sein, doch der hat noch nie eine Privatperson mit einem gefälschten Scheck bezahlt. Er geht mit gefälschten Schecks nicht einmal zum Einkaufen. Warum also gibt er einem ehrlichen Menschen, darüber hinaus noch einer schönen Frau, einen wertlosen Scheck über 1400 Dollar? Aus welchem Grund?«

O'Riley ist in gewisser Weise auch ein geschickter Betrüger. Er entlockte ihr die ganze Geschichte. »Dass er sich kostenlos bedient hat, stört mich gar nicht so sehr«, schloss sie verärgert. »Verdammt, ich hab's ja schon öfter umsonst gemacht. Doch dass dieser Mistkerl mich um 400 Dollar in bar betrogen hat, dafür bin ich ihm wirklich böse.«

Ich habe O'Rileys Meinung zu dieser Sache immer geteilt: Wir hatten beide das bekommen, was wir verdienten.

Allerdings war ihre Sitzung mit mir vermutlich angenehmer und weniger kostspielig als meine Treffen mit den beiden Bankern, bevor ich Miami verließ. Ich erleichterte sie um mehr als 20 000 Dollar. Außerdem beschummelte ich das Fontainebleau, indem ich meine Rechnung mit einem gefälschten Barscheck bezahlte und mir einige hundert Dollar Wechselgeld rausgeben ließ.

Nachdem ich den Rolls-Royce in einer Parkgarage abgestellt hatte, schickte ich der Autovermietung in Kalifornien ein Telegramm, in dem ich ihr mitteilte, wo der Wagen zu finden war. Cheryl hatte Recht. Es war ein wunderschönes Auto, und es wäre Verschwendung gewesen, es den Elementen oder gar zerstörerischen Zeitgenossen auszuliefern.

Ich verkroch mich in Sun Valley, hielt mich den Winter über bedeckt und mimte den ehrlichen Bürger. Als der Frühling näher rückte, flog ich wieder nach New York, mietete mich in einem Backsteinhaus in einem teuren Teil Manhattans ein und schickte jeder meiner zukünftigen ›Stewardessen‹ ein ›Erinnerungsschreiben‹. Die Antworten, die ich erhielt, versicherten mir, dass man mir meine Rolle als PR-Beauftragter der Pan Am immer noch abnahm. Und so machte ich mich daran, mein gewagtes Vorhaben zu realisieren. Ich kannte den Namen der Firma in Hollywood, die sämtliche Uniformen der Pan-Am-Stewardessen herstellte. Also flog ich nach Hollywood und stattete – verkleidet als Pan-Am-Pilot – besagtem Modehaus einen Besuch ab. Ich legte ein gefälschtes Empfehlungsschreiben vor, das die angebliche PR-Tour durch Europa erläuterte, und man schluckte meine Geschichte. »Die Kostüme sind in sechs Wochen fertig«, sagte die Mitarbeiterin. »Vermutlich braucht jedes der Mädchen auch einen Koffer.«

»Natürlich«, erwiderte ich.

Während die Kleider für die Mädchen genäht wurden, blieb ich in der Nähe von Los Angeles und bereitete die weiteren Details des Abenteuers vor. Als Pilot verkleidet begab ich mich in die Materialausgabe der Pan Am im Flughafen von Los Angeles und beschaffte mir die benötigten Kappen und Abzeichen.

Ich ließ mir von jedem Mädchen ein zweieinhalb Quadratzentimeter großes Farbfoto schicken und stellte dann falsche Pan-Am-Dienstausweise her, die meinem ähnelten. Als Status trug ich »Flugbegleiter« ein.

Als die Uniformen fertig waren, holte ich sie persönlich in einem gemieteten Kombi mit falschem Pan-Am-Logo an den Türen ab und unterschrieb einen Lieferschein.

Ende Mai schrieb ich jedem Mädchen einen Brief und legte jeweils ein Ticket bei. Die Tickets hatte ich gekauft und bar bezahlt. Ich wies die Mädchen an, sich am 26. Mai in der Halle des Flughafens von Los Angeles einzufinden.

Meine Küken zusammenzutrommeln, gehörte zu den kühneren und waghalsigeren Unternehmungen meines

Betrügerdaseins. In einem der luxuriöseren Hotels am Flughafen reservierte ich für jedes der Mädchen ein Zimmer und mietete für den Tag nach ihrer Ankunft einen der Konferenzräume an. Sämtliche Buchungen nahm ich auf den Namen der Pan Am vor, bezahlte allerdings bar. Die Neugier des Direktionsassistenten, der die Reservierungen entgegennahm, befriedigte ich, indem ich erklärte, es handle sich nicht um ein Alltagsgeschäft der Pan Am, sondern sei eine ›Sonderaktion‹ der PR-Abteilung.

Am Morgen, an dem die Mädchen eintreffen sollten, zog ich meine Pilotenuniform an, ging in die Logistikabteilung der Pan Am am Flughafen und wandte mich an den Verwalter des firmeneigenen Fuhrparks.

»Hören Sie, um zwei Uhr nachmittags kommen acht Stewardessen an, die einen Sonderauftrag haben. Ich muss sie irgendwie ins Hotel bringen«, sagte ich. »Können Sie mir vielleicht weiterhelfen?«

»Klar«, erwiderte er. »Ich habe einen Kleinbus für Sie und werde die Damen selbst abholen. Werden Sie auch da sein?«

»Ich bin um halb zwei bei Ihnen und fahre mit«, entgegnete ich. »Muss ich was unterschreiben?«

»Nein, ist alles in Ordnung, Herr der Lüfte.« Er grinste. »Solange auch eine für mich abfällt.«

Die Mädchen waren pünktlich. Der funkelnde Kleinbus der Pan Am – eigentlich nur ein zu groß geratener Kombi – beeindruckte sie sehr. Der Fuhrparkverwalter und ich luden ihr Gepäck ein, und dann fuhr er uns zum Hotel. Dort half er wieder beim Ausladen und beim Verteilen der Zimmer. Nachdem wir fertig waren, bot ich ihm einen Drink an, aber er lehnte ab. »Ihren Job hätte ich auch gern«, meinte er schmunzelnd. »Wenn Sie was brauchen, melden Sie sich.«

Am nächsten Morgen versammelte ich die Mädchen im Konferenzraum, gab Ihnen die Dienstausweise und überreichte ihnen Uniformen und Koffer. Sie jauchzten begeistert, als sie die Kostüme und Gepäckstücke begutachteten. Jedes von ihnen war mit dem Monogramm der Besitzerin und dem Logo der Pan Am versehen.

Als ich ihnen die Reiseroute erläuterte, jubelten sie noch lauter: London, Paris, Rom, Athen, Genf, München, Berlin, Madrid, Oslo, Kopenhagen, Wien und andere europäische Sehenswürdigkeiten. Ich beruhigte sie und setzte die Miene eines gestrengen Vaters auf.

»Nun, das hört sich nach einer Menge Spaß an, und ich hoffe, den werden Sie auch haben. Allerdings handelt es sich um eine Geschäftsreise und ich dulde keine Mätzchen«, sagte ich ihnen. »Ich bin befugt, jede von Ihnen zu entlassen, die sich danebenbenimmt oder über die Stränge schlägt. Und ich schicke Sie wieder nach Hause, wenn es sein muss. Lassen Sie mich eines klarstellen: Ich bin hier der Boss. Sie gehorchen meinen Anweisungen und befolgen meine Vorschriften. Ich denke, Sie werden meine Regeln im Großen und Ganzen fair finden, sodass es Ihnen nicht schwer fallen dürfte, sie einzuhalten. Deshalb denke ich auch nicht, dass es Schwierigkeiten geben wird.

Gewiss haben Sie bereits bemerkt, dass Sie laut Ihrer Dienstausweise Stewardessen sind. Für die Mitarbeiter der Hotels, in denen wir übernachten, und die Fotografen, mit denen wir zusammenarbeiten, sind Sie Stewardessen. Doch wir werden in Zivil reisen, also fliegen oder mit dem Auto fahren. Ich sage Ihnen, wann Sie die Uniformen anziehen sollen. Viele unserer regulären Flugbegleiter, ob männlich oder weiblich, hätten sich um die Teilnahme an dieser Werbetour gerissen, was zu Neid und Missgunst führen könnte. Falls Sie also Gelegenheit zum Kontakt mit regulären Flugbegleitern haben, sagen Sie einfach, Sie arbeiteten in unserem PR-Büro in New York und seien mit einem Sonderauftrag unterwegs. Beantworten Sie so wenig Fragen zu Ihren tatsächlichen Aufgaben wie möglich. Sollte jemand zu neugierig sein, verweisen Sie ihn oder sie an mich.

Sie werden zweiwöchentlich bezahlt, und zwar mit einem gewöhnlichen Gehaltsscheck unseres Unternehmens. Da es sehr schwierig ist, in Europa Schecks einzulösen, überschreiben Sie ihn auf mich, nachdem ich ihn Ihnen gegeben habe. Dann wechsle ich ihn im Pan-Am-Büro vor Ort, in einer Bank oder einem Hotel ein, mit dem wir eine Vereinbarung haben.

Sicher fragen sich jetzt einige von Ihnen, warum sie den Scheck nicht einfach nach Hause schicken und ihrem Konto gutschreiben lassen können. Dafür gibt es zwei Gründe: Erstens wird der Scheck vermutlich auf eines unserer Auslandskonten lauten. Dem Unternehmen ist es deshalb lieber, wenn die Schecks in Europa eingelöst werden. Und zweitens ist da noch der Wechselkurs. Wenn Sie den Scheck selbst einlösen, geschieht das zum aktuellen Wechselkurs, und dabei verlieren Sie für gewöhnlich Geld. Also löse ich die Schecks ein und gebe Ihnen das Bargeld. Falls Sie Geld nach Hause schicken wollen, tun Sie das per Bankanweisung oder Barscheck. Hat noch jemand Fragen?«

Niemand meldete sich. Ich lächelte. »Also gut, der restliche Tag und der Abend gehören Ihnen. Aber gehen Sie früh genug schlafen. Morgen fliegen wir nach London.«

Das taten wir, und zwar mit Tickets, die mich ein kleines Vermögen gekostet hatten. Wir landeten vor Morgengrauen bei feuchtkaltem Regenwetter in London, und ich wies die Mädchen an, vor der Fahrt ins Hotel ihre Uniformen anzuziehen.

Verständlicherweise war ich nervös und machte mir Sorgen, ob mein Plan auch klappen würde. Doch ich ließ mich davon nicht beirren. Ich nahm sogar Zimmer im Royal Gardens in Kensington, wobei ich mich darauf verließ, dass niemand den TWA-Piloten Frank Adams und Frank Williams, Erster Offizier bei der Pan Am, für ein und dieselbe Person halten würde. Für die Fahrt vom Flughafen zum Hotel mietete ich einen Kleinbus. Zu meiner Erleichterung war der Mann an der Rezeption ein völlig Fremder.

»Wir sind die Besatzung von Pan-Am-Flug 738«, sagte ich. »Wir hätten ursprünglich nach Shannon fliegen sollen, und ich weiß nicht, ob für uns Zimmer reserviert sind.«

»Kein Problem, Captain«, erwiderte der Mann. »Das heißt, falls es den Mädchen nichts ausmacht, zu zweit ein Zimmer zu teilen. Wir haben nur noch fünf Zimmer frei.«

Die Mädchen schliefen fast bis zum Mittag. Dann ließ ich sie allein durch die Stadt streifen und sagte ihnen, ich hätte für später in der örtlichen Pan-Am-Niederlassung einen Fototermin vereinbart. Sobald sie weg waren, blätterte ich im Londoner Telefonbuch, bis ich fand, was ich suchte – die Adresse eines professionellen Fotostudios. Ich rief an und stellte mich als PR-Beauftragter von Pan Am vor.

»Ich habe acht Mädchen im Royal Gardens, Stewardessen, und wir brauchen ein paar Farb- und Schwarzweißaufnahmen, die sich für Werbebroschüren eignen. Sie wissen schon – Schnappschüsse von den Mädchen am Piccadilly Circus, auf den Brücken über die Themse oder so«, meinte ich. »Glauben Sie, Sie schaffen das?«

»Oh, selbstverständlich«, erklärte der Mann am Telefon erfreut. »Soll ich sofort einen unserer Leute mit Arbeitsproben vorbeischicken? Ich bin sicher, dass wir ins Geschäft kommen, Mr. Williams.«

Der Vertreter der Firma und ich aßen gemeinsam zu Mittag und handelten die Einzelheiten aus. Offenbar war ich an eines der besseren Studios in London geraten, das sogar früher schon einmal für die Pan Am gearbeitet hatte.

»Nun, diesmal ist es ein wenig anders, wir versuchen etwas Neues«, erklärte ich. »Und sicher wird Ihnen gefallen, dass Sie jeden Abend in bar bezahlt werden. Sie brauchen mir den Betrag nur zu quittieren.«

»Was ist mit den Kontaktabzügen?«, fragte der Vertreter des Fotostudios.

»Tja, wenn sie fertig sind, werden wir vermutlich schon längst in einer anderen Stadt sein – unser Zeitplan ist ziemlich eng. Schicken Sie die Abzüge einfach an die Werbeabteilung der Pan Am in New York«, erwiderte ich. »Wenn man dort entscheidet, einige Ihrer Fotos zu verwenden, erhalten Sie zusätzlich noch einmal Ihr übliches Honorar pro ausgewähltes Bild.«

Er stieß einen Pfiff aus und prostete mir mit seinem Bierglas zu. »Das ist wirklich ein ganz anderer Weg, und er gefällt mir«, meinte er mit einem zufriedenen Grinsen.

Am nächsten Morgen traf eine dreiköpfige Kameracrew in einem mit Fotoausrüstung beladenen Kleinbus am Hotel ein und holte meine acht Schützlinge ab. Ich begleitete sie nicht und bat den obersten Kameramann nur, seiner eigenen Urteilsfähigkeit und Fantasie zu vertrauen und die Mädchen einigermaßen nüchtern und vorzeigbar zurückzubringen.

»Schon verstanden, Chef.« Der Mann lachte und scheuchte die Mädchen in den Kleinbus.

Ich hatte selbst einiges zu erledigen. Auf diese kriminelle Odyssee war ich gut ausgestattet mit allerlei illegalen Materialien aufgebrochen: gefälschte Barschecks (aus eigener Herstellung), Spesenschecks von Pan Am und gewöhnliche Gehaltsschecks (Papa Lavaliers unfreiwilliger Beitrag) und Pan-Am-Kostenabrechnungen (geklaut in der Materialausgabe von Pan Am), Letztere allerdings mehr zur Dekoration als zum tatsächlichen Einsatz.

Viele Dinge sprachen für mich. In London, wie in den

meisten großen Städten auf unserer Route, wimmelte es von Filialen der wichtigsten amerikanischen Banken.

Am nächsten Morgen versammelte ich die Mädchen in meinem Zimmer und erklärte ihnen, wie dieses Hotel die Übernachtungskosten von Flugzeugbesatzungen abrechnete. Dann legte ich ihnen gefälschte Spesenschecks der Pan Am vor und ließ sie unterschreiben. Natürlich belief sich jeder Scheck über einen viel höheren Betrag als die Hotelrechnung. »Ich brauche auch Ihre Dienstausweise. Während ich die Rechnung bezahle, müssen Sie alle in der Nähe bleiben, damit die Kassiererin Sie sehen kann«, sagte ich. Keines der Mädchen stellte die Summe auf dem Scheck infrage, den es unterschrieb. Vermutlich war sie ihnen gar nicht aufgefallen.

Der Trick klappte wie am Schnürchen. Die Mädchen scharten sich in Sichtweite der Kassiererin in der Hotelhalle, während ich mit neun falschen Schecks unsere Übernachtung und weitere Kosten bezahlte. Die Kassiererin hatte nur ein Problem.

»Oh, das sind ziemlich hohe Beträge, Captain. Ich weiß nicht, ob ich genug amerikanische Dollar zum Wechseln hier habe«, meinte sie und betrachtete ihre Geldschublade. »Offen gestanden reicht es nicht. Ich fürchte, ich muss Ihnen den Rest in Pfund rausgeben.«

Ich tat, als sei ich verärgert. Doch ich fand mich damit ab, da ich wusste, dass die Kassiererin auf diese Weise vermutlich Profit machte – das glaubte sie wenigstens. Allerdings waren die Pfunde echt, die sie mir gab, ganz im Gegensatz zu den Pan-Am-Schecks.

An diesem Nachmittag flogen wir nach Rom, wo wir die Prozedur in den nächsten drei Tagen wiederholten. Auch der Hotelkassierer in Rom hatte Zweifel, weil die Schecks auf einen so hohen Betrag lauteten, doch meine Erklärung genügte ihm.

»Tja, tut mir Leid«, meinte ich. »Aber wir befinden

uns auf einer achtzehntägigen Italienreise. Also können Sie mir auch in Lire rausgeben, wenn Sie wollen.«

Das gefiel ihm, denn es bedeutete einen Gewinn von etwa 50 Dollar für ihn.

Ich entschied mich dagegen, Europa per Flugzeug zu bereisen. Nicht wegen der Kosten, sondern weil die Mädchen so ständig mit Flugzeugbesatzungen zusammengetroffen wären. Denn die Frage, wie ich sie von anderen Crews abschotten sollte, war das größte Problem bei der Umsetzung meines Plans. Wie ich bereits erläutert habe, neigen die Mitarbeiter von Fluggesellschaften zum Fachsimpeln, besonders wenn sie für dasselbe Unternehmen arbeiten.

Selbstverständlich ließ sich der Kontakt nicht immer vermeiden, denn schließlich hing der Erfolg meiner Scheckaktion davon ab, dass wir in Hotels übernachteten, in denen das Personal von Fluglinien normalerweise abstieg. Also bestand immer das Risiko, dass eines der Mädchen in Uniform einer wirklichen Pan-Am-Stewardess in die Arme lief und sich daraus ein folgenschwerer Dialog ergab.

Echte Stewardess: »Hallo, ich bin Mary Alice aus Los Angeles. Und wo bist du stationiert?«

Mein Mädchen: »Oh, nirgendwo. Ich bin hier nur auf einer PR-Tour.«

Echte Stewardess: »Du bist also gar keine Stewardess?«

Mein Mädchen: »Nicht wirklich. Wir sind zu acht und werden für Werbe- und PR-Zwecke fotografiert.«

Echte Stewardess (zu sich): »Da lachen ja die Hühner. Ich bin jetzt schon seit fünf Jahren bei der Pan Am und habe noch nie von einer solchen Aktion gehört. Am besten melde ich es meinem Vorgesetzten und lasse feststellen, ob diese Leute keine Betrüger sind.«

Eine derartige Situation wollte ich unter allen Umständen verhindern. Deshalb wiederholte ich häufig meine Warnungen an die Mädchen und hielt ihnen immer wieder Vorträge. »Hören Sie mir gut zu. Wenn Sie in Zivil unterwegs sind und eine Pan-Am-Stewardess in Uniform treffen, sagen Sie auf keinen Fall, dass Sie für die Pan Am fliegen, weil das nicht stimmt«, ermahnte ich sie.

»Wenn Sie Uniform tragen und einer anderen Pan-Am-Stewardess begegnen, die wissen will, was Sie hier tun, antworten Sie nur, Sie machten hier Urlaub. Vielleicht erscheint Ihnen das unehrlich, und das stimmt auch, aber wir haben unsere Gründe. Wir wollen nicht, dass andere Fluggesellschaften von dieser Aktion erfahren. Denn dann würden sie, und das zu Recht, herumposaunen, dass die Pan Am in ihren Anzeigen und Werbebroschüren keine echten Stewardessen einsetzt. Und wie ich Ihnen bereits erklärt habe, möchten wir nicht, dass unsere echten Stewardessen davon erfahren, weil es dann böses Blut geben könnte. Denn eine echte Stewardess wäre sehr froh über so einen Auftrag.«

Die Mädchen arbeiteten in dieser Hinsicht großartig mit. Für unsere Fahrten durch Europa mietete ich einen bequemen, fast luxuriösen VW-Bus. Mein Plan erschien mir eher wie ein Erholungsurlaub als wie eine kriminelle Unternehmung. Denn oft verbrachten wir einige Tage, manchmal sogar eine Woche oder mehr, in malerischen, abgelegenen Städtchen in verschiedenen Ländern. Bei solchen Abstechern hielt ich meine verbrecherischen Neigungen im Zaum, denn ich wollte keine Bauern betrügen.

Nur in Großstädten schlug ich wieder richtig zu. Bevor wir in eine dieser Metropolen einfuhren, hielten wir an und zogen unsere Uniformen an. Bei unserer Ankunft im von mir ausgesuchten Hotel setzte sich die Maschinerie dann in Bewegung und lief bald wieder auf Hochtouren.

Alle zwei Wochen bezahlte ich die Mädchen mit einem gefälschten Gehaltsscheck und ließ sie die Schecks im Austausch für Bares auf mich überschreiben. Da ich alle Kosten übernahm (allerdings glaubten sie, dass Pan Am die Spesen bezahlte), kauften die meisten von ihnen Bankanweisungen und schickten sie nach Hause an ihre Eltern oder an ihre Bank.

Selbstverständlich waren die Mädchen absolut ahnungslos. Während des ganzen Sommers schöpfte nicht eine von ihnen Verdacht, sie könnte an einem Verbrechen beteiligt sein. Sie glaubten, sie seien offiziell bei der Pan Am angestellt. Ich hatte sie gekonnt hinters Licht geführt.

Meine Rolle in diesem Intrigenspiel war zwar sehr angenehm, aber häufig auch arbeitsintensiv und anstrengend. Eine Horde von acht reizenden, lebenslustigen, temperamentvollen und energiegeladenen jungen Mädchen zu bewachen ist, als müsse ein Cowboy auf einer lahmen Mähre eine Horde wilder Stiere hüten. Es ist nahezu unmöglich. Schon ganz zu Anfang hatte ich mir fest vorgenommen, mich mit keinem der Mädchen einzulassen. Allerdings geriet mein Entschluss im Laufe des Sommers einige Male ins Wanken. Jede von ihnen flirtete schamlos mit mir und ich selbst war schließlich auch kein Kind von Traurigkeit. Wenn eines der Mädchen einen Annäherungsversuch unternahm (und das taten sie alle hin und wieder), hatte ich meine liebe Not damit, sie zurückweisen. Doch es gelang mir immer. Das hieß jedoch nicht, dass ich während dieses Sommers wie ein Mönch gelebt hätte. Es boten sich ausreichend Gelegenheiten für eine kleine Liaison mit den Einwohnerinnen der verschiedenen Städte auf unserer Reise, und ich ließ mir keine einzige davon entgehen.

Bei Monique konnte ich hingegen nicht mehr landen. Als ich sie bei unserem Zwischenstopp in Paris aufsuchte, teilte sie mir mit, dass unsere Beziehung zu Ende war. »Ich bleibe deine Freundin, Frank, und ich hoffe, dass du Papa weiterhin im Geschäft hilfst, doch im Gegensatz zu dir möchte ich eine Familie gründen«, sagte sie. »Ich habe einen anderen Mann kennen gelernt, er ist Pilot bei der Air France, und wir machen ernsthafte Pläne für die Zukunft.«

Ich versicherte ihr, ich hätte Verständnis für sie, und war eigentlich ein wenig erleichtert. Außerdem beteuerte ich, ihr Vater werde weiterhin ›Aufträge von der Pan Am‹ bekommen, obwohl das eine Lüge war. Allmählich hatte ich ein schlechtes Gewissen, weil ich Papa Lavalier betrog und ausnutzte. Und deshalb hatte ich beschlossen, ihn nicht mehr für meine verbrecherischen Machenschaften einzuspannen. Außerdem hatte er mir eine derartige Menge an Material geliefert, dass ich ein Dutzend Banken ausräumen konnte, wenn ich alles benutzte.

Die Mädchen und ich beendeten unsere Europatour in Kopenhagen, wo ich sie in ein Flugzeug nach Arizona setzte. Ich gab ihnen einen riesigen Rosenstrauß und eine blumige Abschiedsrede mit auf den Weg in die Vereinigten Staaten, um jeglichen Verdacht, der ihnen vielleicht in den nächsten Wochen kommen würde, zu zerstreuen.

»Behalten Sie Ihre Uniformen und Ihre Dienstausweise und bewahren Sie Ihre Einzahlungsbelege auf«, wies ich sie an. (Ich hatte Ihnen nach dem Einlösen der Schecks immer die Einzahlungsbelege gegeben.) »Wenn Pan Am die Uniformen und Ausweise zurückwill, wird man sich an Sie wenden. Was die Festanstellung betrifft, studieren Sie am besten einfach weiter, denn Sie können erst bei uns anfangen, wenn Sie Ihren Abschluss in der Tasche haben. Dann wird sich ein Vertreter unseres Unternehmens bei Ihnen melden. Wahrscheinlich werde nicht ich es sein, denn man hat mich wieder zum Flugdienst eingeteilt. Also hoffen wir, dass Sie eines Tages wieder zu meiner Crew gehören werden, ich habe diesen Sommer mit Ihnen nämlich sehr genossen.«

Ich hatte mich in Anbetracht der Umstände wirklich großartig amüsiert. Die Mädchen hatten mich zwar einige graue Haare gekostet, mir aber gleichzeitig unwissentlich die Taschen mit viel Geld gefüllt. Die Summe belief sich insgesamt auf etwa dreihunderttausend Dollar.

Die Mädchen hörten wirklich von der Pan Am. Nachdem drei Monate lang ständig Fotos aus verschiedenen europäischen Städten eintrafen, die dieselben acht Mädchen in Pan-Am-Uniformen zeigten, ließen die Werbechefs der Pan Am die Angelegenheit untersuchen. Irgendwann landete die ganze Sache auf O'Rileys Schreibtisch. Er hatte die Angelegenheit rasch geklärt und lieferte der Firmenleitung und den Mädchen die Antwort.

Soweit ich weiß, fanden sich die acht würdevoll damit ab, machten ihren Gefühlen jedoch in drastischen und heftigen Worten Luft.

Nach meinem Abschied von den Mädchen blieb ich noch ein paar Wochen in Europa und kehrte dann in die Vereinigten Staaten zurück, wo ich einige Zeit lang wie ein Zigeuner herumzog. Ich blieb nirgendwo länger als zwei oder drei Tage. Wieder wurde ich launisch, nervös und ruhelos, und das Wissen, dass ich vermutlich für den Rest meines Lebens auf der Flucht sein würde, wie ein Fuchs, der dauernd von Hunden gejagt wird, begann mir aufs Gemüt zu schlagen und sich auf mein Allgemeinbefinden auszuwirken.

Aus Angst, die Hunde könnten schon in der Nähe sein, stellte ich meine Scheckbetrügereien buchstäblich ein, denn ich befürchtete, zusätzliche Spuren zu hinterlassen. Nur selten fühlte ich mich herausgefordert, meine kriminelle Energie zu beweisen.

Eine solche Gelegenheit ergab sich in einer großen Stadt im Mittleren Westen. Ich saß nach meiner Ankunft im Flughafenrestaurant, als ein Gespräch am Nachbartisch – zwischen einem älteren, strengen Herrn und einem sehr jungen, dienstbeflissenen Mann, offenbar einem Angestellten – meine Aufmerksamkeit erregte. Ich entnahm der Unterhaltung, dass der ältere Mann Banker und zu einer Tagung in San Francisco unterwegs war. Und aus seinen Ermahnungen an seinen jüngeren Begleiter schloss ich, er erwarte, dass seine Bank während seiner Abwesenheit Gewinn machte. Er war kühl, barsch und herablassend und offenbar stolz auf seine gehobene Position. Seinen Namen erfuhr ich, als er über die Flughafenlautsprecher ausgerufen wurde: Jasper P. Cashman.

An diesem Nachmittag wühlte ich diskret in Jasper P. Cashmans Vergangenheit, wozu ich die Bibliothek der Lokalzeitung nützte. J. P. Cashman war in dieser Stadt ein bekannter Mann, der sein Vermögen aus dem Nichts aufgebaut hatte. Er hatte als Kassierer bei seiner Bank angefangen, als das Geldinstitut noch über ein Guthaben von weniger als fünf Millionen Dollar verfügte. Inzwischen war er Direktor und das Vermögen der Bank betrug mehr als hundert Millionen.

Am nächsten Tag erkundete ich die Bank. Es war ein neues Gebäude, an dessen großem Schaufenster noch der Werbeslogan für die Vergrößerung prangte. Innen war alles geräumig und hübsch anzusehen. Auf der einen Seite saßen die Kassierer, auf der anderen die jüngeren Sachbearbeiter. Die leitenden Angestellten hatten helle, verglaste Büros. Cashmans Büro befand sich im zweiten Stock. Offenbar hielt J. P. Cashman nichts von zu engem Kontakt zu seinen Untergebenen.

Ich mietete ein Auto und fuhr etwa dreihundert Kilometer weit in ein kleines Städchen, wo ich mit einem gefälschten Barscheck über 10 000 Dollar ein Girokonto eröffnete. Dann kehrte ich in Cashmans Stadt zurück und rief am folgenden Tag seine Bank an. Eigentlich interessierte mich das Geld nicht, das bei meiner Aktion herausspringen würde. Cashmans Benehmen hatte mich abgestoßen, und ich wollte ihn einfach ein bisschen ärgern.

Ich war der Inbegriff eines wohlhabenden Geschäftsmanns, als ich die Bank betrat. Grauer dreiteiliger Anzug, blank polierte Schuhe aus Krokodilleder, eine Krawatte von Countess Mara, ein lederner Aktenkoffer, schlank und elegant.

Cashmans Begleiter vom Flughafen war einer der jüngeren Sachbearbeiter. Sein Schreibtisch war ordentlich aufgeräumt, sein Namensschild funkelnagelneu. Offenbar war er erst vor kurzem befördert worden. Ich ließ mich in den Sessel vor seinem Schreibtisch fallen.

»Ja, Sir, was kann ich für Sie tun?«, fragte er, gebührend beeindruckt von meiner Kleidung und meinem Auftreten.

»Ich bin Robert Leeman aus Junction und muss einen Scheck einlösen, und zwar über einen ziemlich großen Betrag«, erwiderte ich lässig. »Ich habe alle nötigen Ausweispapiere bei mir, und Sie können meine Bank anrufen, um es sich bestätigen zu lassen. Allerdings glaube ich nicht, dass das nötig sein wird. J. P. Cashman kennt mich, und er wird den Scheck akzeptieren. Sie können ihn ja anrufen. Nein, ich tu es selbst, ich muss sowieso mit ihm reden.«

Bevor er sich rühren konnte, griff ich nach seinem Telefon und wählte die richtige Durchwahl von Cashman. Seine Sekretärin hob ab.

»Ja, Mr. Cahsman bitte … Er ist nicht … O ja, das hat er letzte Woche erwähnt. Ich hatte es vergessen. Tja, hören Sie, könnten Sie ihm, wenn er zurückkommt, sagen, dass Bob Leeman hier war. Und richten Sie ihm aus, dass Jean und ich uns darauf freuen, ihn und Mildred in Junction zur Jagd begrüßen zu können. Er wird wissen, was ich meine … Ja, vielen Dank.«

Ich legte den Hörer auf, erhob mich und verzog das

Gesicht. »Offenbar nicht mein Tag«, meinte ich bedrückt. »Ich brauche unbedingt Bargeld, und ich schaffe es nicht rechtzeitig nach Junction und wieder zurück, um dieses Geschäft abzuschließen. Tja, guten Tag, Sir.«

Als ich mich zum Gehen wandte, hielt der junge Bankangestellte mich auf. »Äh, wie hoch ist denn die Summe, die Sie einwechseln wollten, Mr. Leeman?«

»Ziemlich hoch«, erwiderte ich. »Ich brauche 7500 Dollar. Denken Sie, Sie könnten das für mich erledigen? Ich kann Ihnen die Nummer von meiner Bank in Junction geben.« Ohne eine Antwort abzuwarten, ließ ich mich wieder in den Sessel fallen, schrieb einen Scheck über 7500 Dollar aus und reichte ihn dem Mann. Wie ich mir bereits gedacht hatte, rief er nicht in Junction an. Er stand auf und hielt auf eines der verglasten Büros zu. »Sir, ich muss es mir von Mr. James, unserem stellvertretenden Direktor, genehmigen lassen. Aber das tut er ganz sicher. Ich bin gleich zurück.«

Er betrat James' Büro und sagte (wie ich später erfuhr) genau das, was ich ihm bereits signalisiert hatte: »Sir, hier ist ein Mr. Leeman aus Junction, der diesen Scheck über einen ziemlich hohen Betrag einlösen will. Er ist ein persönlicher Freund von Mr. Cashman, und der ist, wie Sie sicher wissen, in San Francisco.«

»Ein persönlicher Freund vom Alten?«

»Ja, Sir, geschäftlich und privat, glaube ich.«

»Lösen Sie ihn ein. Schließlich wollen wir keinen Freund vom Alten verärgern.«

Eine Minute später überreichte der junge Bankangestellte den gefälschten Scheck einer Kassiererin. »Lösen Sie ihn bitte für diesen Herrn ein. Mr. Leeman, ich freue mich, dass ich Ihnen behilflich sein konnte.«

Ich allerdings war nicht sehr zufrieden mit meinem Pawlowschen Hundetrick. Offen gestanden hatte es mir überhaupt kein Vergnügen bereitet. Noch am selben Tag verließ ich die Stadt und machte einige Tage später in einem abgelegenen Dorf in Vermont Station, um in mich zu gehen. Ich hatte finstere Gedanken und kam zu dem Schluss, dass ich nicht mehr lebte, sondern nur noch existierte. Dank meiner ausgeklügelten Schauspielerei, meiner Tricks und meiner Gesetzesverstöße hatte ich ein Vermögen angehäuft, doch ich konnte die Früchte meiner Liebesarbeit nicht genießen. Offenbar war es Zeit, dass ich mich zur Ruhe setzte und mich wie ein Fuchs weit weg in einem sicheren Erdloch verkroch, um zu mir selbst zu finden und dann anzufangen, mir ein neues verbrechensfreies Leben aufzubauen.

Als ich die Länder, die ich bereits besucht hatte, in meinem geistigen Atlas durchging, war ich ein wenig erstaunt, wie weit ich schon herumgekommen war bei meinen Reisen in den letzten Jahren. Ich hatte den Erdball von Singapur bis nach Stockholm, von Tahiti bis nach Triest, von Baltimore bis ins Baltikum umrundet und war noch an vielen weiteren Orten gewesen, die ich längst vergessen hatte.

Einen Namen wusste ich jedoch noch, er fiel mir immer wieder ein, als ich nach einer Zuflucht suchte: Montpellier in Frankreich.

Montpellier. Ich kam zu dem Schluss, dass ich dort in Sicherheit war. Und nachdem ich die Entscheidung gefällt hatte, dachte ich nicht mehr darüber nach.

Doch das hätte ich besser tun sollen.

9
Ist das Trinkgeld in der Rechnung inbegriffen?

Was die Menge angeht, produzieren die Weinberge von Bas Languedoc mehr Wein als alle drei großen französischen Weinregionen zusammen. Doch hinsichtlich der Qualität haben die Weine aus dem Languedoc – mit ein oder zwei Ausnahmen – das Bouquet, den Körper und den Geschmack von abgestandener Kräuterlimonade. Ein rücksichtsvoller Gastgeber serviert gewöhnlichen Languedoc nur mit Hackbratenresten und vorzugsweise denjenigen Besuchern, die er lieber nicht wieder sehen will.

Eigentlich handelt es sich um wirklich miserablen Traubensaft.

Zum Glück für Frankreich wird der Großteil des Weins aus dem Languedoc von den Winzern, Traubenpflückern, Abfüllern und von der Mehrheit der restlichen Bevölkerung selbst getrunken. Frankreich exportiert nur seine großen Weine aus den Gütern von Burgund, Bordeaux und der Champagne, die berechtigtermaßen für ihre Qualität und ihren ausgezeichneten Geschmack berühmt sind.

In Montpellier lernte ich alles über den Weinbau. Und zuallererst lernte ich, die Finger vom hiesigen Landwein zu lassen.

Vermutlich war ich der einzige Wassertrinker in der Stadt. Allerdings war ich nicht des Weins oder des Wassers wegen nach Montpellier gekommen, sondern um mich zu verstecken. Für immer, wie ich hoffte. Ich hatte den Gipfel des Berges der Verbrechen erklommen und die Aussicht war nicht sonderlich berauschend. Nun sehnte ich mich nach den schützenden Tiefen eines ehrlichen Tals.

Auf der Fahrt von Marseille nach Barcelona war ich während einer meiner ersten Europareisen durch Montpellier gekommen, mit dem Zweck, gefälschte Schecks an den Mann zu bringen. Draußen vor der Stadt hatte ich unter einem riesigen Olivenbaum eine Rast eingelegt und ein Picknick aus Käse, Brot, Würsten und Limonade veranstaltet, die ich in der Stadt gekauft hatte. Ganz in der Nähe liefen Traubenpflücker wie Ameisen durch einen riesigen Weingarten, und in der Ferne funkelten die schneebedeckten Gipfel der Pyrenäen in der Sonne. Ich fühlte mich wohl, entspannt, ja, fast glücklich. Als wäre ich endlich zu Hause.

Und in gewisser Weise war ich das auch. Dieser Teil Südfrankreichs war die Heimat meiner Mutter. Sie war dort geboren. Nach ihrer Hochzeit mit meinem Vater und dem Ausbruch des Guerillakrieges in Algier waren ihre Eltern mit den übrigen Kindern hierher zurückgekehrt. Meine Großmutter mütterlicherseits, einige Onkel und Tanten und mehrere Cousinen lebten noch immer eine Fahrtstunde vom Olivenbaum entfernt. Ich unterdrückte den Wunsch, vom Weg abzuweichen und die Verwandten meiner Mutter zu besuchen, und fuhr weiter nach Spanien.

Dieses ruhige, angenehme Erlebnis in der Nähe von Montpellier hatte ich nie vergessen. Und als ich mich im reifen Alter von zwanzig Jahren entschloss, mich aus meinem Beruf als Scheckfälscher und Betrüger zurückzuziehen, wählte ich Montpellier zu meinem Wohnsitz. Es schmeckte mir zwar gar nicht, mich mit einer falschen Identität dort niederzulassen, aber mir blieb nichts anderes übrig.

Montpellier eignete sich in vieler Hinsicht hervorragend für meine Zwecke. Die Stadt lag zu weit im Landesinneren, um die Rivieratouristen anzuziehen. Und

245

doch war das Mittelmeer nah genug, sodass man nach einer kurzen Autofahrt die Küste erreichen konnte.

Außerdem war die Stadt groß genug (achtzigtausend Einwohner), weshalb ein Amerikaner, der sich dort aufhielt, keine allzu große Neugier erwecken würde. Allerdings war sie zu klein für einen internationalen Flughafen oder große Hotelketten. In Montpellier gab es kein Hilton und kein Sheraton, und der winzige Flugplatz war nur für kleine Maschinen gedacht. Dieser Mangel an Flugverbindungen und schicken Hotels war in meinen Augen ein Vorteil. Denn so war die Wahrscheinlichkeit gering, dass ich einem Piloten, einer Stewardess oder einem Hotelangestellten in die Arme lief, die mich vielleicht erkennen würden.

Ich stellte mich in Montpellier als Robert Monjo, erfolgreicher Schriftsteller und Drehbuchautor aus Los Angeles, vor. Erfolgreich musste ich deshalb sein, um das dicke Konto zu erklären, das ich in einer der Banken vor Ort eröffnete. Dabei hinterlegte ich nicht einmal das gesamte Geld, das ich nach Montpellier mitgebracht hatte, denn damit hätte ich nur neugierige Fragen darüber provoziert, wovon ich eigentlich lebte. Die dreifache Summe bewahrte ich in bar, versteckt in meinem Koffer, auf. Allerdings neigten die Einwohner von Montpellier nicht dazu, ihre Nase in anderer Leute Angelegenheiten zu stecken. Man stellte mir nur die allernötigsten Fragen, als ich die Vorbereitungen traf, ein ausländischer Mitbürger dieser Stadt zu werden.

Ich kaufte ein reizendes kleines Häuschen mit einem winzigen Grundstück, das von einem hohen Lattenzaun umgeben war. Der Vorbesitzer hatte dort einen Miniaturgarten angelegt. Der Betreiber des Ladens, wo ich die Möbel für das Haus erstand, stellte mir die Dienste seiner Gattin zur Verfügung, einer fähigen Innenarchitektin, die mir half, die richtigen Stücke auszuwählen und die Räume zu gestalten. Ein Zimmer richtete ich als Arbeitszimmer und Bibliothek ein, um mich glaubhaft als Schriftsteller zu präsentieren, der seine Tage mit Recherche und literarischem Schaffen verbrachte.

Ich erwarb einen Renault, eines der bequemeren Modelle, doch nicht so luxuriös, dass ich damit Verdacht erregt hätte. Schon zwei Wochen später fühlte ich mich zu Hause, geborgen und wohl in meiner neuen Umgebung.

Auch wenn Gott das Languedoc am Mittelmeer, was gute Trauben betraf, vernachlässigt hatte, machte er dieses Versäumnis durch die Menschen wieder wett. Sie waren zumeist bodenständig, liebenswert, höflich und humorvoll, lächelten gerne und waren sehr hilfsbereit. Die Hausfrauen in meiner Nachbarschaft klopften ständig an meine Tür und brachten mir Kuchen, frisches Brot oder eine Portion von ihrem Abendessen. Meinen nächsten Nachbarn, Armand Perigeux, schloss ich sofort ins Herz. Er war ein knorriger Hüne von fünfundsiebzig Jahren, immer noch als Aufseher in einem Weinberg tätig und fuhr täglich mit dem Rad zur Arbeit.

Zu seinem ersten Besuch brachte er zwei Flaschen Wein mit, einen Roten und einen Weißen. »Die meisten unserer Weine eignen sich nicht für amerikanische Gaumen«, sagte er mit freundlicher, aber dröhnender Stimme. »Doch auch im Languedoc gibt es einige wenige gute Weine, und das da sind zwei davon.«

Ich bin kein Weinkenner, doch nachdem ich die guten Weine gekostet hatte, beschloss ich, mir die anderen zu ersparen. Allerdings tranken die Einwohner von Montpellier mehr Wein als jede andere Flüssigkeit. Kein Mittag- oder Abendessen wurde ohne Wein serviert. Ich habe sogar erlebt, dass man sich bereits zum Frühstück ein Gläschen genehmigte.

Von Armand erfuhr ich auch, dass Gott an dem schlechtem Ruf Languedocs als Weinproduzent schuldlos war. Vor fast hundert Jahren, so sagte mein Nachbar, habe ein Insekt, die Reblaus, sämtliche Weinberge in Frankreich verwüstet und der Weinindustrie beinahe den Todesstoß versetzt. »Ich habe gehört, dass dieses Ungeziefer an den Wurzeln von aus Amerika importierten Weinreben nach Frankreich gekommen ist«, meinte Armand. »Aber ich weiß nicht, ob das stimmt.«

Jedenfalls erklärte mir Armand, und er war sich seiner Sache sicher, dass der Großteil der französischen Reben aus amerikanischer Züchtung stamme, die gegen das Insekt immun und mit französischen Sorten veredelt worden seien. Und nachdem ich sein Vertrauen gewonnen hatte, fügte er listig hinzu, die Amerikaner und andere Ausländer tränken vermutlich mehr Weine aus dem Languedoc, als sie ahnten.

Fast täglich führen, wie er mir mitteilte, Tankwagen mit Billigweinen aus dem Languedoc nach Norden in die großen Weingebiete, wo ihre Ladung mit den erlesenen Weinen aus Burgund und Bordeaux vermischt würden. »Das nennt man Strecken, so als ob man Wasser in den Whiskey schüttet«, sagte Armand. »Ich halte das für Betrug.«

Laut Armand war Montpellier genau die richtige Stadt, um etwas über Wein zu lernen. »Hier bei uns befindet sich die französische Weinuniversität«, verkündete er stolz. »Dort können Sie auch studieren.«

Ich besuchte die Universität nicht. Da ich kein Weinfreund war und nur bei gesellschaftlichen Anlässen ein Gläschen trank, hatte ich nicht das Bedürfnis, mehr darüber zu erfahren. Mir genügten die wenigen Informationen, die ich von Armand erhielt. Er war ein guter Lehrer, prüfte mich nie und verteilte auch keine Noten.

Es fiel mir schwer, mich zu beschäftigen. Das Nichtstun ist harte Arbeit. Viel Zeit verbrachte ich mit Herumfahren. An der Küste erkundete ich ein paar Tage lang die Sanddünen. An der spanischen Grenze kletterte ich für ein paar Stunden in den Pyrenäen herum. Hin und wieder besuchte ich Armands Weinberg oder den eines anderen Gutes. Am Ende des ersten Monats fuhr ich in das kleine Dorf, in dem meine Großeltern wohnten, und blieb drei Tage lang bei ihnen. Da meine Großmutter und meine Mutter sich regelmäßig schrieben, wusste sie, was sich zu Hause tat. Ich entlockte ihr alles, ohne dass sie es merkte, denn ich wollte ihr nicht sagen, dass ich den Kontakt zu meiner Familie abgebrochen hatte. Meiner Mutter ging es gut, meiner Schwester und meinen Brüdern ebenfalls. Mein Vater war noch immer in meine Mutter verliebt, was meine Großmutter amüsant fand. Offenbar hatte meine Mutter meiner Großmutter erzählt, ich würde per Anhalter durch die Welt reisen, um ein Ziel zu finden und über meine Zukunft zu entscheiden. Während meines Besuches ließ ich sie in diesem Glauben.

Ich verriet meinen Großeltern nicht, dass ich in Montpellier lebte, und sagte, ich wäre unterwegs nach Spanien, wo ich plante, mich vielleicht an einer Universität einzuschreiben. Während meiner Zeit in Montpellier besuchte ich meine Verwandten noch einmal. Ich erklärte ihnen, mir hätte keine Universität in Spanien gefallen, weshalb ich weiter nach Italien wollte, um mir die dortigen Hochschulen anzusehen.

Da mir das Leben in Montpellier immer mehr zusagte, spielte ich tatsächlich mit dem Gedanken, etwas für meine Bildung zu tun. Montpellier ist Sitz einer der zwanzig Universitätsbezirke Frankreichs und verfügt über eine kleine, aber feine staatliche Universität. Bei meinem Besuch dort erfuhr ich, dass Ausländern verschiedene Seminare offen standen, die allerdings nicht auf Englisch unterrichtet wurden. Das jedoch bedeutete für mich keinen Hinderungsgrund, da Französisch meine Zweitsprache war, die ich von meiner Mutter gelernt hatte.

Außerdem überlegte ich, ob ich mir eine Stelle suchen

oder ein kleines Geschäft eröffnen sollte, vielleicht einen Schreibwarenladen, da ich von dem untätigen Luxusleben immer fetter und träger wurde. Selbst Armand fiel mein zunehmender Leibesumfang auf. »Beim Schreiben kriegt man wenig Bewegung, was, Robert?«, meinte er und bohrte mir den Finger in den Bauch.

»Warum arbeitest du nicht bei mir im Weinberg, ich werde schon dafür sorgen, dass du abnimmst und Muskeln bekommst.« Ich lehnte das Angebot ab. Körperliche Arbeit ist nicht meine Stärke. Aber ich konnte mich auch nicht aufraffen, Sport zu treiben.

Ich grübelte immer noch darüber nach, ob ich mich an der Universität einschreiben oder mir eine Stelle suchen sollte, als beide Überlegungen auf einmal hinfällig wurden. Vier Monate, nachdem ich mich in Montpellier niedergelassen hatte, erfuhr ich die bittere Wahrheit: Wenn die Hunde einen Helfer haben, gibt es für den Fuchs kein sicheres Versteck.

Ich kaufte regelmäßig in einem (für amerikanische Begriffe) kleinen Supermarkt am Rand von Montpellier ein, den Armand mir empfohlen hatte. Etwa zweimal wöchentlich ging ich dorthin, um meine Vorräte aufzustocken, oder wenn ich sonst etwas brauchte. An diesem Tag war wieder eine Einkaufsexpedition angesagt. Der Kassierer packte gerade meine Sachen ein, als mir einfiel, dass ich die Milch vergessen hatte. Ich bat den Jungen, meine Einkäufe beiseite zu stellen (es warteten noch andere Leute in der Schlange), und schlenderte in den hinteren Teil des Ladens, um die Milch zu holen. Auf dem Rückweg zur Kasse umrundete ich ein Regal mit Konservendosen und sah vier Männer an der Theke stehen. Die übrigen Kunden und der Kassierer waren verschwunden.

Der eine Mann hatte eine Flinte in der Hand, die Waffe seines Komplizen schien ein Maschinengewehr mit kurzem Lauf zu sein, und die anderen beiden hatten

Pistolen. Mein erster Gedanke war, dass es sich um Banditen handelte, die den Laden ausrauben wollten, und dass die Angestellten und Kunden auf dem Boden lagen.

Doch als ich herumwirbelte, um mich hinter den Regalen zu verstecken, rief einer der Männer: »Abagnale!«

Ich duckte mich hinter die Regale, stand aber plötzlich vor drei uniformierten Gendarmen, die alle mit ihren Pistolen auf mich zielten. Dann kamen sie von sämtlichen Seiten, Männer in Uniform, Männer in Zivil, und alle hatten eine Pistole, eine Flinte, ein Maschinengewehr oder ein Gewehr auf mich gerichtet. Befehle sausten mir um die Ohren wie das Knallen einer Peitsche.

»Hände hoch!«

»Hände auf den Kopf!«

»Breitbeinig ans Regal!«

»Mit dem Gesicht nach unten auf den Boden!«

Ich erhob die Hände und wusste nicht, welches der anderen Kommandos ich befolgen sollte. Ich wollte nur auf keinen Fall erschossen werden. Einige der Beamten hantierten mit ihren Waffen herum, dass es mir Angst machte. Sie erschreckten sogar ihre eigenen Kollegen damit.

»Um Himmels willen, schießen Sie nicht!«, rief ich. »Wenn mir einer von Ihnen sagt, was ich tun soll, mache ich es.«

Ein hoch gewachsener, magerer Mann mit strengem Gesicht wies mit seiner Pistole auf mich. »Auf den Boden, mit dem Gesicht nach unten!«, bellte er. Ich gehorchte, unterstützt von einigen nicht sonderlich liebevollen Händen. Grob wurden mir die Arme auf den Rücken gedreht, und dann legte man mir ziemlich unsanft eiserne Ringe um die Handgelenke.

Anschließend wurde ich brutal auf die Füße gezerrt und, umzingelt von Inspektoren der Sûreté, Interpol-Agenten, Gendarmen und einer Reihe weiterer Bullen, aus dem Laden geschleppt. Unfreundlich stieß man mich auf den Rücksitz eines Zivilfahrzeugs. Ich kann nicht behaupten, dass die französische Polizei zur Gewaltanwendung neigt, doch sie behandelt Verdächtige eindeutig mit übertriebener Härte. Ich wurde direkt zum Polizeirevier von Montpellier gefahren. Unterwegs sprach niemand ein Wort.

Im Revier brachten mich der strenge Inspektor und zwei weitere Beamte, ebenfalls Mitarbeiter der Sûreté, in einen kleinen Raum. Französische Polizisten genießen im Umgang mit Verbrechern große Freiheiten, insbesondere bei Vernehmungen von Beschuldigten. Sie kommen sofort auf den Punkt und sparen sich die Mühe, dem Verdächtigen seine Rechte vorzulesen. Ich glaube, ein Krimineller hat in Frankreich gar keine Rechte.

»Ich bin Marcel Gaston von der Sûreté«, sagte der magere Beamte barsch. »Und Sie sind Frank Abagnale, richtig?«

»Mein Name ist Robert Monjo«, erwiderte ich entrüstet. »Ich bin Schriftsteller aus Kalifornien, also amerikanischer Staatsbürger. Ich fürchte, Sie haben einen schweren Fehler gemacht, meine Herren.«

Gaston ohrfeigte mich, was ziemlich wehtat. »Die meisten Fehler, die ich mache, Monsieur, sind schwerer Natur. Aber in diesem Fall habe ich mich nicht geirrt. Sie sind Frank Abagnale.«

»Ich bin Robert Monjo«, beteuerte ich und suchte in ihren Gesichtern nach Anzeichen aufkommenden Zweifels.

Einer der anderen Sûreté-Beamten trat vor, die Hand zur Faust geballt. Doch Gaston hielt ihn mit ausgestrecktem Arm zurück, allerdings ohne den eindringlichen Blick von mir abzuwenden. Dann zuckte er die Achseln.

»Wir könnten es aus Ihnen rausprügeln, doch das ist

überflüssig«, meinte er. »Ich habe unendlich viel Zeit, Abagnale, aber ich beabsichtige nicht, sie mit Ihnen zu verschwenden. Wir könnten Sie eine Ewigkeit hier festhalten, oder wenigstens so lange, bis wir Zeugen ausfindig gemacht haben, die Sie identifizieren können. Außer natürlich, Sie entscheiden sich, mit uns zusammenzuarbeiten. Ansonsten sperren wir Sie zu den Betrunkenen und Kleinkriminellen in eine Zelle. Dort können Sie meinetwegen eine oder zwei Wochen schmoren, das interessiert mich nicht. Jedenfalls werden Sie kein Essen und kein Wasser erhalten, bis Sie sich zu einem Geständnis durchringen. Warum beantworten Sie unsere Fragen also nicht jetzt gleich? Wir wissen, wer Sie sind und was Sie getan haben. Sie würden sich eine Menge Scherereien ersparen.

Und noch etwas, Abagnale: Wenn Sie es uns unnötig erschweren, an die Informationen heranzukommen, die Sie uns auch jetzt gleich geben könnten, werde ich das nicht vergessen. Und Sie werden sich Ihr Leben lang an die Folgen erinnern, das schwöre ich Ihnen.«

Ich betrachtete Gaston, und mir war klar, dass er jedes Wort ernst gemeint hatte. Marcel Gaston war ein harter Brocken.

»Ich bin Frank Abagnale«, sagte ich.

Allerdings bekamen sie von mir nicht das erwartete Geständnis. Ich erwähnte keine Einzelheiten der Straftaten, die ich in Frankreich begangen hatte, aus eigenem Antrieb. Doch wenn sie über eine Aktion im Bilde waren und sie mir schilderten, nickte ich und erwiderte: »So ungefähr ist es gewesen« oder: »Ja, ich war es.«

Gaston setzte ein Protokoll auf, das eine große Anzahl meiner Verbrechen und die Umstände meiner Verhaftung und Vernehmung enthielt, und gab es mir zu lesen. »Wenn das im Großen und Ganzen stimmt, helfen Sie sich selbst, wenn Sie es unterschreiben«, meinte er.

Ich konnte nichts dagegen einwenden. Er hatte sogar vermerkt, dass er mich geohrfeigt hatte. Ich unterschrieb.

Die Niederschrift verriet mir außerdem, wie man mir auf die Schliche gekommen war. Obwohl Montpellier nicht von größeren Fluggesellschaften angeflogen wurde, kamen Stewardessen und anderes Flugpersonal häufig hierher. Eine Stewardess, die in Montpellier Verwandte besuchte, hatte mich vor ein paar Wochen beim Einkaufen gesehen und mich erkannt. Sie hatte beobachtet, wie ich ins Auto stieg, und sich die Autonummer notiert. Zurück in Paris hatte sie sich an ihren Kapitän gewandt und ihm von ihrem Verdacht erzählt. Sie war sich ihrer Sache so sicher, dass der Kapitän die Polizei verständigte.

»Ich bin überzeugt, dass er es ist, ich bin mal mit ihm gegangen«, beharrte sie.

Ich erfuhr nie, welche Stewardess der Air France mich verraten hatte. Niemand sagte es mir. Im Laufe der Jahre hatte ich mit einigen von ihnen ein Verhältnis gehabt. Ich hoffte nur, dass es nicht Monique gewesen war, aber ich kenne den Namen der Informantin bis heute nicht. Allerdings habe ich Monique eigentlich nicht im Verdacht. Sie hätte mich zur Rede gestellt.

Sechs Tage wurde ich in Montpellier festgehalten. In dieser Zeit boten mir verschiedene Anwälte ihre Dienste an. Ich entschied mich für einen Mann mittleren Alters, dessen Art und Aussehen mich an Armand erinnerten, obwohl er offen zugab, er könne mir vermutlich nicht zur Freiheit verhelfen. »Ich habe mir die Unterlagen der Polizei genau angesehen, sie können Ihnen alles nachweisen«, stellte er fest. »Das Beste, worauf wir hoffen können, ist eine milde Strafe.«

Ich erwiderte, ich sei damit zufrieden.

Zu meiner Überraschung wurde ich eine knappe Woche nach meiner Verhaftung nach Perpignan verlegt.

Schon am nächsten Tag wurde ich einem Geschworenengericht vorgeführt, das aus einem Richter, zwei Assessoren (Staatsanwälten) und einer neunköpfigen Jury aus Normalbürgern bestand, die alle über meine Schuld oder Unschuld entscheiden sollten.

Die Verhandlung machte nicht viel her und dauerte kaum zwei Tage. Gaston zählte die mir vorgeworfenen Verbrechen und die gegen mich gesammelten Beweise auf, die die Anklage untermauern sollten. Außerdem stand eine große Anzahl Zeugen bereit, um gegen mich auszusagen.

»Bekennt sich der Angeklagte schuldig oder nicht schuldig?«, fragte der Richter meinen Anwalt.

»Mein Mandant streitet die ihm vorgeworfenen Straftaten nicht ab«, erwiderte der Anwalt. »Im Interesse der Zeitersparnis würde ich unsere Position gerne jetzt schon kurz darstellen.«

Daraufhin erging er sich in einem wortgewaltigen und leidenschaftlichen Appell, in meinem Fall Milde walten zu lassen. Er führte meine Jugend ins Feld – ich war noch keine einundzwanzig – und beschrieb mich als bedauernswerten und irregeleiteten jungen Mann, aus desolaten Familienverhältnissen stammend und »eigentlich eher ein auf die schiefe Bahn geratener Jugendlicher als ein wirklicher Verbrecher«. Außerdem wies er darauf hin, dass etwa ein Dutzend anderer europäischer Länder offiziell meine Auslieferung beantragt hatten, nachdem meine Schuld gegenüber Frankreich abgebüßt war.

»Dieser junge Mann wird seine Heimat wahrscheinlich viele Jahre lang nicht wiedersehen. Und wenn er zurückkehrt, dann in Ketten, um dort erneut im Gefängnis zu landen«, sagte der Anwalt. »Ich muss Sie nicht eigens darauf hinweisen, wie hart das Leben im Gefängnis ist, das ihm hier bevorsteht. Deshalb bitte ich das Gericht, diese Punkte bei der Straffestsetzung in Betracht zu ziehen.«

Ich wurde schuldig gesprochen. Doch damals dachte ich triumphierend, dass mein Anwalt zwar eine Schlacht verloren, den Krieg jedoch gewonnen hätte. Der Richter verurteilte mich zu nur einem Jahr Gefängnis.

Ich wurde in die Strafanstalt von Perpignan geschickt, ins ›Arrestgebäude‹, eine düstere, bedrohlich wirkende, steinerne Festung aus dem siebzehnten Jahrhundert. Erst nach ein paar Tagen dort wurde mir klar, wie ausgesprochen milde der Richter gewesen war.

Ich wurde von zwei Wachen in Empfang genommen, die mir barsch befahlen, mich auszuziehen. Dann führten sie mich, immer noch nackt, in ein oberes Stockwerk und einen schmalen Flur entlang, an dem keine Zellen im eigentlichen Sinn lagen. In die Steinmauern zu beiden Seiten waren massive Stahltüren eingelassen. Vor einem dieser Eisentore blieben die Wachen stehen, einer der Wachmänner schloss auf und öffnete die Tür. Sie schwang mit einem Kreischen zurück, das mich an einen Horrorfilm erinnerte. Dann stieß mich der andere Wachmann in die dunkle Zelle. Ich stolperte, fiel hin und stieß mir den Kopf an der Wand. Ich hatte nämlich nicht bemerkt, dass die Zelle tiefer gelegt war, und die beiden Stufen nicht gesehen, die zum Boden hinunterführten.

Ich saß in völliger Dunkelheit – einer feuchtkalten, angsteinflößenden Dunkelheit, die einem den Atem raubte. Als ich aufstand, um den Lichtschalter zu ertasten, prallte ich mit dem Kopf gegen die Stahldecke.

Es gab weder einen Lichtschalter in der Zelle noch eine Lampe. Genau genommen gab es hier nichts weiter als einen Eimer. Kein Bett, keine Toilette, kein Waschbecken, keinen Abfluss. Gar nichts. Nur den Eimer. Es war eigentlich keine Zelle, sondern eher ein Verlies, ein überirdischer Kerker, etwa anderthalb Kubikmeter groß. Decke und Tür bestanden aus Stahl,

Fußboden und Wände aus Stein. Decke und Tür fühlten sich kalt an, an den Wänden liefen ständig eisige Tränen hinab.

Ich wartete darauf, dass sich meine Augen an die Dunkelheit gewöhnten. Von nirgendwoher fiel Licht in die Zelle. Es gab weder einen Türspalt noch Risse in den Wänden. Die alte Tür zu meiner Gruft aus Stahl und Stein schien sich wie hermetisch abgeriegelt in ihren Rahmen zu fügen. Meine Augen gewöhnten sich nicht an die Lichtverhältnisse. Augen können sich nämlich nicht an absolute Dunkelheit gewöhnen.

Es drang Luft in die Zelle. Immer wieder strich ein kalter Luftzug wie feuchtkalte Finger über meinen Körper. Das unheimliche Gefühl und die Kälte verursachten mir Gänsehaut. Ich fragte mich, woher die Luft kam. Doch ganz gleich, wo der Eingang war, er lag ebenfalls im Dunkeln.

Zitternd sank ich zu Boden und fühlte mich wie lebendig begraben. Die Panik führte dazu, dass ich noch heftiger zitterte. Ich versuchte mich zu beruhigen, indem ich vernünftig über meine Lage nachdachte. Ganz sicher, so sagte ich mir, handelte es sich hier nicht um die Zelle, die ich ein Jahr lang bewohnen würde. Wahrscheinlich war ich nur zur Beobachtung hier. Diese Theorie verwarf ich sofort: Wer mich in dieser Zelle beobachten wollte, brauchte Röntgenaugen. Also gut, man wollte mir einen Vorgeschmack dessen vermitteln, was mir blühte, wenn ich mich danebenbenahm. Ich klammerte mich an diese zweite These. Ja, mit dieser Behandlung wollte man sich mein Wohlverhalten sichern, nachdem man mich zu den anderen Gefangen gebracht hatte. Schließlich wurden nur aufsässige Sträflinge unter solchen Bedingungen in Einzelhaft genommen. Oder? Gewiss war es in einem zivilisierten Land nicht zulässig, dass Gefängnisse ihre Insassen grundlos derart grausam und unmenschlich bestraften.

In Frankreich ist das allerdings anders. Zumindest war es damals so.

An meinem ersten Tag im Gefängnis von Perpignan bekam ich nichts zu essen. Am späten Nachmittag war ich in meine finstere Zelle gesperrt worden. Einige Stunden später legte ich mich erschöpft, durchgefroren, hungrig, entsetzt, verängstigt und verzweifelt auf den kalten Boden und schlief ein. Dazu musste ich mich zu einer Kugel zusammenrollen, denn ich bin eins achtzig groß.

Das Quietschen der Tür weckte mich auf. Ich setzte mich und zuckte vor Schmerz zusammen, da mir wegen der unbequemen Schlafposition alles wehtat. Der undeutliche Umriss eines Wachmanns ragte auf der Schwelle auf. Er stellte etwas auf die Stufen meiner Krypta. Als er sich aufrichtete, um die Tür zu schließen, setzte ich mich in Bewegung.

»Warten Sie! Warten Sie!«, rief ich, kroch zur Tür und drückte von innen dagegen, um zu verhindern, dass er sie wieder schloss.

»Warum bin ich hier? Wie lange muss ich hier bleiben?«

»Bis Sie Ihre Strafe abgesessen haben«, erwiderte er und stieß die Tür zu. Die Worte hallten mir in den Ohren, so endgültig und metallisch wie die Tür, die gegen den steinernen Türstock stieß.

Entsetzt von der schrecklichen Wahrheit, taumelte ich zurück. Ein Jahr? Ein Jahr lang sollte ich in diesem schwarzen Sarg leben? Ohne Licht? Ohne Bettzeug? Ohne Kleider? Ohne Toilette? Und ohne viele andere Dinge, die ich mir gar nicht vorzustellen wagte? Das war unmöglich, sagte ich mir. Kein Mensch konnte in dieser dunklen Leere unter solchen Bedingungen ein Jahr überstehen. Er würde sterben, und sein Tod würde langsam und qualvoll sein. Man hätte mich besser zum Tod auf der Guillotine verurteilen sollen. Ich liebte

Frankreich. Aber was für ein Land war das, das für ein Verbrechen wie meines derartige Strafen verhängte? Und falls die Regierung nichts von diesen Bedingungen in den Gefängnissen wusste, die Bevölkerung nichts davon ahnte, was für Menschen mochten die Mitarbeiter im französischen Strafvollzug sein, in deren Hände ich geraten war? Zweifellos grausame Ungeheuer, Verrückte und Perverse.

Auf einmal fürchtete ich mich. Ich hatte Todesangst und fragte mich, wie – oder ob – ich ein Jahr in diesem Abgrund der Hölle überleben konnte. Seit meinem Aufenthalt im Arrestgebäude von Perpignan werde ich von Albträumen gequält. Verglichen mit diesem Gefängnis war das schwarze Loch von Kalkutta ein Kurort und die Teufelsinsel eine Ferienanlage.

Ich hatte nicht erwartet, dass das Leben im Gefängnis leicht werden würde. Meine einzige Erfahrung hinter Gittern, die nur wenige Stunden lang währte, hatte in mir die Überzeugung wachsen lassen, dass Gefängnisse und Strafanstalten nicht unbedingt zu Wohnzwecken zu empfehlen waren. Doch nichts, was ich je gelesen, gehört oder gesehen hatte, hatte mich darauf vorbereitet, dass eine Haft so brutal und grausam sein konnte.

Ich ertastete das Essen, das der Wachmann mir gebracht hatte. Es waren ein Krug mit einem Liter Wasser und ein kleiner Laib Brot. Das schlichte Frühstück war nicht einmal auf einem Tablett serviert worden. Der Wachmann hatte den Krug einfach auf die oberste Stufe gestellt und das Brot daneben auf den Stein fallen gelassen. Doch das war mir egal. Ich verschlang den Brotlaib und stürzte das Wasser in einem Zug herunter. Dann lehnte ich mich bedrückt gegen die feuchte Granitmauer und dachte über die Wege der französischen Justiz nach.

Ich war nicht zu einer Haftstrafe verurteilt worden,

sondern zu Höllenqualen, mit dem Ziel, Körper und Geist zu brechen.

Der Speiseplan in Perpignan änderte sich nie. Zum Frühstück erhielt ich Brot und Wasser, das Mittagessen bestand aus dünner Hühnerbrühe und einem Laib Brot, das Abendessen aus einer Tasse schwarzen Kaffee und einem Laib Brot. Die einzige Abwechslung in diesen eintönigen Mahlzeiten bestand in Uhrzeit und Reihenfolge, in der man sie mir brachte. Ich hatte keine Möglichkeit festzustellen, wie spät es war, und bald verlor ich den Überblick über die Tage. Die Wachmänner, die mir das Essen servierten, hinderten mich weiter an meinen Versuchen, einen Zeitplan und Kalender aufrechtzuerhalten, indem sie mir meine mageren Rationen nie zur gleichen Stunde zuteilten. Zum Beispiel bekam ich einige Tage lang Frühstück, Mittagessen und Abendessen regelmäßig um sieben, um zwölf und um fünf. Dann jedoch wurde das Mittagessen plötzlich um zehn Uhr vormittags gebracht, Abendessen gab es um zwei und Frühstück um sechs. Ich kann die Zeiten nur schätzen, denn eigentlich wusste ich nie genau, wann man mich fütterte oder ob es Tag oder Nacht war. Nicht selten geschah es, dass ich nur zweimal täglich etwas erhielt. Hin und wieder ließ man mich einen ganzen Tag lang hungern.

Ich verließ die Zelle nie. Nicht ein einziges Mal während meines Aufenthalts in diesem grauenhaften Gefängnis durfte ich ins Freie, um mir Bewegung zu verschaffen und frische Luft zu schöpfen. Sofern das Gefängnis über einen Aufenthaltsraum verfügte, wo die Gefangenen lesen, Briefe schreiben, Radio hören, fernsehen oder Spiele spielen konnten, war ich keiner von den Privilegierten, denen diese Einrichtung zugänglich war. Ich durfte auch keine Briefe schreiben. Und falls meine Verwandten wussten, dass ich in Perpignan einsaß, und mir ihrerseits schrieben, erhielt ich die Post nie.

Meine Anfragen an die Wachen, die mir die Mahlzeiten brachten, ob ich mich mit meinen Angehörigen, meinem Anwalt, dem Roten Kreuz, dem Gefängnisdirektor oder der amerikanischen Botschaft in Verbindung setzen könnte, wurden einfach ignoriert – bis auf ein Mal.

Der Wachmann schlug mich mit seiner riesigen Pranke an die Schläfe. »Sprich nicht mit mir«, knurrte er. »Das ist verboten. Sprich nicht, sing nicht, pfeif nicht, summ nicht und mach auch sonst kein Geräusch, sonst gibt es Prügel.« Mein weiteres Flehen unterbrach er, indem er die Tür zuknallte.

Der Eimer war meine Latrine. Ich erhielt weder Toilettenpapier, noch wurde der Eimer nach Gebrauch geleert. Bald gewöhnte ich mich an den Gestank, doch als der Eimer nach einigen Tagen überlief, musste ich in meinen eigenen Fäkalien sitzen und schlafen. Inzwischen war ich an Körper und Geist so abgestumpft, dass es mich nicht mehr ekelte. Nach einer Weile jedoch wurde offenbar sogar den Wachen von dem Geruch übel. Eines Tages, zwischen den Mahlzeiten, öffnete sich quietschend die Tür. Ein anderer Sträfling huschte, verstohlen wie eine Ratte, herein, packte den Eimer und verschwand. Ein paar Minuten später bekam ich ihn leer zurück. Während meiner Zeit in dem winzigen Grab wurde diese Prozedur etwa ein halbes Dutzend Mal wiederholt. Doch nur zweimal in der Zeit meiner Gefangenschaft wurde der Boden der Zelle von Fäkalien gereinigt. Immer stand ein Wachmann an der Tür, während ein Häftling die Zelle mit dem Schlauch ausspritzte und das Wasser aufwischte, das sich in meiner Gruft angesammelt hatte. Beide Male gelang es mir, rasch in dem Wasserstrahl des Schlauches zu duschen, wobei ich riskierte, mir den Zorn des Wachmanns zuzuziehen. Und beide Male verlief die Putzaktion in absolutem Schweigen.

Es waren die einzigen Gelegenheiten, mich während

meiner Haft zu säubern, auch wenn ich hin und wieder einen Teil meiner Wasserration dazu verwendete, mir die Hände zu waschen oder das Gesicht zu benetzen.

Ich durfte mich weder rasieren noch schnitt man mir die Haare. Da ich ziemlich stark behaart bin und keine Möglichkeit hatte, das Wachstum einzudämmen, wucherten Haupthaar und Bart kräftig. Bald fielen mir die Haare als verfilzter, schmutziger Umhang bis über die Schultern, und mein Bart berührte meine Brust. Haare und Bart waren fettig und mit Exkrementen durchsetzt, denn ich konnte nicht verhindern, dass ich mit meinen eigenen Ausscheidungen in Berührung kam.

Läuse und anderes Ungeziefer, das klein genug war, um sich Zutritt zu der stinkenden Zelle zu verschaffen, nisteten sich in meiner Körperbehaarung ein und labten sich an mir. Vom Kratzen bekam ich wunde Stellen, die sich wegen des Kontakts mit dem allgegenwärtigen Dreck entzündeten. Binnen kurzem verwandelte sich mein Körper in eine Ansammlung von Wunden, eine lebendige Petrischale, in der unzählige Arten von Bakterien gediehen. In dem engen Loch und der ewigen Dunkelheit verlor ich den Gleichgewichtssinn und stürzte häufig, wenn ich versuchte, herumzugehen, mich zu strecken und einfache gymnastische Übungen zu machen. Ich schürfte mich an den rauen Wänden und dem harten Boden auf oder stieß mich an, wodurch ich weitere Verletzungen davontrug.

Bei meiner Einlieferung in Perpignan hatte ich über hundert Kilo gewogen. Doch die eintönigen Mahlzeiten enthielten nicht genügend Nährstoffe und Kalorien, um mich satt zu machen. Mein Körper begann, sich selbst, Muskeln und Sehnen, aufzuzehren, und ernährte sich von Fettreserven und fetthaltigem Gewebe, um die Funktionen von Herz und Kreislauf zu gewährleisten. Schon nach wenigen Wochen konnte ich meinen Bizeps mit den Fingern umfassen.

In meinem Unglück war ich nicht allein. Bald wurde mir klar, dass hinter den meisten, wenn nicht gar hinter allen Stahltüren in Perpignan ein bedauernswerter Häftling schmachtete.

Die Steinwände zwischen den Zellen waren zwar zu dick, um Gespräche zwischen Zellennachbarn zuzulassen, allerdings keineswegs schalldicht. Unverständliche Rufe, Flüche, Schmerzensschreie, Heulen, gedämpftes Stöhnen und Weinen hallten fast ständig draußen über den Flur. Manchmal verstummte es abrupt, setzte jedoch schon wenige Minuten später wieder ein. Diese Geräusche, die stets von Verzweiflung kündeten, durchdrangen die Wände meines feuchten Lochs, strömten durch die Steine und stiegen aus dem Boden auf wie das Seufzen und Schluchzen trauriger Gespenster. Ab und zu jedoch klangen sie auch wütend und zornig und erinnerten mich an das entfernte Jaulen eines Wolfes oder das trotzige Geheul eines verwundeten Kojoten.

Hin und wieder war auch ich es, der diese Laute ausstieß, denn ich sprach in meiner Einsamkeit oft mit mir selbst, nur um den Klang einer menschlichen Stimme zu hören. Gelegentlich stand ich auch gebückt vor der Tür, schrie die Wachen an, sie sollten mich rauslassen, oder forderte, wie ein Mensch behandelt zu werden, also mit Achtung und Rücksicht, wenn nicht gar mit Respekt. Ich verfluchte sie. Ich verfluchte mich selbst. Ich brüllte und tobte, weinte und kreischte, sang oder leierte Satzfetzen vor mich hin. Ich lachte und schrie und schlug mit dem Eimer gegen die Wände, dass die Exkremente überall in meiner sargähnlichen Zelle herumspritzten. Ich hatte das Gefühl, den Verstand zu verlieren.

Ich zweifelte nicht daran, dass viele Insassen Perpignans verrückt waren, in den Wahnsinn getrieben von der Willkür, mit der man sie behandelte. Nach einigen

Wochen war ich sicher, dass auch ich bald überschnappen würde. Meine Fähigkeit, zwischen Wirklichkeit und Fantasie zu unterscheiden, ließ nach, und ich fing an zu halluzinieren. Ich war wieder im Royal Gardens, umgeben von meiner reizenden ›Crew‹, labte mich an Hummer oder Roastbeef oder schlenderte, den Arm um Monique gelegt, die goldenen Strände der Costa Brava entlang. Dann jedoch erwachte ich wieder in meinem dumpfen Kerker, watete in meinen eigenen Ausscheidungen und verfluchte das Schicksal, das mich nach Perpignan gebracht hatte.

Ich glaube tatsächlich, dass ich verrückt geworden und als Geisteskranker im Gefängnis von Perpignan gestorben wäre, hätte ich keine so lebhafte Fantasie gehabt. Die Kreativität, die es mir ermöglicht hatte, im Laufe der Jahre so viele brillante Betrügereien zu verwirklichen – und der ich meine augenblickliche missliche Lage verdankte –, rettete mir nun das Leben.

Wenn ich schon halluzinierte, so beschloss ich, würde ich wenigstens das träumen, was ich wollte. Also begann ich, meine eigenen Fantasien zu inszenieren. Wenn ich zum Beispiel auf dem Boden saß, stellte ich mir vor, wie ich in Pilotenuniform ausgesehen hatte. Ich tat so, als wäre ich wirklich Pilot und befehligte eine 707. Plötzlich verwandelte sich die enge, widerwärtige und feuchte Gruft, in der ich gefangen gehalten wurde, in ein elegantes, sauberes Flugzeug, besetzt mit fröhlichen, aufgeregten Passagieren und bemannt mit schicken, atemberaubenden Stewardessen. Unter Einsatz des Pilotenjargons, den ich mir im Laufe der Zeit angeeignet hatte, tat ich, als lenkte ich die Maschine vom Terminal weg, fragte beim Tower nach der Startgenehmigung und ließ das gewaltige Flugzeug in die Lüfte steigen, bis ich die Flughöhe von zwölftausend Metern erreicht hatte.

Dann griff ich nach dem Mikrofon der Bordsprechanlage: »Meine Damen und Herren, hier spricht ihr Kapitän. Willkommen an Bord von Flug 572 der Abagnale Airlines von Seattle nach Denver. Zurzeit fliegen wir mit einer Geschwindigkeit von neunhundertzwanzig Stundenkilometern. Wir erwarten gute Wetterbedingungen und deshalb einen ruhigen Flug bis nach Denver. Diejenigen, die auf der Steuerbordseite sitzen – das ist die rechte Seite der Maschine –, haben einen ausgezeichneten Blick auf den Mount Rainier, ein Stück unter sich in der Ferne. Der Mount Rainier ist, wie Sie sicher wissen, mit einer Höhe von viertausendachthundert Metern der höchste Berg im Staat Washington …«

Natürlich war ich manchmal auch ein Held, manövrierte meine Maschine durch schreckliche Stürme oder behob gefährliche technische Probleme, um meine menschliche Fracht unbeschadet ans Ziel zu bringen. Dann sonnte ich mich in der Dankbarkeit meiner Passagiere. Besonders in der der Frauen. Der schönen Frauen wohlgemerkt.

Oder ich stellte mir vor, ich sei Fahrer eines Touristenbusses und zeigte einer Gruppe begeisterter Fahrgäste die Schönheit des Grand Canyon oder die Attraktionen von San Antonio, New Orleans, Rom, New York (ich erinnerte mich tatsächlich daran, dass es in New York Attraktionen gab) oder einer anderen historischen Stadt und unterhielt sie mit meinem schnellen und witzigen Redefluss. »Nun, die Villa links von Ihnen, meine Damen und Herren, ist das Zuhause von J. P. Greenstuff. Er ist einer der Gründer dieser Stadt. Er hat den Großteil seines Lebens viel Geld verdient. Leider hat er es übertrieben und sitzt nun deshalb lebenslänglich in einem Staatsgefängnis ein.«

In meinen Fantasien konnte ich sein, wer ich wollte – so wie in den fünf Jahren vor meiner Verhaftung, obwohl ich in Perpignan weitere Traumhelden dazuerfand und sie gebührend ausschmückte. Ich war der berühmte Chirurg, der den Präsidenten operierte und ihm dank seiner ärztlichen Kunst das Leben rettete. Ich war ein großer Schriftsteller und erhielt den Literaturnobelpreis. Ich war ein Filmregisseur und drehte ein Epos, das den Oscar gewann. Ich war ein Bergführer und holte in Not geratene Bergsteiger aus einer gefährlichen Felswand. Ich war Erfinder, Schneider, Indianerhäuptling, Bäcker, Bankier und Meisterdieb. Hin und wieder ließ ich einen meiner beeindruckenderen Erfolge Revue passieren. Und manchmal auch eine der Liebesszenen, an die ich mich gern erinnerte.

Doch irgendwann senkte sich nach jedem Stück der Vorhang, ich kehrte in die Wirklichkeit, in meine kalte, bedrückende, finstere und widerliche Zelle zurück, und ich wusste, dass ich nur auf einer Traumreise gewesen war.

Eines Tages öffnete sich zu einem unerwarteten Zeitpunkt knirschend die Tür und ein Wachmann warf etwas in meine Zelle. Es war eine dünne, schmutzige, stinkende Matratze, kaum mehr als eine Matte. Doch ich breitete sie auf dem Boden aus, rollte mich darauf zusammen und genoss die Bequemlichkeit. Beim Einschlafen fragte ich mich, welches Wohlverhalten ich wohl an den Tag gelegt hatte, um eine derart großzügige Belohnung zu verdienen.

Ich wachte davon auf, dass die Matratze rüde unter mir weggerissen wurde. Der kräftig gebaute Wachmann lachte höhnisch, als er die Stahltür hinter sich zuknallte. Ich wusste nicht, wie spät es war. Jedenfalls lange vor dem Frühstück. Irgendwann nach dem Abendessen öffnete sich wieder die Tür und die Matratze wurde auf die Stufen geworfen. Ich packte sie, versank in ihr und liebkoste sie wie eine Frau. Doch wieder wurde ich jäh geweckt, als der Wachmann die Matte unter mir wegzog. Und dennoch landete die Matratze zu einer mir unbekannten Uhrzeit erneut auf den Stufen. Mir dämmerte die Wahrheit. Die Wachen trieben ein Spiel mit mir, ein grausames und barbarisches zwar, aber trotzdem nur ein Spiel. Vielleicht war eines ihrer anderen Opfer gestorben, sagte ich mir und beachtete die Matratze von da an nicht mehr. Mein Körper hatte sich an den glatten Steinboden gewöhnt, jedenfalls so, wie sich weiche Haut an harten Stein gewöhnen kann. Die Matte benützte ich nie mehr, obwohl die Wachen sie mir jeden Abend brachten, vermutlich in der Hoffnung, dass ich noch einmal darauf schlafen würde, damit sie ihren Spaß haben konnten.

In meinem fünften Monat im Arrestgebäude von Perpignan (eine Tatsache, die ich später herausfand) klopfte es draußen an meiner Zellentür. Dann öffnete sich ein Teil davon, sodass Dämmerlicht hineinfiel. Ich war überrascht, denn ich hatte nicht bemerkt, dass die Tür über eine Schiebeluke verfügte, so schlau war diese angebracht.

»Frank Abagnale?«, fragte eine unverkennbar amerikanische Stimme.

Ich eilte zur Tür und spähte hinaus. Auf der anderen Seite des Flurs, wohin er wegen des Gestanks zurückgewichen war, stand ein hoch gewachsener, magerer Mann mit knochigem Gesicht und war gerade dabei, sich ein Taschentuch über Mund und Nase zu breiten.

»Ich bin Frank Abagnale«, erwiderte ich erfreut. »Sind Sie Amerikaner? Kommen Sie vom FBI?«

»Ich heiße Peter Ramsey und arbeite beim amerikanischen Konsulat in Marseille«, entgegnete der magere Mann und nahm das Taschentuch vom Gesicht. »Wie geht es Ihnen?«

Entgeistert starrte ich ihn an. Mein Gott, er benahm sich, als plauderten wir bei einem Glas Wein in einem Straßencafé in Marseille. Die Worte strömten mir aus dem Mund wie Schotter über eine Rutsche.

»Wie es mir geht?«, wiederholte ich seine Frage in

fast hysterischem Tonfall. »Ich will Ihnen sagen, wie es mir geht. Ich bin krank, ich habe Schmerzen, ich bin nackt, ich habe Hunger, und ich bin von oben bis unten mit Läusen bedeckt. Ich habe kein Bett, ich habe keine Toilette, ich habe kein Waschbecken, ich schlafe in meiner eigenen Scheiße, ich habe kein Licht, keinen Rasierapparat, keine Zahnbürste, überhaupt nichts. Ich weiß nicht, wie spät es ist. Ich weiß nicht, welchen Tag oder welchen Monat wir haben. Ich weiß nicht einmal, welches Jahr es ist, verdammt ... Man behandelt mich wie einen tollwütigen Hund, und wenn ich noch viel länger hier bleiben muss, verliere ich wahrscheinlich den Verstand. Ich werde hier sterben. So geht es mir!«

Erschöpft von meiner Tirade, sackte ich gegen die Tür.

Ramseys Miene änderte sich nicht – er verzog nur, offenbar wegen des Gestanks, der aus meiner Zelle drang, das Gesicht. Als ich fertig war, nickte er gleichmütig.

»Ich verstehe«, meinte er ruhig. »Nun, vielleicht sollte ich Ihnen erklären, warum ich hier bin. Wissen Sie, ich mache etwa zweimal jährlich die Runde durch meinen Bezirk, um nach den dort inhaftierten Amerikanern zu sehen. Erst vor kurzem habe ich erfahren, dass Sie hier sind. Aber bevor Sie sich falschen Hoffnungen hingeben, muss ich Ihnen sagen, dass ich nicht die Macht habe, Ihnen zu helfen ... Ich kenne die Bedingungen hier und weiß auch, wie man mit Ihnen umspringt.

Und genau deshalb kann ich nichts für Sie tun. Denn man behandelt Sie genauso wie jeden Franzosen, der hier einsitzt, Abagnale. Man tun Ihnen nichts Schlimmeres an als Ihren Zellengenossen links und rechts von Ihnen oder allen anderen Insassen dieses Gefängnisses. Jeder von ihnen lebt im selben Dreck. Jeder bekommt dasselbe Essen. Jedem werden dieselben Annehmlichkeiten verweigert wie Ihnen.

Man hat also nicht beschlossen, Sie ganz besonders zu quälen, Abagnale. Solange die Franzosen so mit Ihnen umgehen wie mit ihren eigenen Landsleuten, kann ich überhaupt nichts tun, um Sie aus Ihrer Notlage zu befreien. Ich kann mich nicht einmal beschweren.

Sobald man Sie diskriminiert oder Sie benachteiligt, weil Sie Amerikaner sind, kann ich eine Beschwerde einreichen. Es würde wahrscheinlich nichts nützen, aber ich könnte mich dann für Sie verwenden.

Aber solange man Sie genauso bestraft wie die Franzosen, sind mir die Hände gebunden. Französische Gefängnisse sind eben französische Gefängnisse. Soweit ich weiß, herrschen dort schon immer solche Zustände. Man glaubt in diesem Land nicht an Rehabilitierung, sondern an Auge um Auge, Zahn um Zahn. Kurz gesagt ist man der Ansicht, dass ein verurteilter Verbrecher bestraft werden muss, und Sie sind ein verurteilter Verbrecher. Eigentlich haben Sie Glück gehabt, es war früher sogar noch schlimmer, auch wenn Sie es nicht glauben wollen. Die Gefangenen wurden täglich geschlagen. Falls Sie also nicht extrem misshandelt werden, kann ich nichts tun.«

Seine Worte knallten wie Peitschenhiebe um meine Ohren. Ich fühlte mich, als wäre über mich das Todesurteil gesprochen worden. Dann machte mir Ramsey mit einem verkniffenen Lächeln Hoffnung.

»Wie ich gehört habe, müssen Sie nur noch etwa dreißig Tage ausharren«, meinte er. »Natürlich kommen Sie nicht frei. Man sagte mir, die Behörden eines anderen Landes, das ich nicht kenne, wollen Sie in Haft nehmen, um Sie dort vor Gericht zu stellen. Ganz gleich, wohin man Sie bringt, es wird Ihnen auf jeden Fall besser ergehen als hier. Wenn Sie möchten, dass ich Ihren Eltern schreibe und Ihnen mitteile, wo Sie sind, oder wenn ich mich mit sonst jemandem in Verbindung setzen soll, werde ich das natürlich gern tun.«

Es war eine großzügige Geste, zu der ihn niemand zwang, und ich war versucht – allerdings nur für einen Moment –, das Angebot anzunehmen. »Nein, das ist nicht nötig«, erwiderte ich. »Vielen Dank, Mr. Ramsey.«

Wieder nickte er. »Viel Glück, Abagnale«, sagte er. Er wandte sich um und schien in einer grellen Explosion zu verschwinden. Ich fuhr mit einem Schmerzensschrei zurück und hielt mir die Hand vor Augen. Erst später erfuhr ich, was geschehen war. Die Scheinwerfer im Flur ließen sich variieren. Wenn eine Zellentür oder eine Luke geöffnet wurde, schaltete man sie herunter, um die Augen des Häftlings nicht zu verletzen, der wie ein Maulwurf in einem dunklen Loch lebte. Für Besucher wie Ramsey machte man mehr Licht, damit sie sehen konnten, wohin sie traten. Und als er ging, hatte der Wachmann zu früh den Lichtschalter betätigt. Das Augenlicht der Gefangenen war das Einzige, worum man sich im Arrestgebäude von Perpignan sorgte.

Nachdem Ramsey fort war, lehnte ich mich an die Wand, und als der Schmerz in meinen Augen nachließ, grübelte ich über die Informationen nach, die er mir gegeben hatte. Hatte ich meine Strafe fast abgesessen? Waren wirklich elf Monate vergangen, seit man mich in diese grässliche Krypta gestoßen hatte? Ich hatte jegliches Zeitgefühl verloren, doch ich glaubte, dass er die Wahrheit gesagt hatte.

Obwohl ich versuchte, die Tage zu zählen, war es mir unmöglich, in Gedanken den Überblick über einen ganzen Monat zu behalten. Man kann in einem stinkenden Nichts ohne Licht keinen Kalender berechnen, denn die Zeit, falls sie überhaupt existierte, wurde nur in Überlebenseinheiten eingeteilt. Schon nach wenigen Tagen war ich wieder voll und ganz damit beschäftigt, nur nicht den Verstand zu verlieren.

Dennoch verging die Zeit. Und eines Tages öffnete sich die Luke in der Tür und ließ den Dämmerschein herein, der mit nur einer Ausnahme die einzige Licht-quelle war, die ich kannte.

»Zur Zellenwand umdrehen und Augen schließen«, befahl eine barsche Stimme. Ich gehorchte mit klopfendem Herzen. Sollte ich heute freigelassen werden? Oder stand mir eine neue Qual bevor?

»Drehen Sie sich nicht um, aber öffnen Sie langsam die Augen, damit Sie sich an das Licht gewöhnen«, ordnete die Stimme an. »Ich lasse die Luke eine Stunde offen und komme dann zurück.«

Langsam öffnete ich die Augen und stellte fest, dass ich von einem leuchtenden, goldenen Schein umgeben war, viel zu grell für meine schwachen Augäpfel. Es war so hell, dass ich die Augen wieder schließen musste. Nach einer Weile jedoch gewöhnten sich meine Pupillen an die Beleuchtung und ich konnte mich umsehen, ohne die Augen zusammenzukneifen oder Schmerzen zu empfinden. Dennoch war die Zelle noch immer dämmrig wie Zwielicht an einem regnerischen Tag. Eine Stunde später kehrte der Wachmann zurück, wenigstens schien es der Stimme nach derselbe zu sein.

»Schließen Sie wieder die Augen«, wies er mich an. »Ich drehe jetzt das Licht heller.« Er tat es, und auf seinen Befehl hin öffnete ich erneut langsam und vorsichtig die Augen. Die winzige Zelle war jetzt hell erleuchtet und ich kniff die Augen wieder zu. Strahlendes Licht umgab mein Verlies wie ein Hof um einen dunklen Stern und erhellte zum ersten Mal das Innere der winzigen Gruft. Als ich mich umblickte, war ich entsetzt und angewidert. Die Wände waren feucht und von schleimigem Schimmel bedeckt. Auch die Decke glänzte nass. Der Boden war mit Exkrementen beschmutzt und in dem lange nicht geleerten Eimer wimmelten Maden. Die widerlichen Würmer krochen sogar auf dem Boden herum.

Ich übergab mich.

Etwa eine Stunde später kehrte der Wachmann zurück. Diesmal öffnete er die Tür. »Mitkommen«, befahl er. Ohne zu zögern kroch ich aus dem stinkenden Loch. Schmerz schoss mir durch Genick, Schultern, Arme und Beine, als ich mich zum ersten Mal seit meiner Ankunft aufrichtete. Das Gehen fiel mir zwar schwer, aber ich watschelte hinter dem Wachmann her wie eine betrunkene Ente und musste mich immer wieder an der Wand festhalten, um nicht zu stürzen.

Er brachte mich nach unten in einen spärlich möblierten Raum.

»Stehen bleiben«, wies er mich an und verschwand durch eine offene Tür, die in einen Nebenraum führte. Ich drehte mich um und genoss nach all der Zeit in meinem modrigen Kerker die Weitläufigkeit um mich herum, als ich auf einmal vor dem schrecklichsten Geschöpf stand, dem ich je begegnet war.

Es war ein Mann. Es musste ein Mann sein, doch um Himmels willen, was war nur mit ihm passiert? Er war groß und abgemagert. Auf seinem Kopf wuchs ein schmutziger, zotteliger Haarschopf, der ihm bis zur Taille reichte. Sein Gesicht war hinter einem dreckigen, verfilzten Bart verborgen, der ihm über den Bauch fiel. Speichel floss aus dem Schlitz, der offenbar seinen Mund darstellte, und seine Augen ähnelten wild funkelnden Kohlen in tief eingesunkenen Augenhöhlen. Er war nackt, seine Haut war mit Dreck, Wunden und Krusten bedeckt, sodass er an einen Leprakranken erinnerte. Seine Finger- und Zehennägel waren gewachsen, verlängert und gekrümmt wie die Krallen eines Geiers. Er sah eigentlich überhaupt wie ein Geier aus. Ich erschauderte beim Anblick dieser Erscheinung, und als mir allmählich klar wurde, um wen es sich hier handelte, lief mir wieder ein Schauder über den Rücken.

Ich sah mich selbst im Spiegel.

Immer noch betrachtete ich entsetzt mein Spiegelbild,

als der Wachmann zurückkam, Kleider über dem Arm und ein Paar Schuhe in der Hand.

Ich stellte fest, dass es meine Sachen waren, die Kleider, die ich bei meiner Einlieferung ins Gefängnis getragen hatte. »Anziehen«, sagte der Wachmann barsch, reichte mir die Kleider und ließ die Schuhe auf den Boden fallen. »Kann ich bitte zuerst duschen und mich rasieren?«, flehte ich.

»Nein, anziehen«, wiederholte er mit einem finsteren Blick. Rasch hüllte ich meine schmutzige Gestalt in die Kleider, die mir inzwischen einige Nummern zu groß waren. Mein Gürtel fehlte. Also hielt ich mir die Hose vor den abgezehrten Bauch und sah den Wachmann an. Dieser ging wieder ins Nebenzimmer und brachte mir ein Stück Baumwollseil, mit dem ich die Hose zusammenschnürte.

Fast sofort erschienen zwei Gendarme, von denen einer verschiedene Fesselungsgerätschaften bei sich hatte. Einer schloss mir einen dicken Ledergürtel mit eingelassenem Ring um die Taille, während der andere schwere Ketten an meinen Knöcheln befestigte. Danach wurden mir Handschellen angelegt. Man schlang mir eine lange, dünne Stahlkette um den Hals, fädelte sie durch Handschellen und Gürtelring und sicherte sie dann mit einem Schloss an meinen Fußeisen. Keiner der Beamten sprach ein Wort, während sie mich so verschnürten. Zu guter Letzt wies einer auf die Tür und versetzte mir einen leichten Schubs. Sein Partner marschierte voraus zum Ausgang.

Ich schlurfte ihm nach, behindert von den Fußeisen und voller Angst davor, wohin sie mich bringen würden. Noch nie war ich so in Ketten gelegt worden und hatte gedacht, dass derartige Fesselungen nur für gefährliche Gewaltverbrecher da waren.

»Wohin gehen wir, wohin bringen Sie mich?«, fragte ich und blinzelte ins Licht der späten Nachmittagssonne. Draußen war es sogar noch heller als drinnen. Keiner machte sich die Mühe, mir zu antworten.

Schweigend verfrachteten sie mich auf den Rücksitz eines Zivilfahrzeugs, einer setzte sich ans Steuer, der andere nahm neben mir Platz.

Sie fuhren mich zum Bahnhof. Obwohl die Nachmittagssonne nur gedämpft ins Wageninnere fiel, wurde mir davon schwindlig und übel. Allerdings hatte die Übelkeit nicht nur darin ihren Grund, dass ich so unvermittelt dem Sonnenlicht ausgesetzt wurde. Ich war krank gewesen und hatte an Fieber, Brechreiz, Durchfall und Schüttelfrost gelitten. Doch ich hatte mich nicht bei den Wachen in Perpignan beschwert. Sie hätten darauf ebenso wenig geachtet, wie auf all meine anderen Bitten und Einwände.

Am Bahnhof wurde ich aus dem Auto geholt. Einer der Gendarmen klinkte das Ende einer leichten Kette an meinem Gürtel ein und wickelte sich das andere um die Hand. Wie ein Hund an der Leine wurde ich durch die Menschen geführt und geschleppt, die sich am Bahnhof drängten, und in einen Zug gestoßen. Der Schaffner zeigte uns ein verglastes Abteil mit zwei Bänken. An der Tür befand sich ein Schild, das verriet, dass dieses Abteil für das Justizministerium reserviert war. Die anderen Fahrgäste betrachteten mich mit Schrecken, Angst oder Abscheu, während wir zwischen ihnen hindurchgingen, und viele wichen angeekelt zurück, als ihnen mein Geruch in die Nase stieg. Ich nahm meinen eigenen Gestank schon längst nicht mehr wahr, doch ich hatte Verständnis für sie. Gewiss roch ich wie eine Versammlung erboster Stinktiere.

Das Abteil war groß genug für acht Personen, und als der Zug immer voller wurde und alle Plätze besetzt waren, erschienen immer wieder unerschrockene Bauern und baten um Erlaubnis, sich zu uns gesellen zu dürfen. Offenbar schien sie mein übel riechender Zustand nicht zu stören. Jedes Mal wimmelten die Beamten sie barsch ab.

Dann tauchten plötzlich drei junge Amerikanerinnen auf. Sie trugen so wenig Seide und Nylon wie möglich und waren mit Einkaufstüten beladen, die Souvenirs, Geschenke, Wein und Lebensmittel enthielten.

Sie dufteten wunderbar nach teurem Parfüm. Einer der Gendarmen erhob sich mit einem breiten Lächeln und bot ihnen ritterlich die Bank gegenüber an. Sofort versuchten sie, die Polizisten in ein Gespräch zu verwickeln, und erkundigten sich neugierig, wer ich sei und was ich verbrochen hätte. Da ich in Ketten lag, musste ich wohl ein berüchtigter und gefährlicher Mörder sein, der es durchaus mit ›Jack the Ripper‹ aufnehmen konnte. Offenbar waren sie eher fasziniert als abgestoßen und erörterten meinen widerlichen Gestank. »Er riecht, als hätte man ihn in einer Kloake gehalten«, meinte eine von ihnen. Die anderen stimmten lachend zu.

Ich wollte ihnen verheimlichen, dass ich Amerikaner war, denn in ihrer Gegenwart schämte ich mich wegen meines Aussehens, und es war mir peinlich. Schließlich machten die Gendarmen den drei jungen Frauen klar, dass sie Englisch weder sprachen noch verstanden, und die Mädchen plauderten miteinander, während der Zug den Bahnhof verließ.

Ich wusste nicht, wohin wir fuhren, und hatte völlig die Orientierung verloren. Allerdings hielt ich es für sinnlos, mich bei den Gendarmen nach unserem Ziel zu erkundigen. Also kauerte ich niedergeschlagen zwischen den Polizisten, krank und bedrückt, betrachtete hin und wieder die vorbeiziehende Landschaft oder warf den Mädchen verstohlene Blicke zu. Ihren Gesprächen entnahm ich, dass sie Lehrerinnen aus der Gegend von Philadelphia waren und ihre Ferien in Europa verbrachten. Sie waren schon in Spanien, Portugal und den Pyrenäen gewesen und nun auf dem Weg in ein anderes Märchenland. Ich fragte mich, ob wir nach Paris fuhren.

Während wir Kilometer um Kilometer zurücklegten, bekam ich trotz der Übelkeit immer mehr Hunger. Die Mädchen holten Käse, Brot, Dosen mit Pâté und Weinflaschen aus ihren Tüten, fingen an zu essen und teilten ihre Mahlzeit mit den Gendarmen. Eine versuchte, mir ein kleines Sandwich zu geben (wegen meiner gefesselten Hände hätte ich es nicht essen können, selbst wenn man es mir gestattet hätte), doch einer der Gendarmen packte sie sanft am Handgelenk.

»Nein«, sagte er streng.

Irgendwann, einige Stunden nach unserer Abfahrt von Perpignan, begannen die jungen Frauen – offenbar überzeugt, dass weder ich noch die Gendarmen des Englischen mächtig waren –, über ihre verschiedenen Liebesabenteuer im Laufe dieser Reise zu sprechen, und zwar in derart intimen Details, dass es mich verblüffte. Sie verglichen die körperlichen Merkmale, die Männlichkeit und die Leistungen ihrer diversen Liebhaber in derart drastischer Sprache, dass es mir richtig peinlich war. Ich hatte noch nie miterlebt, wie Frauen so richtig vom Leder zogen und ihre Schilderungen mit schmutzigen Wörtern und anzüglichen Kommentaren spickten. Und ich schloss daraus, dass ich noch eine Menge über das andere Geschlecht lernen musste. Gleichzeitig überlegte ich, welche Bewertung ich wohl als Teilnehmer an ihrer Sexolympiade bekommen hätte, und beschloss, mich an den Ausscheidungswettkämpfen zu beteiligen, falls wir uns noch einmal begegnen sollten.

Paris war unser Ziel. Die Gendarme zerrten mich auf die Füße, verabschiedeten sich von den Damen und schoben mich aus dem Zug. Doch auch ich versäumte nicht, auf Wiedersehen zu sagen.

Während man mich aus dem Abteil zerrte, drehte ich

mich um und grinste die drei jungen Lehrerinnen lüstern an.

»Grüßen Sie Philadelphia von mir«, meinte ich mit meinem besten Bronx-Akzent.

Ihre Mienen waren Balsam für meine Seele.

Ich wurde in die *préfecture de police* gefahren, ins Gefängnis von Paris. Dort übergab man mich dem *préfet de police*, einem pummeligen, kahlköpfigen Mann mit schlaffen Wangen und kalten, grausamen Augen. Dennoch leuchteten bei meinem Anblick Schreck und Entsetzen in ihnen auf, und er machte sich sofort daran, Abhilfe zu schaffen. Ein Polizist begleitete mich zur Dusche, und nachdem ich mir den ganzen Dreck vom Körper geschrubbt hatte, wurde der Gefängnisfriseur gerufen, um mir den Bart abzurasieren und mir die Haare zu schneiden. Dann brachte man mich in eine Zelle, einen kleinen, kahlen Raum, allerdings im Vergleich zu meiner vorherigen Behausung der pure Luxus.

Es gab dort eine schmale Eisenpritsche, eine waffeldünne Matratze, saubere Bettwäsche, ein kleines Waschbecken und eine richtige Toilette; außerdem eine Lampe, die von außen ein- und ausgeschaltet wurde. »Bis neun dürfen Sie lesen. Dann wird das Licht ausgemacht«, teilte mir der Wachmann mit.

Ich hatte nichts zu lesen. »Hören Sie, ich bin krank«, sagte ich. »Darf ich bitte zum Arzt?«

»Ich erkundige mich«, erwiderte er. Eine Stunde später kehrte er mit einem Tablett zurück, auf dem eine Schale mit dünnem Eintopf ruhte. »Kein Arzt«, meinte er. »Tut mir Leid.« Ich glaube, er meinte es ernst.

Der Eintopf enthielt Fleisch und war für mich ein regelrechtes Festessen. Allerdings war sogar dieses kärgliche Mahl zu üppig für meinen Magen, der keine feste Nahrung mehr gewöhnt war. Eine Stunde nach dem Essen erbrach ich alles wieder.

Ich wusste immer noch nicht, was mir bevorstand, und hatte keine Ahnung, ob man mich in Paris wieder vor Gericht stellen, mich hier den Rest meiner Strafe verbüßen lassen oder mich an eine andere Regierung ausliefern würde. Auf keine meiner Fragen erhielt ich eine Antwort.

Aber ich sollte nicht in Paris bleiben. Am nächsten Morgen, nach einem Frühstück aus Kaffee, Brot und Käse, das ich zum Glück bei mir behielt, wurde ich aus meiner Zelle geholt und wieder wie ein wildes Tier in Ketten gelegt. Zwei Gendarme verfrachteten mich in einen Kleintransporter mit Fenstern, ketteten mir die Füße an einem im Boden eingelassenen Ring fest und machten sich auf den Weg, den ich bald erkannte. Ich wurde zum Flughafen Orly gebracht.

Dort ließ man mich aussteigen und führte mich durch das Terminal zum Schalter des Scandinavian Airlines Service. Mein Marsch durch die Abflughalle erregte eine Menge Aufmerksamkeit. Die Leute verließen sogar die Cafés und Bars, um mich anzustarren, als ich mit klappernden und rasselnden Ketten an ihnen vorbeischlurfte.

Ich erkannte die einzige Mitarbeiterin hinter dem SAS-Schalter – sie hatte mir einmal einen gefälschten Scheck eingewechselt. An den Betrag konnte ich mich nicht mehr erinnern. Falls sie mich ebenfalls erkannte, ließ sie es sich nicht anmerken. Allerdings war der Mann, der bei ihr den Scheck eingelöst hatte, kräftig gebaut, hundert Kilo schwer, sonnengebräunt und gesund gewesen. Der gefesselte Sträfling hingegen, der jetzt vor ihr stand, war ein krankes, bleiches Skelett, vornüber gebeugt mit tief in den Höhlen liegenden Augen. Nachdem sie mich kurz angesehen hatte, wandte sie den Blick ab.

»Hören Sie, was kann es schaden, wenn Sie mir verraten, was los ist«, flehte ich die Gendarme an, die das

Menschengewühl rings um den Ticketschalter beobachteten.

»Wir warten auf die schwedische Polizei«, erwiderte der eine barsch. »Und jetzt Maul halten. Kein Wort mehr.«

Auf einmal erschien eine zierliche hübsche junge Frau mit langem blonden Haar und leuchtend blauen Augen vor ihm. Sie trug ein blaues Schneiderkostüm und darüber einen modischen Trenchcoat. Unter dem Arm hatte sie einen kleinen Aktenkoffer aus Leder. Hinter ihr stand eine noch jüngere, hoch gewachsene Frau in ähnlicher Aufmachung. Auch sie hatte einen Aktenkoffer unter dem Arm.

»Ist das Frank Abagnale?«, fragte die Kleinere den Gendarmen links von mir. Er trat vor mich und hob die Hand.

»Das geht Sie nichts an«, blaffte er. »Außerdem darf er keinen Besuch bekommen. Falls dieser Mann ein Freund von Ihnen ist, dürfen Sie nicht mit ihm sprechen.«

Die blauen Augen blitzten und sie straffte die schmalen Schultern. »Ich werde mit ihm sprechen, Officer, und Sie nehmen ihm jetzt auf der Stelle die Ketten ab!« Ihr Ton war befehlsgewohnt. Dann lächelte sie mich an, ihr Blick war freundlich und ihr Gesichtsausdruck mild.

»Sie sind doch Frank Abagnale, oder?«, erkundigte sie sich in perfektem Englisch. »Darf ich Sie Frank nennen?«

10
Geben Sie eine Großfahndung raus –
Frank Abagnale ist geflohen!

Die beiden Gendarmen erstarrten vor Schreck. Wie zwei Grizzlybären, die auf einmal von einem Eichhörnchen angegriffen wurden. Auch ich blickte die liebreizende Erscheinung, die verlangte, dass ich von meinen Ketten erlöst wurde, mit aufgerissenem Mund an. Offenbar war sie fest dazu entschlossen, mich aus den Händen meiner Peiniger zu befreien.

Sie legte mir eine schlanke Hand auf den Arm. »Ich bin Inspektor Jan Lundström von der schwedischen Polizei«, sagte sie und wies auf das hübsche Mädchen hinter sich.

»Und das ist meine Assistentin Inspektor Kersten Berglund. Wir sind hier, um Sie nach Schweden zu bringen, wo Ihnen, wie Sie sicher wissen, ein Prozess bevorsteht.«

Beim Sprechen holte sie ein kleines Lederetui aus der Tasche, klappte es auf und hielt den französischen Polizisten ihren Dienstausweis und eine kleine goldene Polizeimarke hin.

Der Gendarm sah seinen Partner verdattert an. Sein Kollege reichte ihr die Unterlagen. »Er ist ihr Gefangener«, meinte er achselzuckend. »Nimm ihm die Ketten ab.«

Ich wurde befreit. Die Menge applaudierte und klatschte pfeifend und mit den Füßen stampfend Beifall. Inspektor Lundström nahm mich beiseite.

»Ich möchte noch einige Dinge klarstellen, Frank«, begann sie. »Für gewöhnlich benützen wir in Schweden keine Handschellen. Ich habe nie welche bei mir. Und auch unterwegs werden Sie nicht gefesselt. Allerdings haben wir auf diesem Flug einen Zwischenstopp in Dänemark, und mein Land hat eine Kaution hinterlegen müssen, um Ihre Durchreise zu ermöglichen. Das ist in solchen Fällen die normale Vorgehensweise.

Unser Aufenthalt in Dänemark wird nur eine Stunde dauern, Frank, aber ich bin gegenüber der französischen, der dänischen und meiner eigenen Regierung dafür verantwortlich, dass Sie unter Polizeiaufsicht nach Schweden gebracht werden und dass Sie nicht fliehen. Ich kann Ihnen versichern, dass Sie schwedische Gefängnisse und Haftanstalten um einiges angenehmer finden werden als französische. Wir halten uns gern zugute, dass wir unsere Sträflinge menschlich behandeln.

Doch eines muss ich Ihnen sagen, Frank. Ich bin bewaffnet. Und Kersten ist es ebenfalls. Und wir beide können mit unseren Waffen umgehen. Wenn Sie einen Fluchtversuch machen, müssen wir auf Sie schießen. Und wenn wir schießen, Frank, werden wir Sie töten. Haben Sie verstanden?«

Sie sprach leise und ruhig und klang eigentlich so, als würde sie einem Fremden den Weg erklären, höflich, aber nicht unbedingt freundlich. Dann öffnete sie eine große Handtasche, die sie an einem Riemen über der Schulter trug. Darin befand sich unter anderem eine .45er-Halbautomatik.

Als ich Inspektor Berglund ansah, lächelte sie wie ein Engel und klopfte auf ihre Tasche.

»Ja, ich verstehe«, erwiderte ich. Aber eigentlich dachte ich, dass sie nur bluffte. Keine meiner reizenden Aufpasserinnen schien eine Revolverheldin zu sein.

Inspektor Lundström wandte sich an die Mitarbeiterin am Ticketschalter. »Wir sind fertig«, sagte sie. Das Mädchen nickte und rief aus einem Raum hinter sich einen Kollegen, einen jungen Mann, herbei. Dieser führte uns durch ein Büro hinter dem Schalter und durch den Gepäck- und Organisationsbereich zur Bordtreppe des Flugzeugs.

Bis auf meine schäbige Kleidung schienen wir drei ganz normale Passagiere zu sein. Offensichtlich interessierte sich niemand für mein Äußeres – wahrscheinlich hielt man mich für einen gewöhnlichen Hippie.

Vor unserer Landung in Kopenhagen servierte man uns eine Mahlzeit. Es war zwar die übliche schmale Flugzeugkost, aber köstlich zubereitet und das erste richtige Essen, das ich seit meiner Verhaftung bekommen hatte. Ich genoss dieses Festmahl, und es kostete mich Überwindung abzulehnen, als meine Begleiterinnen mir ihre Portionen anboten.

Der Zwischenstopp in Dänemark dauerte länger als erwartet, nämlich zwei Stunden. Sofort brachten mich die beiden jungen Polizistinnen ins Flughafenrestaurant und bestellten für uns drei ein reichhaltiges Mittagessen, obwohl sie unmöglich schon wieder Hunger haben konnten. Ich glaubte zwar, dass sie nur mitaßen, damit ich ohne Scheu meinen noch immer übermächtigen Appetit stillen konnte, widersprach aber nicht. Bevor wir wieder an Bord gingen, kauften sie mir einige Schokoriegel und ein paar Zeitschriften in englischer Sprache.

Während der Reise behandelten sie mich so, als wäre ich ein Freund und kein Gefangener. Sie bestanden darauf, dass ich sie mit dem Vornamen anredete, plauderten freundlich mit mir, erkundigten sich nach meiner Familie und nach meinen Vorlieben und Abneigungen und sprachen über allgemeine Themen. Nur kurz erwähnten sie meine Verbrecherkarriere, und dann auch nur, um mich zu fragen, wie es mir im Gefängnis von Perpignan ergangen war. Zu meiner Überraschung erfuhr ich, dass ich nur sechs Monate in dieser Hölle verbracht hatte. Ich hatte jegliches Zeitgefühl verloren.

»Da Sie Ausländer sind, kam eine Strafaussetzung auf Bewährung für Sie nicht infrage. Doch der Richter war befugt, Ihre Strafe zu verkürzen, und das hat er getan«, erklärte Jan. Plötzlich war ich dem strengen Richter dankbar, der mich verurteilt hatte. Da ich, wie ich nun wusste, sechs Monate abgesessen hatte, war mir klar, dass ich ein ganzes Jahr in Perpignan niemals hätte überstehen können. Das gelang nur wenigen Gefangenen.

Dreißig Minuten nach dem Start in Kopenhagen landete das Flugzeug in Malmö, Schweden. Zu meiner Überraschung stiegen wir hier aus und holten unser Gepäck. Dann brachten Jan und Kersten mich zu einem schwarzweißen schwedischen Streifenwagen, der, mit einem uniformierten Polizisten hinter dem Steuer, auf dem Parkplatz des Terminals stand. Der Polizist half beim Verladen unseres Gepäcks – oder besser des Gepäcks der Mädchen, denn ich hatte nichts bei mir – und fuhr uns zum Polizeirevier des Dorfes Klippan, nicht weit von Malmö entfernt.

Das Polizeirevier von Klippan gefiel mir. Es erinnerte mich eher an einen altmodischen Gasthof als an eine Polizeistation. Ein rotgesichtiger Polizeisergeant begrüßte uns lächelnd, Jan und Kersten auf Schwedisch, mich auf Englisch mit nur leichtem Akzent. Er schüttelte mir die Hand, als wäre ich sein Gast. »Ich habe Sie schon erwartet, Mr. Abagnale. Ihre Papiere sind bereits hier.«

»Sergeant, Frank braucht einen Arzt«, sagte Jan auf Englisch. »Ich fürchte, er ist schwer krank und muss sofort versorgt werden.«

Obwohl es kurz vor neun Uhr abends war, nickte der Sergeant nur. »Wird gemacht, Inspektor Lundström«, erwiderte er und winkte einen jungen uniformierten Polizisten zu sich, der die Szene bis jetzt beobachtet hatte. »Karl, bitte bringen Sie den Gefangenen in seine Unterkunft.«

»Ja, min herre«, entgegnete er und grinste mich an.

»Wenn Sie mir bitte folgen würden.« Ich gehorchte ihm und fühlte mich wie in einem Traum. Wie ging man in Schweden erst mit anständigen Bürgern um, wenn Kriminelle schon so behandelt wurden?

Er führte mich den Flur entlang zu einer schweren Eichentür, die er aufschloss. Dann ging er einen Schritt zur Seite, damit ich eintreten konnte. Ich war verblüfft. Es war keine Zelle, sondern eine Wohnung, ein großer, gewaltiger Raum mit einem fantastischen Panoramafenster, das aufs Dorf hinausging. Die Enden des großen Bettes waren mit Schnitzereien verziert; darüber war eine bunte Überdecke gebreitet. Das Zimmer war mit bäuerlichen Möbeln ausgestattet und verfügte über ein eigenes Bad mit Wanne und separater Dusche. Drucke ritterlicher Szenen aus Schwedens Vergangenheit schmückten die Wände. Geschmackvolle Vorhänge waren zurückgezogen und boten Schutz vor den Blicken der Passanten.

»Ich hoffe, Sie werden bald wieder gesund, *min herre*«, meinte Karl auf Englisch mit schwedischem Akzent, bevor er die Tür schloss.

»Danke«, erwiderte ich. Ich wusste nicht, was ich sonst sagen sollte, obwohl ich gern noch etwas hinzugefügt hätte. Nachdem er fort war, untersuchte ich gründlich das Zimmer. Die Fenster bestanden aus dickem Panzerglas und ließen sich nicht öffnen. Auch die Tür konnte man von innen nicht aufmachen, aber das spielte keine Rolle. Ich plante nicht, aus diesem Gefängnis auszubrechen.

Allerdings erhielt ich in jener Nacht keine Gelegenheit, in meinem Bett zu schlafen. Denn kurz darauf öffnete sich wieder die Tür, und Jan kam mit einem kahlköpfigen, freundlichen, aber kurz angebundenen Arzt herein. »Bitte ziehen Sie sich aus«, sagte er auf Englisch. Ich zögerte, doch Jan machte keine Anstalten hinauszugehen. Also schälte ich mich aus meiner schäbigen Kleidung. Es war mir ausgesprochen peinlich, nackt vor ihr zu stehen. Doch in ihrem Gesichtsausdruck spiegelte sich nur Besorgnis wider. Nacktheit, so lernte ich später, hat für die Schweden nur unter bestimmten Umständen etwas Sexuelles an sich.

Der Arzt befingerte, betastete und betrachtete mich, lauschte, benutzte verschiedene Instrumente, klopfte und presste und drückte schweigend an mir herum. Dann packte er seine Gerätschaften und das Stethoskop weg und nickte. »Dieser Mann leidet an starker Unterernährung und Vitaminmangel. Doch das Schlimmste ist, dass er meiner Ansicht nach eine doppelseitige Lungenentzündung hat«, verkündete er. »Ich schlage vor, dass Sie sofort einen Krankenwagen rufen.«

»Ja, Herr Doktor«, erwiderte Jan und stürzte aus dem Zimmer.

Dreißig Minuten später lag ich in einem Einzelzimmer in einem kleinen, sauberen und gut geführten Krankenhaus. Einen Monat verbrachte ich dort, um mich zu erholen. Vor meiner Tür stand immer ein uniformierter Polizist, der mir allerdings eher Gesellschaft leistete, als dass er mich bewachte. Jeden Tag bekam ich Besuch, entweder von Jan, Kersten, dem Sergeant oder Karl, und sie brachten mir jedes Mal etwas mit – Blumen, Süßigkeiten, eine Zeitschrift oder ein anderes kleines Geschenk.

Nicht ein Mal wurde ich während meines Krankenhausaufenthalts zu den Verbrechen vernommen, die man mir vorwarf. Auch der bevorstehende Prozess und die Anklagepunkte wurden nicht erwähnt.

Am Ende des Monats wurde ich in meine ›Zelle‹ zurückgebracht und mittags kam Karl mit einer Speisekarte. »Wir haben keine Küche«, entschuldigte er sich. »Sie können von der Karte bestellen, was Sie wollen, und wir holen es dann aus dem Café. Das Essen ist sehr gut, das versichere ich Ihnen.«

Er hatte Recht. Schon einen Monat später war ich fast schon wieder auf neunzig Kilo.

Am Tag nach meiner Entlassung aus dem Krankenhaus erhielt ich Besuch von Jan und einem hageren Mann mit wachem Gesichtsausdruck.

»Ich bin Inspektor Jan Lundström von der schwedischen Bundespolizei«, sagte sie förmlich. »Es ist meine Pflicht, Ihnen mitzuteilen, dass wir Sie eine Weile hier festhalten werden und dass ich außerdem die Aufgabe habe, Sie zu vernehmen. Dieser Herr ist Geistlicher und wird als Dolmetscher fungieren. Er spricht perfekt Englisch und ist mit amerikanischem Slang und Redewendungen vertraut.«

Ich war verdattert. »Ach, kommen Sie, Jan, Sie sprechen doch selbst ausgezeichnet Englisch«, protestierte ich. »Was soll das?«

»Das schwedische Gesetz verlangt, dass ein Dolmetscher, der die Sprache des Gefangenen fließend beherrscht, bei der Befragung anwesend ist, sofern es sich bei diesem Gefangenen um einen Ausländer handelt«, erwiderte Jan so steif, als wären wir uns nie begegnet.

»Außerdem haben Sie laut Gesetz das Recht auf einen Anwalt, der während des gesamten Verhörs zugegen ist. Da Ihnen die Mittel fehlen, sich einen Anwalt zu nehmen, hat die schwedische Regierung Ihnen einen Rechtsbeistand zugeteilt. Ihr Name ist Elsa Kristiansson, Sie werden Sie heute noch kennen lernen. Haben Sie alles verstanden, was ich Ihnen gesagt habe?«

»Jedes Wort«, entgegnete ich.

»Dann sehen wir uns morgen«, meinte sie und ging.

Eine Stunde später klopfte es an meine Tür, kurz darauf öffnete sie sich. Es war einer meiner Bewacher mit einer reichhaltigen und köstlichen Mahlzeit, die er auf einem Klapptisch anrichtete, als wäre er Kellner, nicht Gefängniswärter.

Als er zurückkam, um abzuräumen, grinste er mich an. »Haben Sie Lust auf einen Spaziergang?«, fragte er. »Natürlich nur innerhalb des Gebäudes, während ich meine Runde mache, aber ich dachte, Sie hätten es vielleicht satt, eingesperrt zu sein.«

Ich begleitete ihn in die Küche, wo ihm ein Kellner des nahe gelegenen Restaurants das Tablett mit dem schmutzigen Geschirr abnahm. Die Küche war eigentlich nur eine Kochnische, in der die Wachen sich einen Kaffee aufbrühen konnten. Dann zeigte er mir das ganze Gefängnis, ein zweistöckiges Gebäude, das nur zwanzig Häftlinge beherbergte. Er klopfte höflich an jede Zellentür, bevor er sie öffnete, den Insassen freundlich begrüßte und sich nach dessen Befinden erkundigte. Dann wünschte er jedem fröhlich eine gute Nacht, bevor er die Tür zuzog und abschloss.

Als ich in meine Zelle zurückkehrte, wurde ich von Elsa Kristiansson und dem Dolmetscher Reverend Carl Greek erwartet. Ich wunderte mich über seine Anwesenheit, bis er mir erklärte, dass Mrs. Kristiansson überhaupt kein Englisch sprach. Sie verschwendete auch keine Zeit damit, mir Fragen zu meinem Fall zu stellen. Nachdem wir miteinander bekannt gemacht worden waren, sagte sie mir, sie werde am nächsten Morgen wieder kommen, wenn Jan mich verhörte.

Sie war eine hoch gewachsene, attraktive Frau, die ich auf etwa vierzig schätzte, außerdem ruhig und höflich, doch mir war nicht wohl bei dem Gedanken, dass sie meine Anwältin sein sollte. Allerdings blieb mir nichts anderes übrig, denn ich hatte nicht das Geld, mir einen Anwalt meiner Wahl zu nehmen. Die französische Polizei hatte, wie ich vermutete, meinen sämtlichen Besitz in Frankreich beschlagnahmt. Nach meiner Festnahme und während meiner Haft hatten sie meine Beute nicht erwähnt, und bei meiner Freilassung hatte man mir nichts zurückgegeben. Und hier in Schweden hatte ich keine Möglichkeit, an eines meiner Geldverstecke heranzukommen.

Am nächsten Morgen erschien Jan mit Mrs. Kristiansson und Mr. Greek. Sie begann sofort damit, mich zu meinen kriminellen Aktivitäten in Schweden zu vernehmen, der Reverend übersetzte die Fragen für Mrs. Kristiansson, die schweigend dasaß und nur hin und wieder nickte.

Bei den ersten beiden Sitzungen gab ich Jan keine klaren Antworten. Entweder verweigerte ich die Auskunft oder ich meinte, ich wisse es nicht oder könne mich nicht mehr daran erinnern.

Am dritten Tag wurde es Jan zu bunt. »Frank! Frank!«, rief sie aus. »Warum sträuben Sie sich so? Weshalb weichen Sie mir ständig aus? Sie sind hier und Sie werden vor Gericht gestellt. Deshalb wäre es besser für Sie, wenn Sie mir ehrlich antworten würden. Wir wissen, wer Sie sind und was Sie getan haben. Und Ihnen ist klar, dass wir über Beweise verfügen. Warum machen Sie nicht einfach den Mund auf?«

»Weil ich nicht für zwanzig Jahre ins Gefängnis will, selbst wenn es ein nettes Gefängnis ist wie hier«, entgegnete ich geradeheraus.

Der Reverend übersetzte für Mrs. Kristiansson. Und dann reagierten alle drei völlig überraschend. Sie brachen in Gelächter aus und kicherten, bis ihnen die Tränen kamen, was normalerweise nur bei Leuten geschieht, wenn sie eine wirklich komische Slapstick-Komödie sehen.

Dann beruhigte sich Jan ein wenig, bebte aber immer noch vor Erheiterung, als sie mich anblickte. »Zwanzig Jahre?«, keuchte sie.

»Oder fünf Jahre, oder zehn Jahre, egal«, knurrte ich gereizt. Ihr Verhalten machte mich zornig.

»Fünf Jahre? Zehn Jahre?«, rief Jan aus. »Frank, die Höchststrafe für das Verbrechen, das Ihnen vorgeworfen wird, ist ein Jahr, und ich wäre sehr erstaunt, wenn man Sie dazu verurteilt, weil es Ihre erste Straftat ist. Frank, Mörder und Bankräuber bekommen in diesem Land selten mehr als zehn Jahre. Sie haben eine sehr schwere Straftat begangen, aber bei uns gilt ein Jahr Gefängnis auch als sehr schwere Strafe. Ich versichere Ihnen, dass Ihnen in Ihrem Fall nicht mehr droht.«

Ich gestand ihr alles und schilderte die Einzelheiten meiner Transaktionen in Schweden, an die ich mich noch erinnern konnte. Eine Woche später wurde ich in Malmö vor Gericht gestellt. Eine Jury aus acht Männern und Frauen sollte über meine Schuld und meine Bestrafung entscheiden, da die Frage, ob ich unschuldig sei, durch mein Geständnis bereits hinreichend geklärt war.

Dennoch hätte ich ihnen fast ein Schnippchen geschlagen. Oder vielmehr, Mrs. Kristiansson hätte es getan. Zu meiner Überraschung stellte sie am Schluss der Beweisaufnahme gegen mich die gesamte Verhandlung infrage. Die Anklage gegen mich laute ›schwerer Scheckbetrug‹, teilte sie dem vorsitzenden Richter mit.

»Ich möchte das Gericht nur darauf hinweisen, dass es sich bei den Tatwerkzeugen, die heute hier vorgelegt wurden, nicht um Schecks im Sinne des schwedischen Gesetzes handelt«, erläuterte sie. »Er hat diese Tatwerkzeuge selbst hergestellt, weshalb es niemals Schecks waren. Und auch heute noch keine sind.

Laut schwedischem Gesetz, Euer Ehren, können diese Dokumente gar keine Schecks sein, weil sie Fälschungen darstellen. Dem Gesetz nach, Euer Ehren, hat mein Mandant also gar keine Schecks gefälscht, weil es keine Schecks sind, sondern lediglich Druckwerke aus eigener Produktion. Deshalb sollte das Verfahren gegen ihn eingestellt werden.«

Das geschah zwar nicht, aber die Anklage wurde gemindert, und zwar auf Beschaffung von Geld unter Vorspiegelung falscher Tatsachen. Die Geschworenen verurteilten mich zu sechs Monaten Haft. Ich betrachtete das als Sieg und bedankte mich überschwänglich bei Mrs. Kristiansson, die mit dem Urteil ebenso zufrieden schien.

Ich wurde in meine Zelle im Gefängnis von Klippan zurückgebracht, und am nächsten Tag kam Jan, um mir zu gratulieren. Allerdings hatte sie auch eine schlechte Nachricht für mich. Ich sollte meine Strafe nicht in dem gemütlichen, heimeligen kleinen Gasthof in Klippan verbüßen, sondern in die staatliche Strafanstalt in Malmö verlegt werden. Diese befand sich auf dem Gelände der Universität Lund, der ältesten Hochschule Europas. »Sie werden feststellen, dass sie sich sehr von den französischen Gefängnissen unterscheidet. Und auch von denen in den Vereinigten Staaten«, versicherte mir Jan.

Meine Befürchtungen legten sich, als man mich in dem Gefängnis ablieferte, das an der Universität nur ›die Strafabteilung‹ hieß. Allerdings hatte sie nichts von einem Gefängnis an sich – keine Zäune, keine Wachtürme, keine Gitter und auch keine elektrisch gesicherten Tore oder Türen. Sie fiel inmitten der anderen großen, beeindruckenden Gebäude auf dem Unigelände gar nicht auf. Es handelte sich um einen völlig offenen Strafvollzug.

Ich wurde aufgenommen und in mein Quartier gebracht. Inzwischen betrachtete ich schwedische Arresträume nämlich nicht mehr als Zellen. Mein Zimmer hier war ein wenig kleiner, aber genauso gemütlich wie das in Klippan und ganz ähnlich möbliert und ausgestattet.

Die Gefängnisregeln waren nicht streng, Einschränkungen gab es nur wenige. Ich durfte meine eigenen Kleider tragen, und da ich nur eine Kombination besaß, begleitete man mich in ein Bekleidungsgeschäft in der Stadt, wo ich zwei weitere Ensembles erhielt. Ich durfte Briefe schreiben und empfangen, so viel ich wollte; die Post wurde auch nicht zensiert. Da nur etwa hundert

Häftlinge im Haus wohnten und es sich offenbar nicht lohnte, eine eigene Küche zu unterhalten, wurde das Essen von Restaurants geliefert, und die Insassen konnten sich innerhalb vernünftiger Grenzen ihre eigene Speisekarte zusammenstellen.

In diesem Gefängnis waren beide Geschlechter inhaftiert. Es waren also auch einige Frauen in der Einrichtung untergebracht, sexuelle Kontakte zwischen den Häftlingen waren jedoch verboten. Allerdings durften die Gefangenen ihre Ehemänner, Ehefrauen, Freunde und Freundinnen unter vier Augen sehen. Zwischen sieben Uhr morgens und zehn Uhr abends konnten die Insassen sich frei im Gebäude bewegen und täglich zwischen sechzehn und zweiundzwanzig Uhr Besucher in ihren Zimmern empfangen. Um zehn Uhr abends war Einschluss, also Zapfenstreich im Gefängnis.

In diesem Gefängnis waren keine Gewaltverbrecher untergebracht, sondern Scheckbetrüger, Autodiebe, Trickdiebe und ähnliche Straftäter, die keine Gefahr für ihre Mitmenschen bedeuteten. Allerdings wurden die Gefangenen in Wohngruppen, getrennt nach Alter, Geschlecht und Art des Verbrechens einquartiert. Ich wohnte in einer Abteilung mit anderen Betrügern und Fälschern meines Alters.

In schwedischen Gefängnissen versuchte man tatsächlich, Kriminelle zu rehabilitieren. Man sagte mir, ich könne während meiner Haft Seminare an der Universität besuchen oder in der Fallschirmfabrik auf dem Gefängnisgelände arbeiten. Natürlich war es auch möglich, dass ich meine Strafe einfach nur absaß. Wenn ich mich für die Seminare entschied, würde die schwedische Regierung meine Studiengebühren bezahlen. In der Fallschirmfabrik würde ich dasselbe verdienen, was jemand für dieselbe Tätigkeit auch in der Freiheit erhielt.

Flucht wäre einfach gewesen, allerdings gab es da ein

Problem. Jeder Schwede erhält schon in jungen Jahren einen Personalausweis. Man muss ihn zwar nur selten vorzeigen, doch ein Polizist hat das Recht, jeden Bürger zur Vorlage dieses Ausweises aufzufordern. Außerdem braucht man den Ausweis zum Grenzübertritt und auch für Zugfahrten und Flugreisen in andere Länder. Ich hatte keinen solchen Ausweis. Und zudem hatte ich kein Geld.

Eigentlich spielte es keine Rolle. Ich dachte nie an Flucht, denn es gefiel mir im Gefängnis von Malmö. Eines Tages stattete mir zu meinem Erstaunen eines meiner Opfer, ein junger Bankangestellter, einen Besuch ab und brachte mir einen Korb mit frischem Obst und verschiedenen schwedischen Käsesorten mit. »Ich wollte Ihnen nur sagen, dass ich wegen der Schecks, die Sie bei mir eingetauscht haben, nicht in Schwierigkeiten gekommen bin«, meinte der junge Mann. »Und ich bin Ihnen auch nicht böse. Bestimmt ist es schwer, im Gefängnis zu sitzen.«

Ich hatte diesen Jungen wirklich über den Tisch gezogen, mich mit ihm angefreundet und ihn sogar zu Hause besucht, um meinen Plan in die Tat umzusetzen. Seine Geste rührte mich sehr.

Ich arbeitete in der Fallschirmfabrik und belegte Seminare, was der Gefängnisleitung zu gefallen schien. Ich studierte Werbegrafik, obwohl ich einige der in Lund gelehrten Techniken besser beherrschte als meine Lehrer.

Die sechs Monate vergingen rasch, viel zu rasch. Im vierten Monat erschien Mrs. Kristiansson und überbrachte mir eine Besorgnis erregende Nachricht: Die Regierungen von Italien, Spanien, der Türkei, Deutschland, England, der Schweiz, Griechenland, Dänemark, Norwegen, Ägypten, des Libanon und Zyperns hätten alle Antrag gestellt, mich nach Beendigung meiner Haftstrafe auszuliefern, und in der oben aufgeführten Reihenfolge Priorität erhalten. Wenn ich meine Strafe abgebüßt hatte, würde man mich der italienischen Regierung überstellen, die entscheiden würde, welches Land mich bekam, nachdem ich dort zur Rechenschaft gezogen worden war.

Einer meiner Mitgefangenen hatte bereits in einem italienischen Gefängnis gesessen. Und die Schreckensgeschichten, die er mir erzählte, überzeugten mich, dass italienische Gefängnisse genauso schlimm – wenn nicht noch schlimmer waren – wie Perpignan. Auch Mrs. Kristiansson hatte gehört, dass in italienischen Gefängnissen ausgesprochen harte und grausame Bedingungen herrschten. Außerdem wusste sie, dass italienische Richter und Geschworene in Strafprozessen nicht gerade für ihre Milde berühmt waren.

Also setzten wir alle Hebel in Bewegung, um meine Auslieferung nach Italien zu verhindern. Ich bombardierte den Richter, der bei meinem Prozess den Vorsitz geführt hatte, den Justizminister und sogar den König höchstpersönlich mit Petitionen und Bitten um Asyl und fragte an, ob ich nach meiner Haftentlassung in Schweden bleiben oder schlimmstenfalls in die Vereinigten Staaten ausgewiesen werden könnte. Ich erklärte, dass ich, ganz gleich, wohin man mich schickte, immer wieder und wieder für dasselbe Verbrechen bestraft werden und für den Rest meines Lebens von einem Gefängnis ins andere geschoben werden würde, wenn Schweden mir das Asyl verwehren würde.

Doch jeder einzelne meiner Anträge wurde abgelehnt. Die Auslieferung nach Italien schien unvermeidlich. In der Nacht, bevor die italienischen Behörden mich abholen wollten, lag ich im Bett, konnte nicht schlafen und schmiedete verzweifelt Fluchtpläne. Ich wusste, dass ich eine Haft in Italien, ganz gleich wie lange sie dauerte, nicht überleben würde, wenn die Bedingungen wirklich so schrecklich waren, wie es hieß. Und ich glaubte, dass es besser war, bei einem Fluchtversuch zu sterben als in einem Höllenloch, ähnlich dem von Perpignan, zu verrecken.

Kurz nach Mitternacht erschien ein Wachmann. »Ziehen Sie sich an, Frank, und packen Sie Ihre Sachen«, wies er mich an. »Hier sind Leute, die Sie abholen wollen.«

Erschrocken fuhr ich hoch. »Was für Leute?«, fragte ich. »Man sagte mir doch, dass die Italiener erst morgen kommen.«

»Es sind nicht die Italiener«, erwiderte er, »sondern schwedische Polizisten.«

»Schwedische Polizisten!«, rief ich aus. »Was wollen sie denn?«

Der Mann schüttelte den Kopf. »Ich weiß nicht. Aber sie haben die nötigen Papiere bei sich, um Sie zu übernehmen.«

Er brachte mich zu einem Streifenwagen, der am Straßenrand parkte. Ein uniformierter Polizist öffnete von innen die hintere Tür und winkte mich hinein. »Der Richter möchte Sie sprechen«, meinte er.

Sie fuhren mich zum Haus des Richters, einem bescheidenen Gebäude in einem hübschen Viertel. Die Frau des Richters ließ mich herein, die Polizisten warteten draußen. Sie führte mich ins Arbeitszimmer des Richters und wies auf einen großen Ledersessel. »Setzen Sie sich, Mr. Abagnale«, sagte sie freundlich. »Ich bringe Ihnen Tee. Der Richter kommt gleich.« Ihr Englisch war perfekt.

Der Richter, der ein paar Minuten später eintrat, beherrschte die englische Sprache ebenfalls fließend. Nachdem er mich begrüßt hatte, nahm er mir gegenüber Platz und betrachtete mich eine Weile schweigend. Ich blieb ebenfalls stumm, obwohl mir mindestens ein Dutzend Fragen auf der Zunge lagen.

Schließlich ergriff der Richter mit leiser, ruhiger Stimme das Wort. »Junger Mann, ich denke bereits seit ein paar Tagen über Sie nach«, begann er. »Und ich habe mich eingehend über Ihre Vergangenheit und Ihren Fall erkundigt. Sie sind ein kluger junger Mann, Mr. Abagnale, und ich finde, Sie hätten einen wertvolleren Beitrag zur Gesellschaft nicht nur in Ihrem eigenen Land, sondern auch anderswo leisten können, wenn Sie sich für einen anderen Lebensweg entschieden hätten. Es ist bedauerlich, dass Sie solche Fehler gemacht haben.«

Er hielt inne. »Ja, Sir«, erwiderte ich kleinlaut und hoffte, dass er mir mehr zu bieten hatte als eine Gardinenpredigt.

»Wir beide sind uns im Klaren darüber, junger Mann, dass Ihnen, wenn man Sie morgen nach Italien bringt, möglicherweise eine Haftstrafe von bis zu zwanzig Jahren bevorsteht«, fuhr der Richter fort. »Ich weiß ein wenig Bescheid über italienische Gefängnisse, Mr. Abagnale. Sie ähneln den französischen Gefängnissen sehr. Und nachdem Sie Ihre Strafe verbüßt haben, wird man Sie, soweit ich informiert bin, nach Spanien ausliefern. Wie Sie in Ihren Eingaben ausgeführt haben, junger Mann, könnten Sie den Rest Ihres Lebens durchaus in europäischen Gefängnissen verbringen.

Dagegen können wir nur wenig tun, Mr. Abagnale. Wir müssen dem italienischen Antrag auf Auslieferung entsprechen, so wie die Franzosen unserem entsprochen haben. Mit dem Gesetz lässt sich kein Schindluder treiben.« Wieder hielt er inne.

»Ich weiß, Sir«, erwiderte ich. Meine Hoffnungen schwanden.

Er erhob sich, lief in seinem Arbeitszimmer auf und ab und sprach weiter. »Was wäre, wenn Sie die Chance erhielten, ein neues Leben anzufangen, Mr. Abagnale?«, fragte er. »Glauben Sie, Sie würden sich diesmal für einen produktiveren Lebensweg entscheiden?«

»Ja, Sir, wenn ich die Gelegenheit dazu hätte«, antwortete ich.

»Denken Sie, Sie haben Ihre Lektion gelernt, wie die Lehrer so schön sagen?«, meinte er.

»Ja, Sir, das habe ich wirklich«, erwiderte ich und begann wieder zu hoffen.

Er setzte sich, sah mich an und nickte schließlich. »Heute Abend habe ich etwas getan, Mr. Abagnale, das sogar mich selbst überrascht hat«, fuhr er fort. »Hätte mir jemand vor zwei Wochen erzählt, dass ich zu solchen Mitteln greifen würde, ich hätte ihn für verrückt gehalten.

Heute Abend, junger Mann, habe ich einen Freund bei der amerikanischen Botschaft angerufen und eine Bitte an ihn gerichtet, die nach schwedischem Gesetz Ihre Rechte verletzt. Ich habe ihn aufgefordert, Ihren amerikanischen Pass für ungültig zu erklären, Mr. Abagnale, und er hat es getan.«

Ich starrte ihn an und erkannte an seinem leichten Grinsen, dass man mir die Verblüffung anmerkte. Seine Handlungsweise erstaunte mich wirklich, aber nicht lang.

»Jetzt sind Sie in Schweden ein unerwünschter Ausländer, Mr. Abagnale«, meinte der Richter schmunzelnd. »Und deshalb kann ich rechtmäßig Ihre Abschiebung in die Vereinigten Staaten anordnen, ganz gleich, welche Auslieferungsanträge zurzeit vorliegen. In ein paar Minuten, Mr. Abagnale, werde ich die Polizisten draußen anweisen, Sie zum Flughafen zu bringen und in eine Maschine nach New York zu setzen. Die Vorbereitungen sind bereits getroffen.

Natürlich sollte Ihnen klar sein, dass die Polizei Ihres Landes Sie schon erwartet, um Sie festzunehmen, wenn Sie aus dem Flugzeug steigen. Sie sind auch in Ihrem Land ein gesuchter Verbrecher, Sir, und ich hielt es für angebracht, die Amerikaner von meinem Vorgehen in Kenntnis zu setzen. Das FBI kennt Ihre Flugnummer und Ankunftszeit.

Ich bin sicher, dass man Ihnen in Ihrem Land den Prozess machen wird. Doch wenigstens, junger Mann, werden Sie sich wieder unter Ihren Landsleuten befinden. Gewiss wird Ihre Familie für Sie da sein, Sie unterstützen und Sie im Gefängnis besuchen, falls Sie verurteilt werden. Und sofern Sie es noch nicht wissen: Nachdem Sie Ihre Strafe in Amerika abgesessen haben, kann keines der anderen Länder mehr die Auslieferung beantragen. Denn das Gesetz der Vereinigten Staaten verbietet die Auslieferung eines amerikanischen Staatsbürgers ins Ausland.

Ich habe diese Schritte unternommen, junger Mann, da es meiner Ansicht nach zum Besten für alle Beteiligten ist, insbesondere für Sie selbst. Ich denke, dass Sie erfolgreich und glücklich sein werden, wenn Sie die Schuld Ihrem eigenen Land gegenüber abgegolten haben … Ich setze dafür meinen guten Ruf aufs Spiel, Mr. Abagnale. Hoffentlich enttäuschen Sie mich nicht.«

Am liebsten hätte ich ihn umarmt und geküsst. Stattdessen drückte ich ihm fest die Hand und versprach ihm unter Tränen, meine Zukunft richtig zu nützen. Dieses Versprechen sollte ich innerhalb der nächsten achtzehn Stunden brechen.

Die Polizisten fuhren mich zum Flughafen, wo mich zu meiner Freude Jan erwartete, um mich zu übernehmen. Sie hatte einen großen Umschlag bei sich, der meinen Pass, meine übrigen Papiere und das Geld enthielt, das ich in der Fallschirmfabrik des Gefängnisses verdient hatte. Bevor sie den Umschlag dem Piloten übergab, steckte sie mir 20 Dollar Taschengeld zu. »Dieser Mann wird ausgewiesen«, teilte sie dem Kommandanten des Flugzeugs mit. »Die amerikanische Polizei wird bei der Landung in New York vor Ort sein, um ihn festzunehmen. Übergeben Sie den Beamten seine Habseligkeiten.«

Dann drehte sie sich zu mir um und nahm meine

Hand. »Auf Wiedersehen, Frank, und viel Glück. Ich wünsche Ihnen alles Gute für Ihre Zukunft«, sagte sie ernst.

Ich küsste sie, sehr zum Erstaunen des Piloten und der Stewardess, die neben uns stand. Das erste Mal war ich Jan vielleicht zu nahe getreten, aber ich tat es aus aufrichtiger Bewunderung. »Ich werde Sie nie vergessen«, meinte ich. Und das habe ich auch nicht. In meinen Gedanken wird Jan Lundström immer ein wundervoller und großzügiger Mensch und eine reizende und hilfsbereite Freundin sein.

Die Maschine flog ohne Zwischenstopp nach New York. Ich saß ganz vorne in der Nähe des Cockpits, damit die Besatzung ein Auge auf mich haben konnte. Doch ansonsten wurde ich behandelt wie ein normaler Passagier. Während des Fluges konnte ich mich in der ganzen Kabine frei bewegen.

Ich weiß nicht, wann ich anfing, mit dem Gedanken zu spielen, den Polizisten zu entwischen, die mich erwarteten. Auch nicht, warum ich das Bedürfnis hatte, das Vertrauen zu enttäuschen, das der Richter in mich setzte. Vielleicht lag es daran, dass mir mein kurzer Aufenthalt im Gefängnis von Boston mit seinen schäbigen Arresträumen und Zellen einfiel. Gewiss, verglichen mit dem Gefängnis von Perpignan war es der pure Luxus, doch wenn es in anderen amerikanischen Strafanstalten ähnlich aussah, wollte ich lieber nicht in einer landen. Nach den sechs Monaten im Gefängnis von Klippan und von Malmö war ich verwöhnt.

Das Flugzeug war eine VC-10, eine British Viscount, eine Maschine also, die ich gut kannte. Ein Pilot der BOAC hatte mir einmal zu einer Besichtigungstour einer VC-10 verholfen und mir den Grundriss in allen Einzelheiten erklärt, bis hin zur Bauart der Klos.

Aus meiner bisherigen Flugerfahrung wusste ich, dass der Jet auf Landebahn 13 des Kennedy Airports landen und dass es etwa zehn Minuten dauern würde, bis die Maschine zum Terminal gerollt war.

Zehn Minuten, bevor der Pilot zum Landeanflug ansetzte, stand ich auf, schlenderte nach hinten zu den Toiletten und schloss mich ein. Ich griff nach unten, tastete nach den Klapphebeln, die sich, wie ich wusste, unten an der Toilette befanden, zog daran und kippte das gesamte Toilettenmodul, einen in sich geschlossenen Kreislauf, nach oben. Darunter lag die etwa fünf Zentimeter große Verschlussluke des Vakuumschlauches, mit der man die Toilette absaugt, wenn die Maschine steht.

Ich wartete. Mit einem Ruck berührte die Maschine den Boden und wurde dann langsamer, als der Pilot die Schubumkehr einstellte und Klappen und Bremsen bediente. Ich wusste, dass die Maschine am Ende der Landebahn fast zum Stehen kommen würde, wenn sie in den Rollweg einbog, der zum Terminal führte. Als ich glaubte, dass wir fast angekommen waren, zwängte ich mich unter die Toilette, öffnete die Luke und rutschte hinaus. Ich hing aus der Luke, hielt mich mit den Fingern fest und baumelte etwa drei Meter über dem Asphalt. Ich wusste, dass im Cockpit eine Alarmsirene ertönt war, sobald ich die Klappe geöffnet hatte. Doch dank meiner Flugerfahrung wusste ich auch, dass diese Klappe durch den Aufprall bei der Landung häufig verrutschte. Da der Pilot sich bereits auf dem Boden befand und die offene Klappe kein Sicherheitsrisiko bedeutete, schaltete er den Alarm für gewöhnlich einfach ab.

Aber eigentlich war es mir egal, wie dieser Pilot sich verhalten würde. Wir waren nachts gelandet. Als der riesige Jet beinahe zum Stehen gekommen war, ließ ich die Luke los, sprang und fing an zu rennen.

In der Dunkelheit floh ich quer über die Landebahn. Später erfuhr ich, dass niemand mein Verschwinden bemerkt hatte. Alle rätselten, wie ich nur entwischt war, bis ein zorniger O'Riley und einige andere FBI-Agenten die Maschine durchsuchten und die abgehobene Toilette entdeckten.

Auf der Seite des Flughafens, wo sich der Van Wyck Expressway befindet, kletterte ich über einen Zyklon-Schutzzaun und hielt ein Taxi an. »Grand Central Station«, sagte ich. Dort angekommen, bezahlte ich den Taxifahrer mit meinem 20-Dollar-Schein und nahm die U-Bahn in die Bronx.

Ich fuhr nicht nach Hause, denn ich ahnte, dass die Wohnung meiner Mutter und das Haus meines Vaters überwacht wurden. Aber ich rief Mom und Dad an. Zum ersten Mal in mehr als fünf Jahren hörte ich ihre Stimmen, und beide Male begannen Mom, Dad und ich zu weinen. Ich hörte nicht auf ihr Flehen, doch zu einem von ihnen zu kommen und mich der Polizei zu stellen. Obwohl ich mich schämte, weil ich mein Versprechen an den Richter in Malmö gebrochen hatte, hatte ich die Nase endgültig voll von Gefängnissen.

Eigentlich war ich in die Bronx gefahren, um eine Freundin zu besuchen, bei der ich ein wenig Geld und ein paar Kleidungsstücke deponiert hatte. Ein Anzug enthielt die Schlüssel zu einem Bankschließfach in Montreal. Sie war erstaunt, mich zu sehen. »Mein Gott, Frank!«, rief sie aus. »Ich dachte, du wärst für immer verschwunden. Noch ein paar Tage, und ich hätte dein Geld ausgegeben und die Kleidung der Heilsarmee gespendet.«

Ich blieb nicht, um mich ein bisschen zu amüsieren. Denn ich wusste nicht, wie viele und welche meiner Freundinnen und Bekannten das FBI bereits ausfindig gemacht hatte. Aber ich ahnte, dass man einigen bereits auf die Schliche gekommen war. Also schnappte ich mir meine Sachen, gab ihr das ganze Geld bis auf 50 Dollar und nahm den nächsten Zug nach Montreal.

In meinem Bankschließfach in Montreal lagen 20 000

Dollar bereit. Ich beabsichtigte, das Geld zu holen, so schnell wie möglich nach São Paulo in Brasilien zu fliegen und mich dort zu verstecken. Im Gefängnis erfährt man viele interessante Dinge, und ich hatte gehört, dass es zwischen Brasilien und den Vereinigten Staaten kein Auslieferungsabkommen gab. Da ich in Brasilien keine Verbrechen begangen hatte, fühlte ich mich dort sicher. Außerdem hätten die brasilianischen Behörden die Auslieferung verweigert, selbst wenn ich dort enttarnt worden wäre.

Ich holte zwar das Geld ab, doch den Flieger erwischte ich nicht. Gerade wartete ich am Flughafen von Montreal in der Schlange, um ein Ticket zu kaufen, als mir jemand auf die Schulter tippte. Als ich mich umdrehte, stand ich vor einem hoch gewachsenen, muskulösen Mann mit freundlichem Gesicht, der die Uniform der Royal Canadian Mounted Police trug.

»Frank Abagnale, ich bin Constable James Hastings und Sie sind verhaftet«, sagte der Mountie mit einem netten Lächeln.

Am nächsten Tag wurde ich zur amerikanisch-kanadischen Grenze gefahren und den amerikanischen Grenzern übergeben. Diese reichten mich ans FBI weiter, das mich nach New York brachte und mich dort in einem Bundesgefängnis einquartierte.

Ich wurde von einem amerikanischen Richter unter Anklage gestellt, der die Kaution auf 250 000 Dollar festsetzte und mich bis zum Prozess – über den Verhandlungsort würden die diversen Staatsanwaltschaften entscheiden – in Haft nehmen ließ.

Zwei Monate später wurde ich dem Staatsanwalt für den nördlichen Gerichtsbezirk von Georgia zugesprochen und von U.S. Marshals nach Fulton County, Georgia, transportiert, um dort im Gefängnis auf meinen Prozess zu warten.

Das Gefängnis von Fulton County war ein Rattenloch, in dem es von Kakerlaken wimmelte. »Ich habe schlechte Nachrichten für dich«, meinte ein Mitgefangener, den ich im Aufenthaltsraum unseres schäbigen Zellenblocks kennen lernte. »Aushalten lässt es sich hier nur auf der Krankenstation, und um da hinzukommen, muss man schon halb im Sterben liegen.«

Das einzig Brauchbare im Aufenthaltsraum war der Münzfernsprecher. Ich warf zehn Cent hinein und wählte die Nummer der Pforte. »Hier spricht Dr. John Petsky«, verkündete ich streng. »Einer meiner Patienten, ein gewisser Frank Abagnale, sitzt bei Ihnen ein. Mr. Abagnale leidet an schwerer Diabetes und fällt häufig ins Koma, weshalb ich Ihnen dankbar wäre, Sergeant, wenn Sie ihn in die Krankenabteilung verlegen würden, wo ich ihn besuchen und richtig behandeln kann.«

Dreißig Minuten später erschien ein Wärter, um mich in die Krankenabteilung zu bringen. Die anderen Insassen, die das Telefonat mitangehört hatten, blickten mir mit einem bewundernden Grinsen nach.

Nach einer Woche kam ein U. S. Marshal, nahm mich in seine Obhut und verfrachtete mich ins Staatsgefängnis von Atlanta, wo ich bis zu meinem Prozess bleiben sollte. Und aus diesem Gefängnis gelang mir die wohl komischste Flucht in der Geschichte des Strafvollzugs. Wenigstens ich fand sie lustig, und die Episode amüsiert mich bis heute, obwohl es sicher einige Menschen gibt, die diese Auffassung nicht teilen.

Eigentlich war es weniger eine Flucht als ein Rausschmiss unter Mithilfe des Gefängnispersonals, möglich gemacht durch die damalige Zeit und die gegebenen Umstände. Man nahm mich während einer Ära in die Strafanstalt auf, in der amerikanische Gefängnisse von Bürgerrechtsgruppen verteufelt, von Kongressausschüssen überprüft und vom Justizministerium unter die Lupe genommen wurden. Gefängnisinspektoren machten Überstunden und ermittelten verdeckt, wodurch sie sich den Hass und die Feindschaft der Gefängnisverwaltungen und des Wachpersonals zuzogen.

Und genau zu dieser Zeit wurde ich eingeliefert. Der U.S. Marshal, der mich in der Strafanstalt ablieferte, hatte keine Verlegungspapiere für mich, war aber recht gereizt.

Der aufnehmende Beamte, dem er mich förmlich aufdrängen musste, hatte eine Menge Fragen an ihn: Wer war ich? Warum war ich hier? Und weshalb hatte der Marshal nicht die richtigen Papiere?

Dem Marshal riss der Geduldsfaden. »Er ist auf Anordnung des Gerichts hier«, zischte er. »Stecken Sie ihn einfach in eine gottverdammte Zelle und füttern Sie ihn durch, bis wir ihn holen kommen.«

Widerstrebend übernahm mich der Beamte, denn es blieb ihm nichts anderes übrig. Der Marshal stürmte hinaus. Angesichts dessen, was ich später erfuhr, hätte ich ihm vermutlich folgen können, ohne dass mich jemand aufgehalten hätte. »Wieder einer von diesen gottverdammten Gefängnisinspektoren, was?«, brummte der Wachmann, der mich in meine Zelle führte.

»Nein, ich warte hier auf meinen Prozess«, erwiderte ich wahrheitsgemäß.

»Da lachen ja die Hühner«, höhnte er und knallte die Zellentür zu. »Ihr Typen haltet euch wohl für superschlau, was? Euretwegen sind zwei von uns letzten Monat gefeuert worden. Inzwischen wissen wir, wie man euch erkennt.«

Im Gegensatz zu meinen Mitgefangenen bekam ich keine weiße Baumwolluniform, sondern durfte meine eigenen Kleider behalten. Außerdem stellte ich fest, dass die Zelle, in die man mich gesperrt hatte, zwar nicht luxuriös, aber um einiges komfortabler war als gewöhnlich. Das Essen war gut, und jeden Tag brachte man mir die Zeitungen von Atlanta, meist mit einer gehässigen Bemerkung. Man nannte mich nie beim Namen, sondern sprach mich mit »Petze«, »Spion«, »007« oder sonst einer herabwürdigenden Bezeichnung an, die darauf hinwies, dass ich angeblich ein Gefängnisinspektor war. Als ich die Zeitungen aus Atlanta las, die in der ersten Woche zwei Berichte über die Bedingungen in den Bundesgefängnissen brachten, wurde mir klar, dass mich das Personal dieser Strafanstalt tatsächlich für einen verdeckten Ermittler hielt.

Wäre es wirklich so gewesen, sie hätten sich keine Sorgen zu machen brauchen. Ich war offen gestanden erstaunt, warum so viele einflussreiche Leute amerikanische Gefängnisse als Schande für unsere Nation betrachteten. Ich fand dieses Gefängnis nämlich großartig. Zwar war es nicht ganz mit dem in Malmö zu vergleichen, aber um einiges besser als viele Motels, in denen ich schon übernachtet hatte.

Doch wenn die Wachen in mir einen Gefängnisinspektor sehen wollten, würde ich ihnen den Gefallen tun. Ich setzte mich mit einer mir noch immer treuen Freundin in Atlanta in Verbindung. Die Gefängnisregeln waren zwar nicht übertrieben lax, doch einmal wöchentlich durften wir ungestört telefonieren. Als ich an der Reihe war, erreichte ich sie tatsächlich.

»Hör zu, ich weiß, was man normalerweise tun muss, um hier rauszukommen«, meinte ich zu ihr. »Kannst du versuchen rauszukriegen, wie man reinkommt?«

Sie hieß Jean Sebring, und es kostete sie keine große Mühe, eine Besuchserlaubnis zu erhalten. Sie behauptete einfach, sie sei meine Freundin, meine Verlobte, und schon durfte sie mich besuchen. Wir saßen einander gegenüber an einem Tisch in einem der großen Besucherzimmer. Zwischen uns befand sich eine einen Meter hohe Wand aus Glas mit einer von Maschendraht bedeckten Öffnung, durch die wir uns unterhalten konnten. An jedem Ende des Raums, allerdings außer Hörweite, stand ein Wachmann. »Falls Sie ihm etwas geben möchten, halten Sie es hoch, und wir nicken, wenn es zulässig ist«, wies ein Wachmann sie an.

Vor Jeans Ankunft hatte ich mir in Gedanken einen Plan zurechtgelegt und fand, dass er einen Versuch wert war. Doch zuerst musste ich Jean überzeugen, mir zu helfen, denn das Gelingen hing davon ab, dass mich draußen jemand unterstützte. »Klar, warum nicht?«, meinte sie lächelnd. »Ich glaube, es wird ein Heidenspaß, wenn du es schaffst.«

»Hast du einen FBI-Agenten namens Sean O'Riley kennen gelernt oder mit ihm gesprochen?«, fragte ich.

Sie nickte. »Er hat mir sogar seine Visitenkarte gegeben, als er zu mir kam, um sich nach dir zu erkundigen«, erwiderte sie.

»Super!«, begeisterte ich mich. »Ich glaube, so klappt es, Baby.«

Und dann ging es los. Noch in derselben Woche rief Jean bei der obersten Justizvollzugsbehörde in Washington an und gab sich als freischaffende Journalistin aus. So erschlich sie sich ein Interview mit Inspector C. W. Dunlap, angeblich über die Brandschutzmaßnahmen in Bundesgefängnissen, und sie machte ihre Sache ausgezeichnet. Allerdings ist Jean nicht nur begabt, sondern auch elegant, gebildet und hübsch, eine Frau also, mit der jeder Mann gerne spricht.

Im Gehen drehte sie sich an der Tür noch einmal um. »Oh, könnte ich Ihre Visitenkarte haben, Inspector, nur für den Fall, dass ich noch eine Frage habe und Sie anrufen möchte?«, sagte sie.

Prompt gab Dunlap ihr seine Karte.

Lachend erzählte sie mir bei ihrem nächsten Besuch von ihrem Erfolg. Als sie Dunlaps Karte hochhielt, nickte der Wachmann, und sie reichte sie mir über die Trennwand.

Ihre Besuche bestärkten das Wachpersonal in dem Verdacht, dass ich ein Spion der Justizvollzugsbehörde sein könnte. »Wer ist das, Ihre Sekretärin oder auch eine Gefängnisinspektorin?«, fragte mich ein Wachmann auf dem Rückweg zu meiner Zelle.

»Das ist das Mädchen, das ich heiraten werde«, erwiderte ich vergnügt.

In dieser Woche ging Jean in eine Druckerei. »Mein Vater ist gerade umgezogen und hat eine neue Telefonnummer«, sagte sie dem Drucker. »Ich möchte ihm gerne als Einweihungsgeschenk für die neue Wohnung fünfhundert neue Visitenkarten schenken. Sie sollen genauso aussehen wie die da, nur mit der neuen Privat- und Büronummer.« Sie gab dem Drucker O'Rileys Karte.

O'Rileys neue Telefonnummern gehörten in Wirklichkeit zu nebeneinander liegenden Telefonzellen in einem Einkaufszentrum in Atlanta.

Drei Tage später hatte der Drucker Jeans Karten fertig. Bei ihrem nächsten Besuch gab sie mir eine und wir legten letzte Hand an unseren Plan. Jean sagte, sie habe für alle Fälle einen Freund als Helfer angeworben. »Natürlich habe ich ihm keine Einzelheiten verraten. Ich habe ihm nur erklärt, wir wollten jemandem einen Streich spielen«, meinte sie.

»Okay, wir versuchen es morgen Nacht«, erwiderte ich. »Hoffentlich will niemand gegen neun Uhr abends diese Telefone benutzen.«

Am folgenden Tag kurz vor neun winkte ich den für unseren Zellenblock zuständigen Wachmann zu mir, mit dem mich inzwischen eine innige Feindschaft verband. »Hören Sie, Rick, es ist etwas passiert, und ich muss den Dienst habenden Lieutenant sprechen. Sie haben mich richtig eingeschätzt. Ich bin Gefängnisinspektor. Hier ist meine Karte.« Ich reichte ihm Dunlaps Karte, auf der nur die Büronummer in Washington stand.

Falls jemand auf die Idee kam, bei der Justizvollzugs-behörde anzurufen, würde er lediglich erfahren, dass schon geschlossen war.

Rick musterte die Karte und lachte auf. »Mein Gott, wir haben's gewusst«, kicherte er. »Combs wird sich freuen. Kommen Sie.« Er öffnete meine Zellentür und brachte mich zu Lieutenant Combs' Büro.

Auch der Lieutenant war froh zu erfahren, dass er richtig geraten hatte. »Wir hatten Sie sofort durch-schaut«, knurrte er liebenswürdig und warf Dunlaps Karte auf seinen Schreibtisch, nachdem er sie angese-hen hatte.

Ich grinste. »Tja, am Dienstag wäre es sowieso raus-gekommen«, erwiderte ich. »Und ich möchte Ihnen jetzt schon sagen, dass Sie nichts von mir zu befürchten ha-ben. Ihre Einrichtung wird ordentlich und sauber ge-führt, genauso wie es unsere Behörde gerne sieht. Mein Bericht wird Ihnen gefallen.«

Ein zufriedener Ausdruck breitete sich auf Combs' Gesicht aus, und ich trieb mein Spiel weiter. »Doch im Moment muss ich etwas Dringendes erledigen«, fuhr ich fort. »Ich muss einen FBI-Agenten erreichen. Könn-ten Sie ihn für mich ans Telefon holen? Er dürfte noch in seinem Büro sein, da bin ich ganz sicher.« Ich gab ihm die manipulierte Karte, auf der O'Rileys Name, sein Rang beim FBI und die beiden falschen Telefonnum-mern standen.

Combs zögerte keine Minute. Er griff zum Telefon und wählte die ›Büro‹-Nummer. »Von diesem O'Riley habe ich schon mal gelesen«, meinte er beim Wählen. »Er soll ja ein toller Hecht sein, wenn es darum geht, Bankräuber dingfest zu machen.«

Das ›Büro‹-Telefon klingelte. Jean hob nach dem zweiten Läuten ab. »Guten Abend. FBI. Was kann ich für Sie tun?«

»Ist Inspector Riley da?«, fragte Combs. »Hier spricht

Combs von der Strafanstalt. Wir haben hier einen Mann, der gerne mit ihm reden will.«

Er wartete nicht einmal, bis ›O'Riley‹ an den Apparat kam, sondern reichte mir einfach den Hörer. »Sie sagte, sie verbindet Sie«, meinte Combs zu mir.

Nachdem ich eine angemessene Zeit hatte verstreichen lassen, trat ich in Aktion. »Ja, Inspector Riley? Mein Name ist Dunlap, C. W. Dunlap von der Justizvollzugsbehörde. Falls Sie Ihre Liste zur Hand haben, meine Dienstnummer lautet 16295-A … Ja, das stimmt … Ich bin jetzt hier, und ich habe diesen Leuten erzählt, wer ich wirklich bin … Es ging nicht anders … Ja …

Hören Sie, Inspector O'Riley, ich habe ein paar Informationen über den Fall in Philadelphia, an dem Sie gerade arbeiten, und die muss ich Ihnen heute noch geben … Nein, Sir, am Telefon ist das nicht möglich … es ist zu geheim … Ich muss Sie sehen, und zwar noch innerhalb der nächsten Stunde … Die Zeit wird knapp … Ach, wirklich … Nun, glauben Sie mir, diese Leute werden Sie nicht auffliegen lassen … Nein, es dauert nur zehn Minuten … Moment mal, ich frage rasch den Lieutenant, bestimmt ist er einverstanden.«

Ich hielt die Hand über die Sprechmuschel und sah Combs an. »Meine Güte, die Jungs von J. Edgar Hoover haben wirklich eine Schraube locker. Er ermittelt verdeckt und will deshalb nicht reinkommen … irgendeine Beschattung«, sagte ich zu Combs. »Darf ich zehn Minuten rausgehen und im Auto mit ihm sprechen, wenn er draußen vor dem Gebäude parkt?«

Combs verzog das Gesicht. »Hey, warum rufen Sie nicht gleich Ihre Leute an und lassen sich selber frei?«, erwiderte er. »Hier werden Sie doch sowieso nicht mehr gebraucht.«

»Nein«, entgegnete ich. »Aber wir müssen uns an die Vorschriften halten. Am Dienstag holt mich ein U. S. Marshal ab. So will es mein Chef und so wird es auch gemacht. Und ich würde mich freuen, wenn Ihre Leute für sich behielten, dass ich meine Tarnung aufgedeckt habe. Es musste sein. Die Sache ist zu wichtig.«

Combs zuckte die Achseln. »Klar erlauben wir Ihnen, sich mit O'Riley zu treffen. Verdammt, Sie können auch eine Stunde mit ihm reden, wenn Sie wollen.«

Ich griff wieder zum Telefon. »O'Riley, es klappt … Ja, draußen … ein rotweißer Buick … Verstanden … Nein, kein Problem. Die Jungs sind okay. Ich weiß wirklich nicht, warum Sie so verdammt übervorsichtig sind. Sie vergessen wohl, dass die auch zu uns gehören.«

Rick brachte mir eine Tasse Kaffee und stand am Fenster, während ich das Gebräu trank und mit Combs plauderte. »Hier ist Ihr Buick«, meldete Rick eine Viertelstunde später. Combs stand auf und nahm einen großen Schlüsselring. »Kommen Sie«, meinte er. »Ich lasse Sie selbst raus.«

Hinter seinem Büro befand sich ein Aufzug, der nur vom Wachpersonal benutzt wurde. Wir fuhren hinunter, er passierte mit mir den Wachmann in der kleinen Vorhalle, und dann schloss er die vergitterten Türen auf. Ich ging hinaus, neugierig beobachtet von dem Wachmann, der jedoch kein Wort von sich gab, und schlenderte den Weg entlang zum Straßenrand und dem geparkten Auto. Jean saß hinter dem Steuer, das Haar verborgen unter einem breitkrempigen Männerhut. Sie trug ein Herrensakko.

Als ich einstieg, kicherte sie. »Spitze! Wir haben's geschafft!«, jubelte sie.

Ich lächelte. »Sieh zu, dass wir so rasch wie möglich hier verschwinden«, meinte ich und grinste vor Freude übers ganze Gesicht.

Wie eine Rennfahrerin trat sie aufs Gas, fuhr mit quietschenden Reifen los, und ließ zur Erinnerung einige Reifenspuren auf der Straße zurück. Nachdem wir das Stadtzentrum hinter uns hatten, verringerte sie die

Geschwindigkeit, um nicht die Aufmerksamkeit eines Streifenwagens zu erregen. Auf Umwegen brachte sie mich quer durch Atlanta zum Busbahnhof. Dort küsste ich sie zum Abschied und nahm den Greyhound nach New York. Jean fuhr nach Hause, packte und zog nach Montana. Ich glaube nicht, dass jemand sie der Mittäterschaft verdächtigte, jedenfalls wurde keine Anklage gegen sie erhoben.

Für die Mitarbeiter des Gefängnisses war die Situation ausgesprochen peinlich. In den Akten des FBI ist verzeichnet, dass Combs und Rick versuchten, die Sache zu vertuschen, als ihnen klar wurde, dass ich sie aufs Kreuz gelegt hatte. Sie behaupteten, ich wäre unter Anwendung von Gewalt aus dem Gefängnis ausgebrochen. Doch ein weiser Spruch lautet, dass die Wahrheit immer ans Licht kommt.

Ich wusste, dass man gründlich nach mir fahnden würde, und beschloss wieder, nach Brasilien zu fliehen. Allerdings war mir auch klar, dass ich damit warten musste, bis die Gemüter sich beruhigt hatten. Ich war sicher, dass in den nächsten Tagen sämtliche Flugplätze und Häfen in den Vereinigten Staaten überwacht werden würden.

Eine New-Yorker Zeitung berichtete sogar auf der Titelseite über meine Flucht: »Frank Abagnale, bei Polizisten auf der ganzen Welt als Herr der Lüfte bekannt, der sich einmal sogar selbst zur Flugzeugtoilette runtergespült hat, um die Polizei zu narren, ist wieder auf freiem Fuß ...«, begann der Artikel.

In New York hatte ich zwar kein Geldversteck, aber Jean hatte mir genug geliehen, dass ich überleben konnte, bis die Fahndungsanstrengungen nachließen. Ich verkroch mich in Queens und fuhr zwei Wochen später mit dem Zug nach Washington, wo ich ein Auto mietete und in einem Hotel am Rande der Hauptstadt Quartier nahm.

In Washington war ich deshalb, weil ich in einigen Banken am anderen Ufer des Potomac, in Virginia, Vorräte gelagert hatte. Washington mit seinem riesigen Vielvölkergemisch erschien mir sicher. Ich glaubte nicht, dass ich dort Aufmerksamkeit erregen würde.

Doch ich irrte mich. Eine Stunde nachdem ich mein Zimmer bezogen hatte, sah ich zufällig durch einen Spalt im Vorhang aus dem Fenster und bemerkte einige Polizisten, die sich eilig um diesen Flügel des Motels postierten. Später erfuhr ich, dass die Empfangsdame, eine ehemalige Stewardess, mich sofort erkannt hatte. Sie grübelte eine Stunde darüber nach, ob sie sich einmischen sollte, und verständigte dann die Polizei.

Nur eine Sache sprach zu meinen Gunsten, obwohl ich das in diesem Moment noch nicht ahnte. O'Riley, dem man mitgeteilt hatte, dass ich in der Falle saß, hatte die Polizei angewiesen, bis zu seiner Ankunft nichts zu unternehmen. Ich hatte ihn nach der Anklageerhebung gegen mich kurz kennen gelernt und er wollte diesen Fang selbst machen.

Allerdings stand ich kurz davor, in Panik zu geraten. Obwohl es mitten in der Nacht war, waren Vorder- und Rückseite dieses Gebäudeflügels hell erleuchtet. Ich glaubte nicht, dass ich es schaffen würde, unbemerkt in die Dunkelheit jenseits des beleuchteten Parkplatzes zu entkommen.

Aber ich wusste, dass ich es versuchen musste. Ich schlüpfte in meinen Mantel, floh durch die Hintertür, steuerte auf die Ecke des Gebäudes zu und zwang mich, dabei nicht zu rennen. Doch ich hatte erst ein paar Schritte gemacht, als zwei Polizisten um die Ecke kamen. Beide zielten mit ihren Pistolen auf mich.

»Stehen bleiben, Mister, Polizei!«, brüllte der eine wie in einem Fernsehkrimi.

Doch ich blieb nicht stehen, sondern ging einfach weiter, direkt auf die Mündungen ihrer Pistolen zu.

Währenddessen zog ich meine Brieftasche heraus. »Davis, FBI«, sagte ich und war selbst erstaunt über meine Ruhe und meine feste Stimme. »Ist O'Riley schon da?«

Die Pistolen wurden gesenkt. »Ich weiß nicht, Sir«, erwiderte der eine. »Wenn ja, dann ist er sicher vorne.«

»Gut«, entgegnete ich knapp. »Sie überwachen dieses Gebiet, und ich sehe nach, ob O'Riley inzwischen hier ist.«

Sie machten mir Platz und ich marschierte an ihnen vorbei. Ohne mich umzudrehen, verschwand ich in der Dunkelheit jenseits des Parkplatzes.

Epilog

Selbst der schlauste Fuchs kann der Meute nicht auf Dauer entfliehen – nicht, wenn die Spürhunde ausdauernd sind. Im Fall von Frank Abagnale waren die Jagdhunde des Gesetzes nicht nur beharrlich, sondern auch außerordentlich wütend. Beleidigen Sie einen Polizisten, so haben Sie die gesamte Polizei beleidigt. Haben Sie die Royal Canadian Mounted Police bloßgestellt, haben Sie damit auch Scotland Yard in eine peinliche Situation gebracht. Erniedrigen Sie einen Verkehrspolizisten in Miami, dann fühlt sich auch die kalifornische Highway Patrol gedemütigt. Frank Abagnale hatte jahrelang überall Polizisten mit schöner Regelmäßigkeit und einer zur Raserei treibenden Unbekümmertheit beleidigt, bloßgestellt und gedemütigt. Also wurde er Tag und Nacht ohne Unterlass von Polizisten gejagt, die nicht nur dem Gesetz dienen, sondern auch sich selbst entlasten wollten.

Knapp einen Monat später, nachdem Abagnale seiner Verhaftung in Washington, D. C., entkommen war, entdeckten ihn zwei New York City Detectives, die in einem nicht als Streifenwagen erkennbaren Auto saßen und an ihren Hotdogs kauten. Als er an ihrem Wagen vorüberging, sprachen sie ihn an. Obwohl er leugnete, wurde Abagnale zwei Stunden später eindeutig identifiziert und von FBI-Agenten in Gewahrsam genommen.

Innerhalb weniger Wochen wurde Abagnale mit Anzeigen von Bund und Ländern überhäuft. Er wurde der Fälschung, der Weitergabe wertloser Schecks, des Betrugs, des Missbrauchs des Postsystems, der Herstellung von gefälschten Dokumenten und ähnlichen Verbrechen angeklagt, und das in allen fünfzig Bundesstaaten. Diverse Anwälte und Staatsanwälte in den Vereinigten Staaten wetteiferten um die Gerichtsbarkeit. Alle behaupteten, den gewichtigsten Fall – oder die gewichtigsten Fälle – gegen den Häftling geltend machen zu können. Alles, was gegen Abagnale vorgebracht wurde, war begründet. Wie clever und intelligent Abagnale sich im Verlauf seiner kriminellen Karriere verhalten hatte, war unbestritten; sein Verhalten war jedoch eher dreist als irreführend, eher offenkundig als besonnen gewesen. Es gab eine Vielzahl von Zeugen, die Abagnale in der einen oder anderen Rolle identifizieren konnten und ihn dieses oder jenes Verbrechens beschuldigten. Hätte man alle Anklagen gegen Abagnale in die Luft geworfen und eine davon aufgefangen, wäre das Beweismaterial in diesem einen Fall bereits erdrückend gewesen.

Abagnale war sich seiner misslichen Lage durchaus bewusst und diese Erkenntnis bereitete ihm enorme Seelenqualen. Ihm war klar, dass er in einem Staats- oder Bundesgefängnis seine Strafe würde verbüßen müssen, eventuell auch mehrere Freiheitsstrafen in verschiedenen Gefängnissen absitzen würde. Er konnte nicht davon ausgehen, dass es in jeder amerikanischen Haftanstalt so human zugehen würde wie in Malmö, und er hatte große Angst davor, dass er in einer amerikanischen Version des Gefängnisses von Perpignan landen würde. Seine Befürchtungen schwanden keineswegs, als die Bundesbehörden willkürlich entschieden, ihn zum Prozess nach Atlanta, Georgia, zu bringen. Abagnale hatte das Gefühl, dass er in Atlanta auf noch mehr Ablehnung stoßen würde als in vielen anderen amerikanischen Städten, in denen die Beamten guten Grund hatten, ihm Abneigung entgegenzubringen.

Er wurde jedoch durch einen fähigen Rechtsanwalt vertreten. Dieser traf mit dem Staatsanwalt eine Abmachung, die Abagnale bereitwillig unterschrieb.

Im April 1971 erschien Frank Abagnale vor einem Bundesrichter und bekannte sich schuldig gemäß Paragraph 20 des Strafgesetzbuches der Vereinigten Staaten. Ein Schuldgeständnis bezüglich ›aller Verbrechen, wissentlich und unwissentlich‹, die Abagnale in den Vereinigten Staaten von Amerika begangen hatte, unabhängig davon, ob das Gesetz eines Staates oder des Bundes verletzt wurde. Der Vorsitzende Richter erklärte die vielen anhängigen Klagen gegen Abagnale für *nolle prosequi* (nicht Gegenstand strafrechtlicher Verfolgung), bis auf acht Delikte. Er verurteilte ihn wegen sieben Fällen von Betrug zu einer Haftstrafe von je zehn Jahren, die jedoch gleichlaufend verbüßt werden sollte, sowie zu zwei Jahren wegen einer Flucht, die anschließend in Kraft trat.

Es wurde bestimmt, dass Abagnale diese zwölf Jahre im Bundesgefängnis in Petersburg, Virginia, einsitzen sollte. Noch im selben Monat wurde er dorthin verbracht und arbeitete dort vier Jahre als Schreibkraft in einem der Büros der Haftanstalt zu einem ›Gehalt‹ von 20 Cent die Stunde. Dreimal während dieser Zeit stellte Abagnale einen Antrag auf Entlassung auf Bewährung und wurde jedes Mal abgewiesen. »Sollten wir in der Zukunft eine bedingte Haftentlassung in Erwägung ziehen, in welcher Stadt würden Sie leben wollen?«, wurde Abagnale bei seinem dritten Versuch gefragt.

»Ich weiß nicht«, gab Abagnale zu. »Nicht in New York. Das Milieu dort wäre nicht gut für mich, wenn man die Ereignisse der Vergangenheit und die Umstände bedenkt. Ich würde es dem Ermessen der zuständigen Behörden überlassen, wo ich auf Bewährung leben sollte.«

Kurz darauf – und aus Gründen, die Abagnale nie versuchte zu ergründen – wurde er bedingt entlassen und nach Houston, Texas, geschickt, mit der Auflage, sich zweiundsiebzig Stunden nach seiner Ankunft bei einem Bewährungshelfer der Vereinigten Staaten zu melden. Wenn möglich sollte er auch versuchen, innerhalb des gleichen Zeitraums eine feste Anstellung zu bekommen.

Frank Abagnale lernte sehr schnell, ebenso wie die meisten Exhäftlinge, dass die Gesellschaft für Verurteilte eine Strafe nach dem Gefängnis bereit hält. Zum einen besteht sie einfach aus einem sozialen Stigma, doch für die meisten beinhaltet eine solche Bestrafung nach der Haft viel mehr als nur Anfeindungen und Beleidigungen. Ein ehemaliger Strafgefangener hat wesentlich größere Schwierigkeiten bei der Jobsuche als der harte Kern der Arbeitslosen. Das gilt selbst dann, wenn er möglicherweise Fachkenntnisse besitzt, die gebraucht oder gewünscht werden. (Oft sind diese im Gefängnis erworben.) Müssen wegen eines Konjunkturrückgangs Arbeiter entlassen werden, ist ein Exhäftling der Erste, der seinen Job verliert. Sehr oft ist die Tatsache, dass er im Gefängnis war, bereits ein ausreichender Grund, ihn zu feuern.

Abagnales Probleme nach seiner Entlassung wurden dadurch verschlimmert, dass der mit seiner Überwachung beauftragte Beamte ihm mit Abneigung und Feindseligkeit begegnete. Der Bewährungshelfer gab ihm deutlich zu verstehen, was er für seinen Schützling empfand.

»Ich wollte Sie hier nicht haben, Abagnale«, erklärte der unerbittliche Beamte. »Sie sind mir aufgezwungen worden. Ich kann Betrüger nicht leiden, und bevor wir unsere Beziehung beginnen, sollten Sie wissen … Ich glaube, dass es nicht einmal einen Monat dauern wird, bis Sie wieder in den Knast wandern. Wie auch immer, eines sollten Sie kapieren: Machen Sie keinen Fehler. Ich will Sie jede Woche sehen, und wenn Sie einen Job haben, werde ich regelmäßig vorbeischauen. Vermasseln Sie die Sache – und ich bin sicher, dass Sie das tun werden –, bringe ich Sie persönlich ins Gefängnis zurück.«

Abagnales erster Job war Kellner, Koch und Lehrling des Managers in einem Pizzalokal, das einer Fastfood-Kette angehörte. Als er sich für die Stelle bewarb, verschwieg er seinem Arbeitgeber, dass er ein Exhäftling war, weil er nicht gefragt wurde. Der Job war eintönig, langweilig und wurde noch weniger ansprechend durch die regelmäßigen Besuche von Abagnales strengem Bewährungshelfer.

Obwohl er ein vorbildlicher Arbeiter war und man ihn oft mit der Abrechnung der Kassenbelege betraute, wurde Abagnale nach sechs Monaten gefeuert. Die Geschäftsleitung hatte geplant, ihn zum Geschäftsführer eines der Kettenläden zu machen, sich deshalb näher mit seinem Hintergrund beschäftigt und dabei herausgefunden, dass er aus einem Staatsgefängnis auf Bewährung entlassen worden war. Innerhalb einer Woche fand Abagnale Arbeit in dem Lebensmittellager einer Supermarktkette. Wieder erzählte er seinem Arbeitgeber nichts von seiner Verurteilung. Neun Monate später wurde Abagnale zum Leiter der Nachtschicht in einem der Läden befördert, und die Geschäftsleitung wurde auf den gepflegten, attraktiven und sympathischen jungen Mann aufmerksam, der so eifrig auf die Interessen der Firma bedacht war. Offensichtlich hatte er gute Aussichten für eine Führungsposition, also begannen die Direktoren, ihn darauf vorzubereiten. Abagnales Zukunft als leitender Angestellter in der Lebensmittelbranche endete jedoch abrupt, als eine Sicherheitsüberprüfung seine unrühmliche Vergangenheit aufdeckte, und wieder wurde ihm gekündigt.

In den folgenden Monaten wurde diese sich immer wiederholende, entmutigende Prozedur Abagnale sehr vertraut, und er dachte darüber nach, zu seinem früheren gesetzwidrigen Lebenswandel zurückzukehren. Er hatte das Gefühl, jetzt einen berechtigten Groll gegen diese Gesellschaft zu haben. Abagnale hätte tatsächlich wieder seine kriminelle Karriere aufnehmen können, wie so viele Exhäftlinge, die durch ähnliche Situationen frustriert waren. Doch zwei Zufälle bewahrten ihn davor. Erstens wurde er der Aufsicht seines ihm feindlich gesonnenen Bewährungshelfers entzogen und in die Obhut eines anderen, vernünftigeren und unvoreingenommeneren Beamten gegeben. Und zweitens dachte Abagnale kurze Zeit danach sehr gründlich über sich selbst und seine Situation nach und überlegte lange, was die Zukunft ihm bringen oder nicht bringen könnte.

»Zu dieser Zeit arbeitete ich als Vorführer in einem Kino«, erinnert Abagnale sich heute. »Ich verdiente zwar gut, musste aber fünf Nächte die Woche in diesem kleinen Raum sitzen. Es gab nichts zu tun, außer sich den gleichen Film immer und immer wieder anzuschauen. Da dachte ich mir, ich könnte mehr als das und würde hier nur die Talente ignorieren und verschwenden, die ich besaß.«

Abagnale suchte seinen Bewährungshelfer auf und verkündete ihm einen Plan, den er in der einsamen Vorführkabine entwickelt hatte. »Ich glaube, mehr über die Techniken von Dokumenten- und Geldfälschungen, Scheckbetrug und ähnliche Verbrechen zu wissen als die meisten Menschen auf dieser Welt«, erklärte Abagnale dem Beamten. »Seit meiner Entlassung habe ich oft darüber nachgedacht, dass ich dieses Wissen in die richtigen Kanäle leiten und damit bestimmten Leuten sehr helfen könnte. Zum Beispiel sehe ich jedes Mal, wenn ich in einem Geschäft einen Scheck ausstelle, zwei oder drei Fehler, die dem Angestellten oder dem Kassierer unterlaufen. Von diesen Fehlern würde ein Scheckbetrüger profitieren. Ich bin der Ansicht, dass es sich nur um einen Mangel an Training handelt, und ich weiß, ich könnte Leuten, die mit Schecks oder Kassenbelegen zu tun haben, beibringen, wie sie sich gegen Betrug und Diebstahl schützen können.«

Mit dem Segen seines Bewährungshelfers stellte Abagnale sich bei einem Bankdirektor in der Vorstadt vor, erklärte ihm, was er vorhatte, und beschrieb ihm seinen Hintergrund als Meister des Bankbetrugs. »Im Augenblick habe ich noch kein Material für eine Diavorführung oder Ähnliches«, sagte Abagnale. »Aber ich würde Ihren Angestellten gern nach Geschäftsschluss etwa eine Stunde lang einen Vortrag halten. Sollten Sie meine Arbeit für wertlos erachten, schulden Sie mir nichts. Wenn Sie jedoch glauben, ich könnte Ihnen von Nutzen sein, geben Sie mir fünfzig Dollar und rufen ein paar Freunde in anderen Banken an, um Ihnen zu erzählen, was ich tue und was Sie davon halten.«

Sein erster Auftritt als Experte der ›Anzug-und-Schlips-Kriminalität‹ führte zu einem weiteren in einer anderen Bank, und dann in noch einer und noch einer. Innerhalb einiger Monate war Abagnale bei diversen Banken, Hotels, Fluglinien und anderen Geschäftszweigen sehr gefragt.

Heute, drei Jahre später, ist Frank Abagnale einer der bekanntesten Sachverständigen des Landes mit Büros in Houston und Denver, hoch qualifiziertem Personal und einem Bruttoeinkommen von drei Millionen Dollar. Er führt immer noch ein unstetes Leben, reist ständig durch das ganze Land, gibt Seminare, hält Vorträge oder nimmt an Podiumsdiskussionen im Fernsehen teil. Und er ist damit sehr zufrieden.

Noch viel wichtiger ist, dass er jetzt versteht, warum er sich damals auf diese kriminelle Reise begeben hat, und warum er sich heute nicht mehr auf dieser unheilvollen Kreuzfahrt befindet.

»Täte ich nicht, was ich heute tue – wäre ich Pizzabäcker, Angestellter in einem Supermarkt oder Filmvorführer geblieben –, wäre ich möglicherweise schon wieder im Gefängnis«, sagt Abagnale nachdenklich. »Warum? Weil es in diesen Berufen keinen Glanz, keine Aufregung, kein Abenteuer gegeben hätte, und nichts, was meinem Ego Genüge getan hätte.

Andererseits sind mit meiner jetzigen Tätigkeit alle meine Bedürfnisse befriedigt. Ich stehe vor tausenden Menschen und weiß, dass sie mir zuhören. Das ist ein Egotrip. Ich trete jährlich in Dutzenden Fernsehshows auf. Für mich ist das ein glamouröses Leben. Und es ist abenteuerlich, weil ich ständig von ›Anzug-und-Schlips-Kriminellen‹ herausgefordert werde, wenn sie sich neue Tricks einfallen lassen, um Kunden zu betrügen. Ich weiß, dass es ihnen dabei nicht nur darum geht, abzukassieren, sondern dass sie mich damit auch übertrumpfen wollen.

Eigentlich habe ich mich nicht verändert. Alle Bedürfnisse, die mich zu einem Kriminellen gemacht haben, sind immer noch vorhanden. Ich habe nur einfach einen legalen und gesellschaftlich akzeptierten Weg gefunden, sie zu befriedigen. Im Grunde bin ich immer noch ein Trickkünstler, nur auf eine positive Weise, im Gegensatz zu der negativen Art meiner Vergangenheit. Ich habe einfach meine Talente, die ich schon immer besessen habe, in eine andere Richtung gelenkt. Wenn ich heute in einen überfüllten Saal komme und die Leute beeindrucken möchte, würde mir das leichter gelingen, wenn ich sagte: ›Ich bin Frank Abagnale, der Hochstapler‹, als wäre ich noch der alte Frank Abagnale, der sich als Pilot, Arzt oder was auch immer ausgibt.«

Frank Abagnale ist in Wirklichkeit immer noch wie eine Hummel, fliegt immer noch dorthin, wo er nicht hinfliegen sollte, und füllt nebenher seinen Honigtopf.